读国学·诵经典

韩非子 精解

（战国）韩非 ◎ 著　墨非 ◎ 编译

中国华侨出版社

图书在版编目（CIP）数据

韩非子精解 /（战国）韩非著；墨非编译. — 北京：
中国华侨出版社，2017.3
ISBN 978-7-5113-6664-1

Ⅰ. ①韩… Ⅱ. ①韩… ②墨… Ⅲ. ①法家②《韩非
子》—注释③《韩非子》—译文 Ⅳ. ①B226.5

中国版本图书馆 CIP 数据核字（2017）第 026436 号

● **韩非子精解**

编　　著 /（战国）韩非著　墨非编译
责任编辑 / 文　蕾
责任校对 / 高晓华
装帧设计 / 环球互动
经　　销 / 新华书店
开　　本 / 730 毫米×1030 毫米　1/16　印张 /19　字数 /283 千字
印　　刷 / 北京柯蓝博泰印务有限公司
版　　次 / 2017 年 4 月第 1 版　2017 年 4 月第 1 次印刷
书　　号 / ISBN 978-7-5113-6664-1
定　　价 / 39.80 元

中国华侨出版社　北京市朝阳区静安里 26 号通成达大厦 3 层　邮编：100028
法律顾问：陈鹰律师事务所　　　　　编辑部：（010）64443056　　 64443979
发行部：（010）64443051　　　　　传　真：（010）64439708
网　址：www.oveaschin.com　　　E - mail：oveaschin@sina.com

前　言

　　《韩非子》为战国时代法家代表人物韩非的著作集合，体现了先秦法家思想的精华，在我国思想史上占有重要地位。韩非为韩国公子，他师从荀子，喜好刑名法术之学，是法家学派的集大成者。相传韩非子在世之时，秦王读到《孤愤》《五蠹》等文章就不禁感慨："嗟乎，寡人得见此人与之游，死不恨矣！"

　　韩非子出生时已经到了战国末期，当时韩国屡屡遭受其他诸侯国的进攻，国力微弱，作为韩国公子，韩非深爱自己的祖国，但其政治主张却不被韩国当权者重视。他曾屡次上书韩王，希望改变当时治国不务法制、养非所用、用非所养的状况，主张却始终不得采纳。韩非心中忧愤，认为这是"廉直不容于邪枉之臣"，便退而著书。他的文章传入秦国后，秦王极为推崇，对韩非子的才华赏识不已。

　　后来，秦国进攻韩国，韩王派遣韩非出使秦国，秦相李斯向秦王推荐了他。秦王打算留下韩非，予以重用。此时，李斯看到秦王如此重视韩非，心中难免忌妒；加上韩非"存韩"的主张与李斯先灭韩国的大计相冲突，于是李斯便向秦王上书诬谮韩非，说他是为韩国利益而来，会危害秦国。秦王觉得李斯言之有理，便下令将韩非抓捕下狱。韩非在狱中又遭到李斯的欺骗，绝望中选择服药自杀。当秦王后悔抓捕韩非，想去赦免他的时候已经晚了。韩非生前虽未得重用，但在他去世后其著作却大放异彩，受到历代统治者的推崇。

《韩非子》一书共五十五篇，除首篇"初见秦"有疑义外，一般认为都出自韩非之手。这些文章相互独立，形制不同，但主旨思想大同小异，都是以君主专制，为基础的法、术、势结合思想。韩非子提倡君主专制，为君主牢牢地将大权攥在自己手中出谋划策，并认为只有君主专制国家才能安定，君主失去权力国家就会混乱。他主张极端的功利主义，认为人与人之间只有利害，只有依靠利害关系，利用权谋法术才能维护自己的地位。他反对以仁义、亲情、信任等处理相互之间的关系，认为这些都是不足以凭恃的，君主不仅要防备臣下，还要防备自己的妻儿、兄弟等。这些观点虽然被那些热衷权力的君主们所喜爱，但也为韩非招致了很多批评，如司马迁就称韩非的主张"惨礉少恩"，司马光更是在《资治通鉴》中指责："非为秦画谋，而首欲覆其宗国，以售其言，罪固不容于死矣，乌足愍哉！"

　　今天看来，《韩非子》中那些维护君主专制的主张固然不值得再去学习，但除此之外其中还是有很多积极、闪光的内容的：如以法治国、树立法律的威严，赞扬公正无私，主张领导者要善于赏罚，等等。此外，韩非子中收集了很多有意义的寓言、典故，它们言近旨远，说理深刻，如"守株待兔""讳疾忌医""滥竽充数"等，都是我国传统文化中的思想精华，值得今人去阅读、熟悉。

　　本书精选了《韩非子》中最有代表的一些篇章，进行注释、翻译，以及浅略解读，使读者能够更加容易地了解韩非子的思想，以便更好地运用、发扬中华传统文化。由于水平有限，书中难免存在疏误，谨望读者不吝批评指正。

目 录

初见秦

原文1

　　臣闻："不知而言，不智；知而不言，不忠。"为人臣不忠，当死；言而不当亦当死。虽然，臣愿悉言所闻，唯大王裁其罪。

　　臣闻：天下阴燕阳魏①，连荆固齐，收韩而成从②，将西面以与强秦为难。臣窃笑之。世有三亡，而天下得之，其此之谓乎！臣闻之曰："以乱攻治者亡，以邪攻正者亡，以逆攻顺者亡。"今天下之府库不盈，囷仓空虚，悉其士民，张军数十百万③，其顿首戴羽为将军断死于前不至千人，皆以言死。白刃在前，斧锧在后，而却走不能死也。非其士民不能死也，上不能故也。言赏则不与，言罚则不行，赏罚不信，故士民不死也。今秦出号令而行赏罚，有功无功相事也。出其父母怀衽之中，生未尝见寇耳。闻战，顿足徒裼，犯白刃，蹈炉炭，断死于前者，皆是也。夫断死与断生者不同，而民为之者，是贵奋死也。夫一人奋死可以对十，十可以对百，百可以对千，千可以对万，万可以克天下矣。今秦地折长补短，方数千里，名师数十百万。秦之号令赏罚，地形利害，天下莫若也。以此与天下，天下不足兼而有也。是故秦战未尝不克，攻未尝不取，所当未尝不破，开地数千里，此其大功也。然而兵甲顿，士民病，蓄积索，田畴荒，囷仓虚，四邻诸侯不服，霸王之名不成，此无异故，其谋臣皆不尽其忠也。

　　臣敢言之，往者齐南破荆，东破宋，西服秦，北破燕，中使韩、魏，土地广而兵强，战克攻取，诏令天下。齐之清济浊河④，足以为限；长城巨防，足以为塞。齐，五战之国也，一战不克而无齐⑤。由此观之，夫战者，万乘之存亡也。且臣闻之曰："削株无遗根，无与祸邻，祸乃不存。"秦与荆人战，大破荆，袭郢，取洞庭、五渚、江南，荆王君臣亡走，东服⑥于陈。当此时也，随荆以兵，则荆可举；荆可举，则民足贪也，地足利也。东以弱齐、燕，中以凌三晋。然则是一举而霸王之名可成也，四邻诸侯可朝也。而谋臣不为，引军而退，复与荆人为和，令荆人得收亡国，聚散民，立社稷主，置宗庙，令率天下西面以与秦为难，此固以失霸王之道一矣。天下又比周而军华下，大王以诏破之，兵至梁郭下，围梁数旬，则梁可拔；拔梁，则魏可举；举魏，则荆、赵之意绝；荆、赵之意绝，则赵危；赵危而荆狐疑，东以弱齐、燕，中以凌三晋。然则是一举而霸王之名可成也，四邻诸侯可朝也。而谋臣不为，引军而退，复与魏氏为和，令魏氏反收亡国，聚散民，立社稷主，置宗庙，令率天下西面以与秦为难。此固以失霸王之道二矣。前者穰侯⑦之治秦也，用一国之兵而欲以成两国之功，是故兵终身暴露于外，士民疲病于内，霸王之名不成，此固以失霸王之道三矣。

注 释

①阴燕阳魏：指北至燕国，南至魏国。

②成从：结成合纵的盟约。

③张军数十百万：虚张声势，称军队有数十百万。

④清济浊河：济水和黄河，济水水清，黄河水浊。

⑤一战不克而无齐：指燕昭王遣乐毅联合诸侯伐齐之事。

⑥服：通"伏"，窜伏。

⑦穰侯：魏冉，秦国大臣，秦昭王初立时执掌国政。

译 文

我听说："不知道就发言，是不智；知道了而不说，是不忠。"为人臣子的不忠当受死罪，发言不当也当受死罪。虽然如此，我还是愿意说出自己全部见闻，而请大王裁决我的罪过。

我听说天下诸侯，北至燕、南至魏，都在连楚附齐，纠合韩国而形成合纵之势，将要向西与秦国为难，我私下嘲笑他们。世上有三件导致败亡之事，而天下诸侯都具备了，大概就是说的合纵攻秦之事吧！国家听说："以混乱的国家攻打治理的国家灭亡，以邪恶的国家攻打正义的国家灭亡，以悖逆道义的国家攻打顺应天命的国家灭亡。"如今天下诸侯的府库不充盈，粮仓空虚，却征发全国百姓，虚张声势地号称军队数十百万。其中在将军面前叩头、发誓要到战场上与敌人决一死战的不止千人。这些人都说以死赴战，可等到作战时，白刃在前，刑具在后，还是退却逃跑而不能决一死战。并非是这些将士不能死战，而是诸侯的君主不能让他们死战的缘故。说要奖赏的却不奖赏，说要惩罚的却不施行，赏罚不守信，所以士民不愿死战。如今秦国号令一出，赏罚必行，有功无功分别对待。百姓自从离开父母怀抱，平生从未见过敌人，但一听说要打仗，无不顿足捋袖积极赴战，迎着白刃、踏着炭火，上前拼死的比比皆是。决定赴死不像决定偷生那么容易，而百姓却愿意这样，是因为他们崇尚奋勇而死的精神。一个人奋死而战可以抵挡十个人，十个人奋死而战可以抵挡百个人，百个人奋死而战可以抵挡千人，千人奋死而战可以抵挡万人，万人奋死而战可以攻克天下。如今秦国土地折长补短，方圆数千里，威名远扬的军队有数十百万。秦国法令赏罚严明、地理位置有利，天下没有一个国家能比得上。以此而攻取天下，天下无须费力就能得到。所以秦国能战无不克，攻无不取，所当之敌无不败破，从而开辟土地数千里，这是获得的大功。然而，士兵疲弊，百姓困乏，积蓄匮穷，田地荒芜，粮仓空虚，四邻诸侯不服从，霸王之名不成，这没有别的原因，只是谋臣们都不能尽其忠心罢了。

我斗胆进言：从前齐国在南面打败楚国，在东面吞并宋国，在西面迫使秦国顺服，在北面击破燕国，在中原役使韩国、魏国，土地广大而兵力强盛，战必克、攻必取，号令天下。对齐国而言，济水、黄河，足以作为坚固的防线；长城、巨防，足以作为防守要塞。齐国是连胜五战的强国，然而一战不胜就濒临灭亡。由此看来，战争是关系到万乘大国存亡的要事。且臣听说："砍树不要留根，不与祸害相接，祸患就不会存在。"秦国与楚国交战，大败楚军，袭击郢都，攻取洞庭、五渚、江南之地，楚国君臣逃亡，窜伏到陈地。这个时候，遣大军追击楚人，则楚国可以占有；楚国可以占有，则其民众就可归我所有，其土地就可以归我所有。这样再向东削弱齐国、燕国，在中部则可威凌三晋。如此便可一举取得霸王的功名事业，可使四邻诸侯臣服朝见。然而谋臣不作为，却引军撤退，重新和楚人讲和，使楚人得以收复沦陷的国土，收聚离散的民众，重立社稷，重建宗庙，使他们能统帅天下诸侯向西与秦国为难。这的确是秦国失去称霸天下的第一次机会啊。后天，天下诸侯又聚合起来，屯兵于华山之下，大王下诏击败了他们，兵临大梁城下，只要围困大梁数十天，就可以攻克大梁，攻克大梁则魏国可以占有，占有了魏国则楚国、赵国联合抗秦的意图就无法实现，楚国、赵国联合的意图无法实现则赵国就危险了，赵国危险楚国也会狐疑不安，如此秦国就可以向东削弱齐国、燕国，在中部则可威凌三晋。如此便可依据成就霸王的功名事业，可使四邻诸侯臣服朝见。然而谋臣不作为，却引军撤退，重新和魏人讲和，令魏国重新收复沦陷的国土，收聚离散的人民，重立社稷、重见宗庙，让他们统帅天下诸侯向西与秦国为难。这的确是秦国失去称霸天下的第二次机会啊。从前穰侯治理秦国，用一国的兵力而想建立两国的功业，因此士兵终身在国外辛苦作战，官吏、百姓也在国内疲弊不堪，霸王的功名事业不成，这的确是秦国失去称霸天下的第三次机会啊。

经典解读

初见秦，即初次拜见秦王的言论。此篇文章虽然收在《韩非子》之中，显然并非韩非子亲身经历的，其中所叙述的都是秦昭王时代的事，和韩非子生卒年代不符；且文中灭韩的主张和韩非子存韩的想法也不一致。《战国策·秦策》之中也收录这篇文章，列作张仪的说词，而张仪入秦是在秦惠王之时，所以也不太可能是作者。此外，还有范雎、蔡泽、吕不韦等人为作者的说法，但都没有确凿的证据。

文中首先分析了天下大势，列举那些合纵诸侯的弱点和秦国的强大，指明以秦国的强大，击破诸侯称霸天下，甚至攻取天下都不是难事。随即又说，秦国如此强大、诸侯如此外强中干，然而秦国却不能成就霸业，反而士兵疲弊，百姓困乏，积蓄匮穷，田地荒芜，粮仓空虚，四邻诸侯不服从。而后点明，秦国之所以霸业不成，反而遇挫，其主要原因就是谋臣们未能竭尽忠心、目光短浅，屡屡错过成就霸业的大好机会。

这种循序渐进的说法，很符合当时纵横捭阖的说客风范，具有极强的说服力。谈论天下大势、秦国的优势，就让秦王有了称霸天下的信心和欲望；指出谋臣们的失误、短见，则让秦王在遗憾、反思中对霸业更加渴望，也使秦王对自己的主张充满兴趣。然后，再逐条向秦王谈论自己强国、攻伐的主张就水到渠成了。

本篇文章为人们树立了一个洞悉天下形势、目光远大、才智超群、能言善辩的学者形象。这有助于他之后提出的观点被秦王重视，并引起其他读者注意，也许这就是《韩非子》中要将这篇文章放在首位的原因。

原文 2

赵氏，中央之国也，杂民所居也。其民轻而难用也。号令不治，赏罚不信，地形不便，下不能尽其民力。彼固亡国之形也，而不忧民萌①。悉其士民军于长平之下，以争韩上党。大王以诏破之，拔武安。当是时也，赵氏上下不相亲也，贵贱不相信也。然则邯郸不守。拔邯郸，管②山东河间，引军而去，西攻修武，逾羊肠③，降代、上党。代三十六县，上党七十县，不用一领甲，不苦一士民，此皆秦有也。代、上党不战而毕为秦矣，东阳、河外不战而毕反为齐矣，中山、呼沲以北不战而毕为燕矣。然则是赵举，赵举则韩亡，韩亡则荆、魏不能独立，荆、魏不能独立则是一举而坏韩、蠹魏、拔荆，东以弱齐、燕，决白马之口以沃魏氏，是一举而三晋亡，从者败也。大王垂拱以须之，天下编随④而服矣，霸王之名可成。而谋臣不为，引军而退，复与赵氏为和。夫以大王之明，秦兵之强，弃霸王之业，地曾不可得，乃取欺于亡国，是谋臣之拙也。且夫赵当亡而不亡，秦当霸而不霸，天下固以量秦之谋臣一矣。乃复悉士卒以攻邯郸，不能拔也，弃甲负弩，战竦而却，天下固已量秦力二矣。军乃引而复，并于李下，大王又并军而至，与战不能克之也，又不能反⑤，军罢而去，天下固以量秦力三矣。内者量吾谋臣，外者极吾兵力。由是观之，臣以为天下之从，几不难矣。内者，吾甲兵顿，士民病，蓄积索，田畴荒，囷仓虚；外者、天下皆比意甚固。愿大王有以虑之也。

　　且臣闻之曰："战战栗栗，日慎一日，苟慎其道，天下可有。"何以知其然也？昔者纣为天子，将率天下甲兵百万，左饮于淇溪，右饮于洹溪，淇水竭而洹水不流，以与周武王为难。武王将素甲三千，战一日，而破纣之国，禽其身，据其地而有其民，天下莫伤。知伯率三国之众以攻赵襄主于晋阳，决水而灌之三月，城且拔矣；襄主钻龟筮占兆，以视利害，何国可降。乃使其臣张孟谈。于是乃潜行而出，反知伯之约，得两国之众，以攻知伯，禽其身，以复襄主之初。今秦地折长补短，方数千里，名师数十百万，秦国之号令赏罚，地形利害，天下莫如也，以此与天下，天下可兼而有也。臣昧死愿望见大王，言所以破天下之从，举赵、亡韩，臣荆、魏，亲齐、燕，以成霸王之名，朝四邻诸侯之道。大王诚听其说，一举而天下之从不破，赵不举，韩不亡，荆、魏不臣，齐、燕不亲，霸王之名不成，四邻诸侯不朝，大王斩臣以徇国，以为王谋不忠者也。

注　释

①民萌：萌，通"氓"；民氓，即民众。

②管：包围、包抄。

③逾羊肠：即越过羊肠要塞。

④编随：次第相随。

⑤反：反，当为"及"。

译　文

　　赵国是处于天下中央的国家，是杂民居处的地方，其民众轻佻而难以役使，其法令不严明，赏罚执行不严明，地形不便利，不能充分使用民力。它本就具有亡国的形势，又不体恤百姓，征发全国军民驻扎在长平之下，来争夺韩国上党。大王下诏击破赵军，攻下武安。这个时候，赵国上下不能团结一心，贵族与平民不能相互信任。若继续进军，则邯郸不能坚守。攻下邯郸，包抄山东、河间一带，引军而去，西攻修武，越过羊肠要塞，降服代地、上党。则代地三十六县，上党七十县，不动用一兵一卒，不劳苦一个百姓，都将为秦国所有。上党、代地不经攻战则尽为秦国所有，东阳、河外之地不经攻战则尽为齐国所有，中山、滹沱河以北不经攻战则尽为燕国所有。这样赵国就可以被占领了，占有了赵国则韩国也跟着灭亡，韩国灭亡则楚国、魏国不能独立，楚国、魏国不能独立则可以一举而削韩、弱魏、破楚，再向东削弱齐国、燕国，决开白马河口来淹魏国，则一举而灭亡三晋，诸侯们的合纵也就失败了。大王垂拱而待，天下诸侯就一个个都跟着臣服了，霸王的功名则可以取得。然而谋臣不作为，引军撤退，重新与赵国谈和。以大王的圣明，以秦军的强大，抛弃霸王之业，连土地都没有得到，竟又被将要灭亡的赵国所欺骗，这是谋臣的笨拙啊。赵国应该灭亡而未亡，秦国应该称霸而未霸，天下必定以此度量秦国的谋臣，这是一。接着秦国又复起大军去攻打邯郸，不能攻下，丢盔弃甲，惊慌撤退，天下必定以此来度量秦国的力量，这是二。军队撤退回来，在李下汇聚，大王又增加援军，与诸侯交战而不能取胜，又不能及时撤回，最终疲惫不堪，不得不退兵，天下必定以此来估量秦国的力量，这是三。在内部估量我们的谋臣，在外部耗尽我们的兵力。由此看来，臣认为天下诸侯的合纵，也就不难了。在内，我们军士困顿，百姓贫弱，积蓄匮穷，田地荒芜，粮仓空虚；在外，天下诸侯合纵的心意甚为牢固。希望大王能慎重考虑这些。

况且我听说："战战兢兢，慎之又慎，若能谨慎地遵守治国之道，则天下可以拥有。"怎么知道是这样的呢？从前殷纣王为天子，率领天下百万大军，左军饮于淇溪，右军饮于洹水，把淇溪的水都喝干了，洹水也为之断流，以如此强大的军队去和周文王作战。武王率领素服甲士三千人，激战一日，而攻破纣王的国家，擒获纣王本人，占据纣王的土地，拥有了他的人民，天下没有谁同情他。智伯率领智、魏、韩三家的军队，攻打赵襄子于晋阳，掘开河水灌城三个月，晋阳城即将被攻下；赵襄子钻龟甲占卜，来推测凶吉利害，看哪一家可以争取过来。于是令其臣张孟谈出使晋阳，与韩、魏结盟，推翻智伯的三家盟约，得到韩、魏两家的帮助一起攻打智伯，擒获智伯本人，恢复了赵襄子当初的权势。如今秦国之地折长补短，方圆数千里，名师数十百万，秦国的法令赏罚、地形便利，天下没有比得上的。凭借这些攻取天下，天下都可兼并占有。臣冒死希望见到大王，陈说以破坏天下合纵，攻取赵国、灭亡韩国，臣服楚国、魏国，亲附齐国、燕国，成就霸王的功名事业，而使四邻诸侯前来朝见之道。大王果然能听从我的主张，若施行以后而天下合纵不破，赵国不能占领，韩国不能灭亡，楚国、魏国不能降服，齐国、燕国不能亲附，霸王的功名事业不能成就，四邻诸侯不来朝见，则请大王斩杀我来向全国示众，以此作为为大王谋划不尽忠者的警戒。

经典解读

秦昭王在位之时，屡屡攻打诸侯，当时天下唯一能与秦国抗衡的就是军事实力尚强的赵国，在秦昭王四十七年（前260），秦、赵两国为了争夺韩国上党地区，爆发了长平之战。战争初期，因为秦国谋略恰当，而赵国却屡屡失误，秦国在战场上取得了大胜，赵军四十万降卒被活埋，赵国元气大伤。当时，若秦军趁势进攻，必定可以攻取赵国，然后鲸吞蚕食其他诸侯，王霸之业唾手可得。但秦昭王在丞相范雎的劝谏下，停止了进攻，让赵国有了喘息之机。后来，昭王后悔，又在赵国得到诸侯援助后强行进攻邯郸，结果在邯郸之战中大败，不得不让出占领的土地与诸侯媾和。这可以说是秦国距消灭诸侯、统一天下最近的机会了，可惜因为谋臣、武将之间的争名夺功而将大好形势化为泡影。对于秦王，这可以说是想起都会痛惜不已的。说者在此着重叙述当时的有利形势、接连出现错误的谋划以及失败之后的惨重损失，一一指出了谋臣谋事不利的严重后果，同时显示自己对天下大势的了解，使秦王不得不看重自己，起用自己。

接着，又论述纣王、智伯失败的往事，来告诉秦王：虽然秦国势力强大，但要想攻灭诸侯，称霸天下依然是很困难的，若自恃武力，轻视人才，谋划不当，可能就要落得纣王、智伯的下场。所以，秦国虽然强大，但形势并不强于纣王、智伯，诸侯虽然相对弱小，但比武王、赵襄子还要有优势，实力上的强大并不足以倚恃。要想顺利地取得成功，不仅要充分利用现有的有利条件，如法令赏罚、地形的便利等，还要尽力破坏天下的合纵，远交近攻，这样才能成就王霸之业。

本篇文章通过分析秦国的有利形势，以及秦国接连取胜却不能成就霸业的原因，指出秦国最大的不足就是谋臣们总是谋划不当，也就是没有一个明确的统一天下的方针，然后提出自己的主张：破坏合纵，远交近攻。全文分析透彻、事理清晰，说服力极强，这和韩非子其他的文章都很接近，也许这就是后人将其收录在《韩非子》之中的原因。

存 韩

原文 1

韩事秦三十余年，出则为扞蔽，入则为席荐①，秦特出锐师取地而随之，怨悬于天下，功归于强秦。且夫韩入贡职，与郡县无异也。今臣窃闻贵臣之计，举兵将伐韩。夫赵氏②聚士卒，养从徒③，欲赘④天下之兵，明秦不弱则诸侯必灭宗庙，欲西面行其意，非一日之计也。今释赵之患，而攘内臣之韩，则天下明赵氏之计矣。

夫韩、小国也，而以应天下四击，主辱臣苦，上下相与同忧久矣。修守备，戒强敌，有蓄积、筑城池以守固。今伐韩，未可一年而灭，拔一城而退，则权轻于天下，天下摧我兵矣。韩叛，则魏应之，赵据齐以为原⑤，如此，则以韩、魏资赵假齐以固其从，而以与争强，赵之福而秦之祸也。夫进而击赵不能取，退而攻韩弗能拔，则陷锐之卒勤于野战，负任之旅⑥罢于内攻，则合群苦弱以敌而共二万乘，非所以亡韩之心也。均如贵臣之计，则秦必为天下兵质矣。陛下虽以金石相弊⑦，则兼天下之日未也。

今贱臣之愚计：使人使荆，重币⑧用事之臣，明赵之所以欺秦者；与魏质以安其心，从韩而伐赵，赵虽与齐为一，不足患也。二国事毕，则韩可以移书定也。是我一举二国有亡形，则荆、魏又必自服矣。故曰："兵者，凶器也，不可不审用也。"以秦与赵敌衡，加以齐，今又背韩，而未有以坚荆、魏之心。夫一战而不胜，则祸构矣。计者，所以定事也，不可不察也。赵、秦强弱，在今年耳。且赵与诸侯阴谋久矣。夫一动而弱于诸侯，危事也；为计而使诸侯有意伐之心，至殆也；见二疏，非所以强于诸侯也。臣窃愿陛下之幸熟图之！夫攻伐而使从者间焉，不可悔也。

诏以韩客之所上书，书言韩子之未可举，下臣斯，臣斯甚以为不然。秦之有韩，若人之有腹心之病也，虚处则恹然⑨，若居湿地，著而不去，以极走则发矣。夫韩虽臣于秦，未尝不为秦病，今若有卒报之事⑩，韩不可信也。秦与赵为难，荆苏使齐，未知何如，以臣观之，则齐、赵之交未必以荆苏绝也；若不绝，是悉秦而应二万乘也。夫韩不服秦之义而服于强也。今专于齐、赵，则韩必为腹心之病而发矣。韩与荆有谋，诸侯应之，则秦必复见崤塞之患。

非之来也，未必不以其能存韩也，为重于韩。辩说属辞，饰非诈谋，以钓利于秦，而以韩利窥陛下。夫秦、韩之交亲，则非重矣，此自便之计也。

臣视非之言，文其淫说靡辩，才甚。臣恐陛下淫非之辩而听其盗心，因不详察事情。今以臣愚议：秦发兵而未名所伐，则韩之用事者以事秦为计矣。臣斯请往见韩王，使来入见，大王见，因内其身而勿遣，稍召其社稷之臣，以与韩人为市，则韩可深割也。因令象武发东郡之卒，窥兵于境上而未名所之，则齐人惧而从苏之计，是我兵未出而劲韩以威擒，强齐以义从矣。闻于诸侯也，赵氏破胆，荆人狐疑，必有忠计。荆人不动，魏不足患也，则诸侯可蚕食而尽，赵氏可得与敌矣。愿陛下幸察愚臣之计，无忽。

秦遂遣斯使韩也。

注　释

①席荐：席子和草荐，这里指像席子、草荐那样居下事奉。

②赵氏：指赵国。

③从徒：合纵之士。

④赘：连缀。

⑤原：高而平的地方，引申为后盾。

⑥负任之旅：指运粮饷者。

⑦以金石相弊：当为"与金石相弊"，即与金石齐寿。

⑧重币：厚赂。

⑨恔然：不安的样子。

⑩卒报之事：紧急之事。

译 文

韩国事奉秦国三十余年了，在外则作为秦国的屏障一样庇护着秦国，在内则如席子般居下顺从，只要秦国派出精兵攻打其他诸侯，韩国必定派跟随，因此结怨于天下诸侯，而利益都归于强秦。且韩国尽职入贡，和秦国的郡县没有什么区别。如今臣私下听闻陛下贵臣的计划，将要起兵伐韩。赵国聚集士卒，招养合纵之士，联合天下军队，以表明秦国不削弱，则诸侯终将被秦所灭。他们要想向西进攻秦国，并非一朝一夕的计划了。如今放下赵国这个祸患，而要攻灭像内臣一样的韩国，则天下诸侯都明白赵国计谋的有理了。

韩国是个小国，而要应对来自四面八方的天下诸侯的攻击，主辱臣苦，君臣上下怀着同样的忧虑很久了。于是，韩国修理守备，警戒强敌，储备物资，挖河、筑墙以便固守。现在攻打韩国，不能在一年之内将其灭亡，若攻下一城就退却，则会让秦国的力量被诸侯们看轻，这样天下诸侯就会前来攻打秦国了。韩国反叛秦国，魏国必然呼应，赵国再以齐国为厚援，这样就是以韩国、魏国来资助赵国，赵国再结好齐国来巩固盟约。这样再与其争强，则是赵国的幸运，秦国的灾祸。进攻赵国不能取胜，退而攻打韩国也不能攻下，那么精锐的士兵疲惫于长期野战，运输队伍疲惫于军内消耗，则是聚合国内疲惫的军队来与齐、赵两个万乘大国为敌，这不是灭韩的本心啊！若都按照陛下贵臣的计谋去行事，则秦军必将进退两难，如沦为各国的人质一般。那么，即便陛下寿如金石，只怕也不会有兼并天下的日子了。

如今我敢献愚计：遣人出使楚国，用重资贿赂其掌权大臣，明确指出赵国欺骗秦国的情况；给魏国送去人质以安定其心，率领韩国讨伐赵国，这样赵国即便与齐国联合，也没有什么可担忧的了。击败赵国、齐国，则韩国发一封文书就可以平定了；如此一举则齐国、赵国有灭亡的情势，楚国、魏国也一定会自动臣服。所以说："战争，是凶险的事物，不可不审慎使用"。秦国和赵国抗衡，又加上以齐国为敌，如今又要背弃韩国，而没有安定楚国、魏国之心。若一战不胜，灾祸就到来了。计谋，是用来决定事情的，不可不深察。赵国、秦国孰强孰弱，在今年就能分出高下来。且赵国和诸侯已经暗中谋划很久了。一次行动不能取胜就会示弱于诸侯，这是危险的事情；制定计谋而使诸侯对秦国有了攻伐之心，危机就很严重了；出现两大疏漏，不是秦国在诸侯面前称强的办法。臣私下希望陛下能深思熟虑！攻伐韩国而使合纵者钻了空子，将来后悔也来不及了。

秦王诏令将韩非的上书，以及书中所说韩国不可以攻取，下达给臣子李斯。李斯对韩非的说法很是不以为然。认为秦国有韩国存在，就如人有心腹之病一样。腹心有病平时终为妨碍，假若居住在潮湿之地，病痛就不能驱走，有所动作时病痛就会复发。韩国虽然臣服于秦国，未必不是秦国的心病，如今天下若有猝然大变，韩国是不可信的。秦国和赵国为敌，荆苏出使齐国，不知结果如何，以臣看来，齐国、赵国不一定因荆苏而断绝关系；若两国不绝交，则是要倾尽秦国的力量来应付两个万乘大国。韩国并非服从于秦国的道义，而是屈服于秦国的强大。如今秦国集中对付齐、赵两国，韩国就一定会成为心腹之疾而发作起来。若韩国和楚国阴谋图秦，诸侯响应他们，则秦国必定再次遭遇崤之战那样的惨败。

韩非的到来，未必不是想利用他能保全韩国，而在韩国求得他们的重用。他善言巧辩，隐藏诈谋，以期获利于秦，而为了韩国的利益窥视陛下。若秦国、韩国交好，则韩非就重要了，这都是他利于自己的计谋。

我看韩非的言论，文饰其自己的诡说，很有辩才。我担心陛下迷惑于韩非的诡辩而听从他的邪心，因此不能详察实情。如今以臣的愚见：秦国发兵但不说明讨伐对象，则韩国的执政者将会采取事奉秦国的计策。我请求去拜见韩王，让他前来觐见，大王接见他时，趁机将他扣留不要遣返。随后召见韩国的掌权大臣，与韩国做交易，就可以大量割取韩国的土地。接着命令蒙武征发东郡的士兵，陈兵边境之上，不要说明将要攻打哪里。这样齐人就会恐惧而听从荆苏的主张。我军无须出兵，则韩国就会慑于威势而屈从，齐国就会顺从道义而归服，诸侯听闻这些，则赵国胆战心惊，楚国狐疑不决，必定产生忠于秦国的想法。楚人不动，则魏国不值得忧虑，那么各国就可以逐渐蚕食而尽，就可以同赵国一较高下了。希望陛下深察臣的计谋，不要忽略。

于是秦国派遣李斯出使韩国。

经典解读

存韩，即保全韩国。韩国距离秦国最近，国力弱小，所遭受的攻击也最为猛烈，面对强大而又贪得无厌的秦国，韩国社稷摇摇欲坠。韩非作为韩国公子，自然不希望自己的祖国灭亡，但又不能立刻使韩国强大起来，可以同秦国对抗，于是想出了一个转嫁灾祸的计谋——即本篇文章中所论述的，前去游说秦王，使秦国停止进攻韩国，而去攻打赵国、齐国，从而给韩国留有喘息之机。

韩非身为韩国公子，想要保全自己祖国的心情可想而知，然而不得不说他的计谋并不恰当。秦国不断进攻诸侯，吞并天下的野心昭然若揭，即便韩非的计划能够实现，秦国不再继续攻打韩国，转而攻打赵国、齐国，那其他诸侯灭亡之后，难道秦国会感激韩国协助之功，让它在自己卧榻之旁安眠吗？到头来韩国还是免不了灭亡的命运，只不过迟来几年罢了。

况且站在秦国的角度来看，韩非、李斯的谋划孰优孰劣，一眼可知。李斯虽然有很多"劣迹"，但在这里的确是为秦国大业而尽心谋划的；反观韩非，既想帮秦国成就霸业，消灭诸侯，又想保全自己的国家，为秦国谋划则不够忠心，为韩国谋划则缺少远见。身为韩国公子，保全韩国是他生而俱来的使命；想要展示自己的才华，协助秦王统一天下创立千古伟业，也是一个智谋之士的梦想。正是这种矛盾导致了韩非有这种不切现实、"没有远见"的主张，这也正是他悲剧命运的一大根源。

原文 2

　　李斯往诏①韩王，未得见，因上书曰："昔秦、韩戮力一意，以不相侵，天下莫敢犯，如此者数世矣。前时五诸侯尝相与共伐韩，秦发兵以救之。韩居中国，地不能满千里，而所以得与诸侯班位于天下、君臣相保者，以世世相教事秦之力也。先时五诸侯共伐秦，韩反与诸侯先为雁行②以向秦军于关下矣。诸侯兵困力极，无奈何，诸侯兵罢。杜仓相秦，起兵发将以报天下之怨而先攻荆。荆令尹患之，曰：'夫韩以秦为不义，而与秦兄弟共苦天下。已又背秦，先为雁行以攻关。韩则居中国，展转③不可知。'天下共割韩上地十城以谢秦，解其兵。夫韩尝一背秦而国迫地侵，兵弱至今，所以然者，听奸臣之浮说，不权事实，故虽杀戮奸臣，不能使韩复强。

"今赵欲聚兵士卒，以秦为事，使人来借道，言欲伐秦，其势必先韩而后秦。且臣闻之：'唇亡则齿寒。'夫秦、韩不得无同忧，其形可见。魏欲发兵以攻韩，秦使人将使者于韩。今秦王使臣斯来而不得见，恐左右袭襄奸臣之计，使韩复有亡地之患。臣斯不得见，请归报，秦、韩之交必绝矣。斯之来使，以奉秦王之欢心，愿效便计，岂陛下所以逆贱臣者邪？臣斯愿得一见，前进道愚计，退就菹戮④，愿陛下有意焉。今杀臣于韩，则大王不足以强，若不听臣之计，则祸必构矣。秦发兵不留行，而韩之社稷忧矣。臣斯暴身于韩之市，则虽欲察贱臣愚忠之计，不可得已。边鄙残，国固守，鼓铎之声于耳，而乃用臣斯之计，晚矣。且夫韩之兵于天下可知也，今又背强秦。夫弃城而败军，则反掖之寇⑤必袭城矣。城尽则聚散，聚散则无军矣。城固守，则秦必兴兵而围王一都，道不通，则难必谋，其势不救，左右计之者不用，愿陛下熟图之。若臣斯之所言有不应事实者，愿大王幸使得毕辞于前，乃就吏诛不晚也。秦王饮食不甘，游观不乐，意专在图赵，使臣斯来言，愿得身见，因急与陛下有计也。今使臣不通，则韩之信未可知也。夫秦必释赵之患而移兵于韩，愿陛下幸复察图之，而赐臣报决。"

注　释

①诏：告谕。

②雁行：并行，走在前头。

③展转：反复。

④菹戮：杀戮。

⑤反掖之寇：内部并起的寇贼。

译　文

李斯前往韩国告谕韩王，未能见到，于是上书说："从前秦国、韩国同力一心，不相攻伐，天下诸侯都不敢侵犯，这样已经持续数代了。从前，五国诸侯曾一起攻打韩国，秦国发兵救援。韩国位处中原地带，土地不满千里，之所以能够与诸侯并列于天下、君臣相互保全，都是因为世代相教事奉秦国的缘故。从前五国诸侯共同讨伐秦国，韩国反而与诸侯并进，在函谷关下与秦军对峙。诸侯军士困乏、力量耗尽，对秦国无可奈何，罢兵而去。杜仓担任秦国相国，兴兵遣将将要报天下攻秦之怨而先进攻楚国，楚国令尹以此为患，说：'韩国认为秦国不义，却与秦国结为兄弟，一起残害天下。已而又背叛秦国，与诸侯联合攻打函谷关。韩国位于中原地区，反复不已难以预料。'于是，诸侯共同割去韩国上党地区的十座城市向秦国谢罪，解除了秦军的威胁。韩国曾一次背叛秦国而导致国家窘迫、土地丢失，兵力衰弱到今天的地步，之所以如此，就是听信奸臣的虚浮之言，不权衡事实，所以事后即便杀死奸臣也不能使韩国恢复强大。

"如今赵国想要聚集士卒，向秦国进攻，派人前来借道，说要攻打秦国。其情势一定是先进攻韩国然后再进攻秦国。且臣听说：'唇亡则齿寒。'秦国、韩国不能不怀有相同的忧患，这是显而易见的。魏国要发兵攻打韩国，秦国派人将使者交给韩国。如今秦王派遣臣李斯来韩而不能见到大王，我怕大王左右大臣又在沿袭昔日奸臣的计谋，使韩国又有失去土地的祸患。臣李斯既然不能见到大王，请允许我回去汇报秦王，秦国、韩国的交好必然断绝。我前来出使，是奉着秦王希望两国交好的欢心，并希望进献有利于韩国的计谋，难道陛下就是如此招待下臣的吗？臣李斯希望拜见大王一面，上前陈说愚计，退后接受刑戮，希望陛下对我的这番话多加留意。如今即便将臣杀死在韩国，大王也不会变得强大，若不听从臣的计谋，则灾祸一定会到来。秦国发兵不停地向前，那韩国的江山社稷就堪忧了。臣李斯若暴尸于韩国市中，那大王即便再想察闻下臣的愚忠计谋，也不可能了。等到边境残破，只能依国都固守，金鼓之声不绝于耳时，才采用臣的计谋就晚了。再说，韩国的兵力如何天下都清楚，如今又背叛强大的秦国。若军队战败、丢失都城，内寇也必将袭击各城邑。城邑丢尽了，百姓也就散了；百姓离散，军队也就没有了。若固守都城，则秦国必定兴兵将大王围困在孤城之内，道路不通，则谋虑困难，其形势难以挽救，左右大臣的计策也没有用处了，希望陛下仔细考虑。假若臣李斯所说的话有不符合事实的，希望大王能让我上前将话说完，然后再接受刑戮诛杀也不晚。秦王饮食不甘甜，游玩不欢乐，心意都在谋取赵国之上，遣臣李斯前来传话，希望能亲自见到您，而急着与您商量大计。如今使臣不通，则韩国的诚信就无法得知。那秦国一定会放下与赵国的冲突而移兵于韩国，希望陛下能够再次考虑这种情况，并将您的决定告诉臣。"

经典解读

　　面对秦国咄咄逼人的态势，赵、魏等诸侯积极谋划合纵，准备联合兵力攻打秦国，而秦国为了实现称霸天下的野心，也将合纵的骨干赵国视为眼中钉，准备攻打赵国。此时，韩国就成为了各国争取的对象，于是秦王派遣李斯前往韩国进行游说，希望韩国与秦国保持联合，一起对抗诸侯的合纵。显然，韩国的执政者和韩非的主张不同，他们并不准备与秦国亲和，而是要同诸侯合纵，于是韩王久久不接见李斯。在这种情况下，李斯便上书陈说自己的观点，期望面见韩王。

　　李斯首先陈述秦、韩交好的"优良传统"，指出韩国之所以能够与诸侯并列天下，都是秦国的"恩惠"，韩国亲附秦国就能安定，背叛秦国就会导致国家窘迫、土地丢失；两国之间是唇亡齿寒的关系，诸侯合纵的目标虽然是秦国，然而必定也会趁机攻打韩国。接着，又点明了亲附秦国、背叛秦国的利害关系，亲附秦国则得到秦王欢心，国家能够保全，背叛秦国则秦国必将兴兵攻打韩国，诸侯不能救援，韩国就危险了。李斯游说韩王，是以强者身份去游说弱者，威逼利诱无所不用，只需陈述事实就能让韩王胆战心惊，不敢不听从，这和韩非游说秦王完全不同。李斯游说能够成功，而韩非游说却以失败告终，并非是李斯能力、智谋胜过韩非，只是二者所处的境遇不同，所要达成的目标难易悬殊罢了。总之，通过这篇文章，既可以看到李斯、韩非二人对时政不同的主张，也可以让人感受到韩非的窘迫处境。

难 言

原 文

臣非非难言也，所以难言者：言顺比滑泽①，洋洋纚纚①然，则见以为华而不实。敦祇恭厚，鲠固慎完，则见以为拙而不伦。多言繁称，连类比物，则见以为虚而无用。总微说约③，径省而不饰，则见以为刿而不辩。激急亲近，探知人情，则见以为谮而不让。闳大广博，妙远不测，则见以为夸而无用。家计小谈，以具数言，则见以为陋。言而近世，辞不悖逆，则见以为贪生而谀上。言而远俗，诡躁人间，则见以为诞。捷敏辩给，繁于文采，则见以为史④。殊释文学，以质信言，则见以为鄙。时称诗书，道法往古，则见以为诵。此臣非之所以难言而重患也。

故度量虽正，未必听也；义理虽全，未必用也。大王若以此不信，则小者以为毁訾诽谤，大者患祸灾害死亡及其身。故子胥善谋而吴戮之，仲尼善说而匡围之，管夷吾实贤而鲁囚之。故此三大夫岂不贤哉？而三君不明也。上古有汤，至圣也，伊尹，至智也。夫至智说至圣，然且七十说而不受，身执鼎俎为庖宰，昵近习亲，而汤乃仅知其贤而用之。故曰：以至智说至圣，未必至而见受，伊尹说汤是也；以智说愚必不听，文王说纣是也。故文王说纣而纣囚之，翼侯炙，鬼侯腊，比干剖心，梅伯醢，夷吾束缚，而曹羁奔陈，伯里子⑤道乞，傅说转鬻，孙子膑脚于魏，吴起收泣于岸门，痛西河之为秦、卒枝解于楚，公叔痤言国器、反为悖，公孙鞅奔秦，关龙逢斩，苌宏分胣⑥，尹子阱于棘，司马子期死而浮于江，田明辜射⑦，宓子贱、西门豹不斗而死人手，董安于死而陈于市，宰予不免于田常，范雎折胁于魏。此十数人者，皆世之仁贤忠良有道术之士也，不幸而遇悖乱暗惑之主而死，然则虽贤圣不能逃死亡避戮辱者，何也？则愚者难说也，故君子难言也。且至言忤于耳而倒于心，非贤圣莫能听，愿大王熟察之也。

注　释

①顺比滑泽：和顺流畅。

②洋洋纚纚：盛美而有条理。

③总微说约：叙述简要。

④史：夸饰、不质朴。

⑤伯里子：即百里奚。

⑥分脱：剖腹。

⑦辜射：辜磔，分裂肢体的酷刑。

译　文

下臣韩非并不认为进言本身困难，所以难以进言的原因在于：言辞圆滑和顺，洋洋洒洒，就会被认为是华丽而不切实。言辞敦厚恭敬，耿直完善，就会被认为是笨拙而无条理。言辞广征博引，旁推类比，就会被认为是虚辞而不实用。言辞精微简约，不加修饰，就会被认为是直白而不善辩；言辞激切恳实，触及人情，就会被认为是中伤而不谦让。言辞宏大广博、高深莫测，就会被认为是夸耀而无用。谈论日常小事，琐屑陈言，就会被认为是鄙陋浅见。谈及近事常闻，遵循常规，就会被认为是贪生谄媚。言辞清远离俗，异于众人，就会被认为是荒诞。言辞敏捷、富于文采，就会被认为是不质朴。弃绝文献，言辞质朴，就会认为是鄙陋。经常援引诗书，效法古人言语，就会被认为是死记硬背。这就是下臣韩非之所以认为难以进言而多感忧惧的原因。

所以，提出的办事原则虽然正确，未必会被君主听从；义理虽然完备，未必会被君主采纳。大王若因为这些话不可信，轻则认为进言者非毁诽谤，重则使进言者遭受灾祸，被处死。所以伍子胥虽然善于谋划而被吴国杀戮，孔子虽然善于游说而被匡人围困，管仲确实贤能而被鲁国囚禁。这三位大夫难道不贤能吗？但他们所遭逢的君主不贤明。古代的商汤，是至为明智的圣君，伊尹是至为智慧的圣者，至为智慧的伊尹去游说至为圣明的商汤，犹且游说七十次而不接受，伊尹于是亲自拿着鼎俎做了厨师来亲近商汤，商汤才知道了他的贤能并采用了他。所以说，以至为智慧的，去游说至为圣明的，还未能一见到就被接受，伊尹游说商汤就是这样；有智慧的人去进言愚者一定不会被接受，文王进说纣王就是这样。所以文王进说纣王，而纣王囚禁了他；翼侯被烤死，鬼侯被做成肉干，比干被剖心，梅伯被剁成肉酱；管仲遭受束缚，曹羁逃亡陈国，伯里子沿路乞讨，傅说被转卖，孙膑在魏国被砍去双脚；吴起对着岸门流涕、痛惜河西被秦国占有、最终在楚国被肢解；公叔痤推荐国器，反而被视为荒谬，于是公孙鞅奔赴秦国；关龙逢被杀，苌弘被剖腹，尹子被投入牢狱之中，司马子期死后尸体浮于江上；田明辜磔，宓子贱、西门豹不斗而被人杀害，董安于死后被陈尸市中，宰予不免田常之祸，范雎在魏国被打断肋骨。这十几个人，都是世间仁义忠良有本领的人，不幸遭遇悖乱昏聩的君主而死去。那么，即便是圣贤之人，也不能逃避死亡、戮辱的原因是什么呢？则是愚者难以劝谏，所以君子难以进言。况且很多至理善言，都是逆于耳而悖于心的，若非圣贤不能听从，希望大王熟察此事。

经典解读

　　良药苦口利于病，忠言逆耳利于行。好的言论不一定被采纳，正确的主张不一定被接受，忠直的话语可能给自己招致灾祸，伍子胥、孔子、管仲都是中正、智慧、贤能之人，却都获罪于人，遭受杀害、陷入险境、沦为囚徒。并不是他们的言论不好，而是君主、世人不能了解他们，凭借自己的主观喜好给他们定了罪。这固然是贤人的不幸，但损失最大的还是那些误会他们、不采用他们主张的人。这些人不仅要蒙受愚昧、害贤的恶名，而且也错过了得到好的意见、教导的机会。所以，夫差不听从伍子胥的劝谏，而失去了整个国家；鲁国不察明管仲的贤能，而成就了齐国的霸业。

　　好的意见得到采纳、不忽略正确的主张，说者要想将他人说服，被说者要能明辨是非、无所遗漏，这些都是十分困难的。圣明如商汤、智慧若伊尹，相互游说、接受还是那么困难，更何况圣明、才智不如他们的人呢？所以，只有真正心怀忠义的人，才敢冒险向君王呈献自己的主张，只有真正明智善察的君主，才能果断采用智者与众不同的观点。

韩非对秦王说这些话，就是希望秦王能够做一个善于纳言而又宽容的君主，希望他能慎重考虑自己的主张，不要让自己有伍子胥、关龙逄那样的怨悔。

爱 臣

原 文

　　爱臣太亲，必危其身；人臣太贵，必易主位；主妾无等①，必危嫡子；兄弟不服，必危社稷。臣闻千乘之君无备，必有百乘之臣在其侧，以徙其民而倾其国；万乘之君无备，必有千乘之家在其侧，以徙其威而倾其国。是以奸臣蕃息，主道衰亡。是故诸侯之博大，天子之害也；群臣之太富，君主之败也。将相之管②主而隆国家，此君人者所外也。万物莫如身之至贵也，位之至尊也，主威之重，主势之隆也。此四美者，不求诸外，不请于人，议之而得之矣。故曰：人主不能用其富，则终于外也。此君人者之所识也。

　　昔者纣之亡，周之卑，皆从诸侯之博大也；晋之分③也，齐之夺④也，皆以群臣之太富也。夫燕、宋之所以弑其君者，皆以类也。故上比之殷、周，中比之燕、宋，莫不从此术也。是故明君之蓄其臣也，尽之以法，质之以备。故不赦死，不宥刑，赦死宥刑，是谓威淫⑤。社稷将危，国家偏威⑥。是故大臣之禄虽大，不得藉威城市；党与虽众，不得臣士卒。故人臣处国无私朝，居军无私交，其府库不得私贷于家，此明君之所以禁其邪。是故不得四从⑦，不载奇兵；非传非遽，载奇兵革，罪死不赦。此明君之所以备不虞者也。

注 释

①主妾无等：妻妾尊卑不分。

②管：控制、挟制。

③晋之分：指三家分晋。

④齐之夺：指田氏代齐。

⑤威淫：威严丧失。

⑥偏威：指君权旁移。

⑦四从：指带有大量护卫随从。

译 文

君主过于亲爱臣子，必定危害自身；臣子过于尊贵，必定篡夺君位；妻妾没有尊卑，必定危害嫡子；国君兄弟不相亲服，必定危及社稷。臣听说，千乘之国的君主没有防备，必定有百乘之家的臣子在旁窥伺，以夺取他的臣民、倾覆他的社稷；万乘之国的君主没有防备，必定有千乘之家的臣子在旁窥伺，以夺取他的威权，倾覆他的国家。因此，奸臣的势力昌盛，而君主的权势衰微。所以，诸侯过于强大，是天子的灾祸；群臣过于富有，是国君的失败。卿相大臣繁衍滋长，争夺私家之利，君主的统治就会衰亡，这是君主应竭力禁止的。对于君主来说，万物没有比自身更为宝贵，没有比君位更加尊贵，没有比君威更加重要，没有比权势更加隆盛的了。这四种美好的东西，并非求之于外，并非求之于人，君主自己行事恰当就能得到它们。所以说：君主不能使用其美好的东西，它们就会被外臣所窃取。这是作为君主者当牢记的。

从前殷纣的灭亡、周朝的衰微，都是因为诸侯过于强大的原因；晋国被三家瓜分、齐国被田氏篡夺，都是因为群臣过于富有的原因；燕国、宋国的臣子之所以能弑杀他们的君主，都是类似的情况。所以，于上对比殷、周，于中对于燕、宋，奸臣篡权夺位莫不以此为途径。所以，明君蓄养其臣子，严格依照法律来约束他们，在奸邪未产生之前就做好防备。所以，不赦免死罪，不宽宥刑罚，赦免死罪、宽宥刑罚，称为"威淫"，"威淫"将导致社稷危险，君威旁移。所以，大臣的俸禄即便很多，也不得借助城邑树立威信；党羽即便众多，也不得拥有私家武装。所以，臣子在国内不能私设朝廷，在军中不能有私交，私家不能借贷市恩，这些都是明君禁止奸邪的方法。所以，臣子外出不能带私人卫队；车上不能载着刀剑兵器；若非传递紧急文件，车上载着刀剑兵器的，罪死不赦。这就是明君用来防备非常之变的方法。

经典解读

春秋战国之时，各国内乱不断，权臣篡位、陪臣执国命的现象层出不穷。如何驾驭臣下，巩固自己的君位，也就成了君主们时刻思考的头等大事。韩非的这篇文章，就是提出自己的驭臣之术，协助君主打造一个稳固的专制政权，防止臣下作乱。

对于同样的问题，儒家强调的是礼，通过推行礼仪，使人明知道义，而实现"君君臣臣、父父子子"的秩序；君主对于臣子应该相信、敬重，如哀公问政时孔子就回答要"尊贤，亲亲，敬大臣，体群臣"，武王尊称太公望为尚父，齐桓公尊称管仲为仲父，将国政放心地托付给他们，就都体现了儒家君臣相处的观点。而韩非则反对这种过于亲信大臣的行为，在他看来，过分亲信大臣就会导致君权旁落，最终将使君臣失序，君主丧失权威、社稷。明君"蓄臣"不当依赖感情、信任，而是要"尽之以法，质之以备"，用法律、制度来约束臣子；再通过权谋，维护君身、君位、君威、君势等，使君主的地位、权力巩固，使臣子不敢逾越名分，不敢觊觎君主的地位。

和儒家的传统主张相比，韩非重视法术的观点更加"现实"，更能直接解决问题本身，体现了他丰富的历史经验、杰出的管理智慧，但这种苛严的制度必然是薄情寡恩的，而且有违人心，只能以法术让人畏惧，不能让人心悦诚服，还会让社会充满权谋、诈伪。可以说，这是一种极为有效但功利性强、副作用极大的手段。君主居于君位之上，最应该思考的是如何爱护天下民众，如何引导人民走向正道，而不是想方设法地维护自己一个人、一个家族的统治地位。韩非以权谋之术游说君主，让君主不择手段地维护自己的地位，这的确有利于君主个人的利益，但却未必有利于天下民众，是不值得提倡的。

主 道

原 文

　　道者，万物之始，是非之纪①也。是以明君守始以知万物之源，治纪以知善败之端。故虚静以待，令名自命也，令事自定也。虚则知实之情，静则知②动者正。有言者自为名，有事者自为形，形名参同，君乃无事焉，归之其情。故曰：君无见其所欲，君见其所欲，臣自将雕琢；君无见其意，君见其意，臣将自表异③。故曰：去好去恶，臣乃见素；去旧去智，臣乃自备。故有智而不以虑，使万物知其处；有行而不以贤④，观臣下之所因；有勇而不以怒，使群臣尽其武。是故去智而有明，去贤而有功，去勇而有强。群臣守职，百官有常，因能而使之，是谓习常。故曰：寂乎其无位而处，漻乎莫得其所。明君无为于上，群臣竦惧乎下。明君之道，使智者尽其虑，而君因以断事，故君不穷于智；贤者敕⑤其材，君因而任之，故君不穷于能；有功则君有其贤，有过则臣任其罪，故君不穷于名。是故不贤而为贤者师，不智而为智者正。臣有其劳，君有其成功，此之谓贤主之经也。

　　道在不可见，用在不可知。虚静无事，以暗见疵。见而不见，闻而不闻，知而不知。知其言以往，勿变勿更，以参合阅焉。官有一人，勿令通言，则万物皆尽。函掩其迹，匿其端，下不能原⑥；去其智，绝其能，下不能意。保吾所以往而稽同之，谨执其柄而固握之。绝其望，破其意，毋使人欲之。不谨其闭，不固其门，虎乃将存。不慎其事，不掩其情，贼乃将生。弑其主，代其所，人莫不与，故谓之虎。处其主之侧为奸臣，闻其主之忒⑦，故谓之贼。散其党，收其余，闭其门，夺其辅，国乃无虎。大不可量，深不可测，同合刑名，审验法式，擅为者诛，国乃无贼。是故人主有五壅：臣闭其主曰壅，臣制财利曰壅，臣擅行令曰壅，臣得行义曰壅，臣得树人曰壅。臣闭其主，则主失位；臣制财利，则主失德；臣擅行令则主失制；臣得行义，则主失明；臣得树人，则主失党。此人主之所以独擅也，非人臣之所以得操也。

人主之道，静退以为宝。不自操事而知拙与巧，不自计虑而知福与咎。是以不言而善应，不约而善增。言已应，则执其契，事已增，则操其符。符契之所合，赏罚之所生也。故群臣陈其言，君以其言授其事，事以责其功。功当其事，事当其言，则赏；功不当其事，事不当其言，则诛。明君之道，臣不陈言而不当。是故明君之行赏也，暧乎如时雨，百姓利其泽；其行罚也，畏乎如雷霆，神圣不能解也。故明君无偷赏，无赦罚。赏偷，则功臣堕其业；赦罚，则奸臣易为非。是故诚有功，则虽疏贱必赏；诚有过，则虽近爱必诛。疏贱必赏，近爱必诛，则疏贱者不怠，而近爱者不骄也。

注　释

①纪：标准。

②知，当为"为"。

③表异：故意巧饰，以表现出投合君主的行为。

④当为"有贤而不以行"。

⑤敕，当为"效"。

⑥原，当为"缘"，因。

⑦忒：差错。

译　文

道，万物的本原，是非的纲纪。所以，明君坚守本原以知万物之源，治理纲纪以知成败之机。所以，清虚宁静地等待一切，令名称自然命定，令事情自然确定。清虚则能探知事情的真相，宁静则能作为运动的标准。有言语的自会形成主张，有行动的自会产生效果，效果、主张验证参合，君主无须做事，事情就各归正轨了。所以说：君主不要显露自己的欲望，君主显露出自己的欲望，臣子就会雕琢掩饰；君主不要显露自己的主张，君主显露出自己的主张，臣子就会巧饰伪装。所以说：去除爱好，去除厌恶，臣子就会显露实情；去除成见，去除巧智，臣子就会自我整饬。所以，明君有智慧但不用来思虑具体事情，只让万物知道它们应处的位置；有贤能但不从事具体的事务，只是静观臣下都依从些什么；有勇力但不随意逞威风，只是让臣子能尽其勇武。所以，君主抛弃智慧而依然明智，舍弃贤能而依然有功，丢掉勇力而威严不损。群臣谨守职责，百官都有常法，君主因此能够役使他们，这就是遵循常规。所以说：清虚寂静啊！君主好像没有位置却高高在上；变化多端啊！没人知道他所处何处！明君在上无为而治，群臣在下惶恐悚惧。明君治国之道，使智者尽其思虑，君主据此决断事情，所以君主的智慧没有穷尽；使贤者尽其才，君主据此而任用他们，所以君主的能力没有穷尽；有功劳则君主得到贤名，有过失则臣子承担罪名，所以君主的美名不会穷尽。所以，不贤能的人反而是贤者的老师，不明智的人反而是智者的君长。臣下承担劳苦，君主享有成功，这就是贤主治国之道。

为君之道在于不被臣子们看透自己的心思，采取行动不可被人尽知。清虚宁静无为而治，在暗中考察群臣的过失。见到了好像没见到，听闻了好像没听见，知道了好像不知道。了解了臣下的主张以后，不要变更，用验证的办法来考察它。每个职位只有一人，不让官吏们相互通气，则万物之情都会了解。掩盖自己的形迹，隐藏自己的念头，使臣下无法窥测君主的本意；去掉智慧，不用才能，使臣下无法揣测君主的意图。保守自己的意图而验证臣下，谨慎地抓住权柄而牢固地掌握。断绝臣下的窥测，破除臣下的邪心，不要让人贪求自己的君位。不小心关门，不加固门窗，老虎就会闯入。不谨慎从事，不掩饰自己的实情，奸臣就会产生。臣子杀死君主、夺取君位，而民众没有不归附的，所以称之为老虎。其处于君主之侧做奸臣，知晓君主的过失，所以称之为贼子。解散他的党羽，收拾他多余势力，关闭他夺权的门户，铲除他的帮凶，这样国家就没有老虎了。使君道大而不可量，深而不可测，统一刑名，审验法度，擅自行动的诛灭，国家就没有贼寇了。所以，君主有五种壅塞：臣子蒙蔽其君主是壅塞；臣子掌管财利是壅闭；臣子擅自发布政令是壅闭；臣子私下给人好处是壅闭，臣子能够树立党羽是壅闭。臣子蒙蔽其君主，君主就会失去君位；臣子掌控财利，君主就会失去恩德；臣子擅自发布政令，君主就会失去控制权；臣子私行恩义，君主就会失去英明；臣子树立党羽，君主就会失去支持。这就是君主要独擅大权、不能让臣下操控的原因。

　　为君之道，当以宁静谦退为宝。不亲力亲为，而能知道臣子们的巧拙；不亲自计虑，而知道群臣行事的祸福。所以，不言语而善于回应，不约束而善于纠正。回应了群臣言语，就拿来作为凭证；纠正了群臣的行为，则拿来作为依据。凭证、依据是否符合，就是赏罚所产生的根源。所以，群臣陈述其主张，君主根据其言论授予之物，事情之后考察其功效。功效符合职事，职事符合言论，则进行赏赐；功效不符合其职事，职事不符合其言论，则进行诛罚。明君之道，臣子不能私下阐发不当言论。所以，明君进行奖赏，就如及时雨一样温润，百姓都能受到他的恩惠；明君进行惩罚，就如雷霆一样可畏，神圣而难以逃避。所以，明君没有随便的奖赏，不会赦免惩罚。随便奖赏，则功臣就会荒怠自己的事业，赦免惩罚则奸臣容易为非作歹。所以，若的确有功劳则虽然疏远的卑贱之人，也必定要奖赏；的确有过错则虽然亲近幸爱之人，也必定要惩罚。疏远卑贱的人一定要奖赏，亲近幸爱之人一定惩罚，则疏远卑贱的人就不敢懈怠，而其他亲近幸爱的人也不敢骄奢。

经典解读

　　主道，即为君之道，是做君主的原则方法。诸子百家的学说大多都立志于治理混乱的天下，对于治理天下最重要的人就是君主，所以从主张如何做一个君主中，就能明显地看出某个学者治理天下的主要观点。比如，老子谈论为政，则主张无为而治；孔子、孟子在谈论如何为君时，无不要求君主爱护民众、推行仁政、选拔贤者；墨子在谈论如何为君时，则时刻强调节用、尚贤。韩非的为君之道，则可概括为：守本治纪，虚静无事。

　　守本，就是坚守治理的根本。韩非的老师荀子曾说："法者，治之端也。"韩非继承了老师的这一观点，认为君主治理的根本就是坚守法令。治纪，则是治理纲纪，端正刑名，用法律来规范群臣、百姓的行为。虚静无事：虚，即虚心，排除个人的主观成见，严格按照律法治理国家，不能为所欲为；静，则平静，君主当摒除个人喜恶爱憎，理智地对待一切，面对任何变动都不躁动。无事，即无为，不妄为，不轻易向群臣展示自己，不能让自己被他人所揣测。韩非之前的法家学者，申不害曾提到过"圣君任法而不任智，任数而不任说""善为主者，倚于愚，立于不盈，设于不敢，藏于无事，窬端匿疏，示天下无为"等观点，韩非的为君之道，正是继承和发展了申不害观点而后提出来的。和儒家、墨家等强调的依据德行、选拔贤才不同，他们主要是致力于用法律建立一种完善的制度，君主通过法律、制度来治理国家，同时善用权谋来维护个人的权威、地位。这种观点，既有进步的一面，即以法治国，摆脱人治的思维，但也有不善的一面，就是过于看重权谋。

用权谋来驾驭下属真的能够断绝臣下的邪心，使臣子不敢揣测君主吗？恐怕未必。神秘莫测的君主只会让人恐惧、害怕，让臣子不知道该怎么做，犯了错误就会铤而走险，会导致荀子所说的"上好权谋，则臣下百吏诞诈之人乘是而后欺"的现象发生。圣王治理天下，首先修正自身，以自身为天下典范，为群臣百僚的榜样，唯恐别人不能认清自己，不能向自己学习，又怎么会故意隐瞒、装出一副高深莫测的样子呢？从前，周成王营造成周的时候说："惟余一人，营居于成周。惟余一人，有善易得而见也，有不善易得而诛也。"天下不是一人、一家的天下，天下是天下人的天下，作为一个统治者，要能够接受民众的审察、检验，有善有恶都要被民众所知，这样统治者才能使民众敬畏，用心为民众谋利，才能取得民众的支持，至于韩非、申不害的观点，看似有道理，能够维护君主的统治，但在根本目的上却是错误的。这种观点是仅为独裁统治者服务的，而非为了天下民众，只能称为小聪明，却不是真正为君的大道。

有　度

原文 1

国无常强，无常弱。奉法者强，则国强；奉法者弱，则国弱。荆庄王并国二十六，开地三千里，庄王之珉①社稷也，而荆以亡②。齐桓公并国三十，启地三千里，桓公之珉社稷也，而齐以亡。燕襄王③以河为境，以蓟为国，袭涿、方城，残齐，平中山，有燕者重，无燕者轻，襄王之珉社稷也，而燕以亡。魏安釐王攻赵救燕，取地河东；攻尽陶、魏之地；加兵于齐，私平陆之都；攻韩拔管，胜于淇下；睢阳之事④，荆军老而走；蔡、召陵之事，荆军破；兵四布于天下，威行于冠带之国；安釐死而魏以亡。故有荆庄、齐桓，则荆、齐可以霸，有燕襄、魏安釐，则燕、魏可以强。今皆亡国者，其群臣官吏皆务所以乱而不务所以治也。其国乱弱矣，又皆释国法而私其外，则是负薪而救火也，乱弱甚矣。

故当今之时，能去私曲就公法者，民安而国治；能去私行行公法者，则兵强而敌弱。故审得失有法度之制者，加以群臣之上，则主不可欺以诈伪；审得失有权衡之称者，以听远事，则主不可欺以天下之轻重。今若以誉进能，则臣离上而下比周；若以党举官，则民务交而不求用于法。故官之失能者其国乱。以誉为赏，以毁为罚也，则好赏恶罚之人，释公行、行私术、比周以相为也。忘主外交，以进其与⑤，则其下所以为上者薄矣。交众与多，外内朋党，虽有大过，其蔽多矣。故忠臣危死于非罪，奸邪之臣安利于无功。忠臣危死而不以其罪，则良臣伏矣，奸邪之臣安利不以功，则奸臣进矣；此亡之本也。若是，则群臣废法而行私重，轻公法矣。数至能人⑥之门，不一至主之廷；百虑私家之便，不一图主之国。属数虽多，非所以尊君也；百官虽具，非所以任国也。然则主有人主之名，而实托于群臣之家也。故臣曰：亡国之廷无人焉。廷无人者，非朝廷之衰也，家务相益，不务厚国。大臣务相尊，而不务尊君；小臣奉禄养交，不以官为事。此其所以然者，由主之不上断于法，而信下为之也。故明主使法择人，不自举也；使法量功，不自度也。能者不可弊，败者不可饰，誉者不能进，非者弗能退，则君臣之间明辨而易治，故主雠法则可也。

注　释

①泯：灭、尽，这里指君主去世而失去社稷。

②亡：衰亡、衰微。

③燕襄王：即燕昭王。

④睢阳之事：指魏、楚两国在睢阳相持，以楚军撤走告终。

⑤与：党羽。

⑥能人：权臣。

译　文

国家不会永远强大，也不会永远弱小。执法者强大，国家就强大；执法者弱小，国家就弱小。楚庄王吞并二十六个国家，开拓土地三千里，然而楚庄王去世，楚国也就衰弱了。齐桓公吞并三十个国家，开拓土地三千里，然而齐桓公去世，齐国也就衰弱了。燕昭王以黄河作为国界，以蓟城作为国都，袭取涿、方城，攻破齐国，平定中山，与燕国交好的诸侯就贵重，不与燕国交好的诸侯就轻微，然而燕昭王去世，燕国就衰弱了。魏安釐王攻打燕国以救援赵国，尽取河东之地；占领了全部陶、魏地区；对齐国用兵，占领了平陆；攻打韩国，占领管，又在淇下大胜；睢阳之战，楚军疲弊而退；上蔡、召陵之战，楚军大败；魏军遍布天下，威震中原各国；然而安釐王去世，魏国就衰弱了。所以有庄王、桓公在，楚国、齐国就能称霸；有昭王、安釐王在，燕国、魏国就可以强盛。如今这些国家都成了弱国，是因为他们的群臣百官都专务于乱国之事，而不追求治理国家。国家混乱衰弱了，又丢掉国法而营私舞弊，这就如背着柴火去救火一样，混乱、衰弱只会加剧。

所以当今之时，能够去除奸邪谋私之行而恪守公法的，则人民安定、国家治理得很好；能够去除私自行为而坚持公法的，则兵力强大、敌国小弱。所以，审察得失，选择看重法律制度的大臣，使之位于群臣之上，这样君主就不会被诈伪欺骗；审察得失，选择能够权衡称职的大臣，让他处理远方的事物，这样君主就不会被天下轻重不一的现象所欺骗。若以声誉选拔贤能，则臣子们背离君主而在下朋比勾结；若以朋党关系任用官吏，则民众都追求私交而不求遵守法律。所以说，官员不称职的，其国家就混乱。凭借赞誉行赏，凭借流言蜚语施行处罚，那么喜好奖赏、厌恶恶罚的人，就会抛弃国家法定的职责，专行私术，互相而相互勾结。忘记君主而在外搞私交，引荐自己的党羽，那么这些人为君主的忠心就薄了。交往众多，内外朋党，即使犯了大过，为他掩饰的人却很多。所以，忠臣危殆死于非罪，奸臣无功却安享利禄。忠臣危殆死于非罪，则贤良的大臣都隐伏不进谏；奸臣无功却安享利禄，则奸佞的臣子都用力钻营前进，这就是国家灭亡的根源。像这样，则群臣废弃法度而重私利、轻国法。他们多次奔走于权臣门下，一次也不去君主的朝廷；千方百虑追求私家的好处，而不为国家着想。属臣虽然多，并非用来尊君的；百官虽然具备，并非是治理国家的。这样，国君徒有君主的虚名，而实际上是依附于群臣之家的。所以臣说：衰弱国家的朝廷上没有人。朝廷上没有人，并非是朝廷里的人少，只不过私家相互谋利，而不求利国。大臣争相推崇，而不求尊君；小臣拿着俸禄私交，不以官职为事。之所以造成这样的局面，都是因为君主在上不依法行事，而听任臣下任意妄为。所以，明主依法择人，不自己提拔；依法定功，不自己度测。贤能的人不会被埋没，败事的人不能掩饰，徒有声誉的人不能升官，无辜受到非议的人不会被斥退，如此则君臣之间职责分明而易于治理，君主依法施政就可以了。

经典解读

贤明的君主在位，国家就强大；贤明的君主去世了，国家就很快衰弱。在韩非看来，之所以出现这种"人存政举，人亡政息"的现象，归根到底就是统治者不恪守公法而专以私意治国。统治者不注重法治，国家永远不会形成有效的制度传承下去，只能根据君主的素质来决定治乱兴衰，而像齐桓公、楚庄王那样贤明的统治者并不常见，相反昏庸愚昧的君主却层出不穷。这样，国家就很难兴盛，而往往容易衰弱、灭亡了。

治国要想走出这种人治的困境，就必须重视法制，严格按照法律来选拔、任用人才，使懂法制、重法制的大臣居于高位、掌握大权，而不能以声誉、举荐来择取人才。韩非的这种观点也是针对当时选拔人才制度的缺陷，尤其是儒家的任贤观点而提出的。儒家提倡任用贤人、有德之人，然而谁才是有德之人，什么样的人才是贤人，是很难评价的。君主只能依靠大臣的推荐，或者自己的感觉来任命人才，然而很多时候，自己认为的贤人未必是贤人，大臣相互举荐也会造成朋党勾结的情况，用人不当、使臣子们朋党勾结，都会给国家、君主带来重大的损失。所以，建立一套完整的选拔制度，用法律来规范任用人才的原则、流程是十分必要的。韩非的主张就是要以制度选人，而不是以举荐、声誉取人，这就像提倡用科举制取代察举制一样，是更加进步、有一定积极意义的。

原文2

> 贤者之为人臣，北面委质①，无有二心。朝廷不敢辞贱，军旅不敢辞难，顺上之为，从主之法，虚心以待令，而无是非也。故有口不以私言，有目不以私视，而上尽制之。为人臣者，譬之若手，上以修头，下以修足；清暖寒热，不得不救，镆邪傅体②，不敢弗搏。无私贤哲之臣，无私事能之士。故民不越乡而交，无百里之感。贵贱不相踰，愚智提衡而立，治之至也。今夫轻爵禄，易去亡，以择其主，臣不谓廉。诈说逆法，倍主强谏，臣不谓忠。行惠施利，收下为名，臣不谓仁。离俗隐居，而以诈非上，臣不谓义。外使诸侯，内耗其国，伺其危险之陂，以恐其主曰："交非我不亲，怨非我不解"，而主乃信之，以国听之，卑主之名以显其身，毁国之厚以利其家，臣不谓智。此数物者，险世之说也，而先王之法所简也。先王之法曰：

"臣毋或作威，毋或作利，从王之指；无或作恶，从王之路。"古者世治之民，奉公法，废私术，专意一行，具以待任③。

夫为人主而身察百官，则日不足，力不给。且上用目，则下饰观；上用耳，则下饰声；上用虑，则下繁辞。先王以三者为不足，故舍己能而因法数，审赏罚。先王之所守要，故法省而不侵。独制四海之内，聪智不得用其诈，险躁不得关其佞，奸邪无所依。远在千里外，不敢易其辞；势在郎中，不敢蔽善饰非。朝廷群下，直凑单微④不敢相逾越。故治不足而日有余，上之任势使然也。

夫人臣之侵其主也，如地形焉，即渐以往⑤，使人主失端，东西易面而不自知。故先王立司南以端朝夕⑥。故明主使其群臣不游意于法之外，不为惠于法之内，动无非法。峻法，所以禁过外私也；严刑，所以遂令惩下⑦也。威不贰错，制不共门⑧。威、制共，则众邪彰矣，法不信，则君行危矣，刑不断，则邪不胜矣。故曰：巧匠目意中绳，然必先以规矩为度；上智捷举中事，必以先王之法为比。故绳直而枉木斫，准夷而高科削，权衡县而重益轻，斗石设而多益少。故以法治国，举措而已矣。法不阿贵，绳不挠曲。法之所加，智者弗能辞，勇者弗敢争。刑过不避大臣，赏善不遗匹夫。故矫上之失，诘下之邪，治乱决缪，绌羡齐非⑨，一民之轨，莫如法。属官⑩威民，退淫殆，止诈伪，莫如刑。刑重，则不敢以贵易贱；法审；则上尊而不侵。上尊而不侵，则主强而守要，故先王贵之而传之。人主释法用私，则上下不别矣。

注　释

①质：通"贽"，臣子拜见君主时所献的礼物。

②镆邪傅体：利刃迫近身体。

③待任：等待君主的任用。

④直凑单微：直凑，会聚、汇合；单微，卑贱、低微之人。指重臣会合单微卑贱之人共同向君主效力。

⑤即渐以往：积渐不觉，已易其势；形容臣子篡逆犯上之势，都是逐渐

形成的。

⑥朝夕：早晨和傍晚，这里指东西方向。

⑦遂令惩下：指确保法令通行，且达之于下。

⑧威不贰错，制不共门：指威势当为君主措置，不假借于下臣；制度当为君主裁度，不出于臣子私门。

⑨绌羡齐非：即削损多余的，整治不正的。绌，通"黜"，罢黜、削损；羡，多余的。

⑩属：当为"厉"，整肃。

译　文

　　贤者做人臣子，面北献礼以后，便毫无二心，朝廷之事不敢因微贱而推辞，军旅之事不敢因艰难而推辞，顺从君主的行为，遵守君主的法令，虚心等待命令而不生是非。所以，有嘴不因私事而说，有眼不因私事而看，君主控制着他们的一切。做人臣子的，就像手一样，上用来整理头，下用来整理脚，冷暖寒热，不能不管；刀剑近体，不敢不拼。不私蓄贤能的属臣，不私养有能力的士人。所以，民众不离乡私交，没有远道奔走的忧虑。贵者、贱者不相逾越，愚者、智者各得其所，这是治理的最高境界。如今那些轻视爵禄，轻易离开，以选择其君主的臣子，我不认为是廉。言语巧诈、抗逆法令，违背君主而强行进谏的臣子，我不认为是忠。施行恩惠，收买人心，沽名钓誉的臣子，我不认为是仁。离俗隐居，行为做作、非议君主的，我不认为是义。出使他国，损害祖国，等到危险之时恐吓其君主说："交往没有我就不能亲近，仇怨没有我就不能解开。"其君主相信他，举国听从他，他贬低君主的名声来抬高自己，损害国家的利益来为私家谋利，我不认为是智。这几种行为，都是混乱之世的做法，是先王法令所看轻的。先王之法说："臣子不要逞威风，不要牟利，顺从君王的旨意；不要作恶，跟从君王的道路。"古代治世的民众，奉行公法，废止私术，一心一意为国家效力，时刻准备以待任用。

　　作为君主若亲自考察百官，则时间不足，精力不够。且君主用眼睛看，臣子就会修饰外表；君主用耳朵听，臣子就会修饰言语；君主用脑子思考，臣子就会夸夸其谈。先王认为这三种感官不足以依靠，所以放弃自己的才智，而依靠法术，严明赏罚。先王掌握着关键，所以法令严明而君权不受侵害。独自控制四海之内，聪明有才智的人不能使用欺诈手段，阴险浮躁的人不能使用花言巧语，奸邪的人无所依靠。臣子远在千里之外，也不敢更改说辞；地位处在郎中，也不敢隐善饰非。朝廷群臣，无论集中还是单独的，都不敢相互逾越职守。所以，不用费力治理而时间有余，这都是君主运用权势而得来的。

臣子侵凌其君主，都如地形一样，逐渐向上，使君主失去方向，君臣相处的东西方向改变了还不知道。所以，先王设置司南来端正东西方向。所以明君不让其群臣在法律之外，产生不轨的想法，不在法律之内，乱行私惠，他们的行动没有敢不遵守法律的。峻法，就是用来遏止异心、私欲的；严刑，就是用来贯彻法令，使之能够彻底施行的。君主的权威不假借于臣子，国家制度不出于臣子私门。君主的权威与人共享，众多奸邪就会彰显；法令不信实，君主的行为就危险了；刑罚不果断，邪僻之事就层出不穷了。所以说：灵巧的工匠即便目测合乎准绳，也一定要先以规矩作为标准；上等智慧的人做事敏捷合乎道理，也一定要先以先王的法度作为依据。所以，准绳直了，曲木才能砍直；准器平了，凸起的高坎才能削平；称具悬起来，才能减重补轻；量具设置好，才能去多增少。所以，以法治国，就是要制定法令，然后将其推行下去。法律不偏阿权贵，准绳不迁就挠曲。法令所惩处的，智者不能逃避，勇者不敢抵抗。惩罚罪过不避讳大臣，奖赏善行不遗漏匹夫。所以，矫正君主过失，追究臣下奸邪，治理混乱、判断谬误，削减多余烦冗之事，纠正不道非法之事，统一民众的规范，没有胜过法律的。整肃官吏、威慑民众，罢黜淫邪惰怠，禁止狡诈奸伪，没有胜过刑罚的。刑罚严峻，官吏就不敢凭借权势而轻视民众；法令严明，下民就不敢侵凌冒犯尊者。尊贵而不受侵犯，君主权威就强劲。且能紧握要害。所以先王重视法律，而将法治留传下来。君主若放弃法律而尚用私力，那君臣之间就没有区别了。

经典解读

司马光在《资治通鉴》中说："事未有不生于微而成于著，圣人之虑远，故能谨其微而治之，众人之识近，故必待其著而后救之。"任何灾祸都是由微至著，逐渐形成的，君主失去权势、社稷，也是如此。先王制定法制，使君臣有别、尊卑有序，就是为了防止这种现象的出现。所以，圣明的君主严格恪守法度，用法律来维护自己的权威、来规范臣子的行为，使人人遵守法令，忠直端正的人有法可依而得到安定，心怀不轨的人有所畏惧而不敢作乱。而昏庸的君主则自己都不懂得遵守法律，肆意赏罚、为所欲为，既丧失了自己的权威，又让臣子心怀侥幸，从而产生不轨之心。

春秋之时，晋昭侯封曲沃桓叔，准许曲沃比都城还要大，严重超越了规范，大夫师服就对此进行劝谏，但昭侯不听，所以后来有了曲沃代晋的混乱。郑庄公听任太叔段扩张势力范围，违背法度，最终导致国家内乱、兄弟反目。很多王朝后期，皇帝为所欲为，随意任用宠信的宦官、奸臣，令权臣为所欲为，最终导致大权旁落，发生弑杀、叛乱之事，这些都是为政者不守法制所造成的后果。在韩非子看来，要想避免这些现象，必须防微杜渐，严格遵守先王制定的法律，严格施行刑罚，将法律作为君主、臣子、百姓共同遵守的准绳，用它来避免灾祸、防止奸邪。君主的权威必须依靠法律来维护，法令严明、刑罚信实，君威才不受侵犯，君权才能够长久维护。

二 柄

原 文

　　明主之所导制其臣者，二柄而已矣。二柄者，刑德也。何谓刑德？曰：杀戮之谓刑，庆赏之谓德。为人臣者畏诛罚而利庆赏，故人主自用其刑德，则群臣畏其威而归其利矣。故世之奸臣则不然，所恶，则能得之其主而罪之；所爱，则能得之其主而赏之。今人主非使赏罚之威利出于己也，听其臣而行其赏罚，则一国之人皆畏其臣而易①其君，归其臣而去其君矣，此人主失刑德之患也。夫虎之所以能服狗者，爪牙也，使虎释其爪牙而使狗用之，则虎反服于狗矣。人主者，以刑德制臣者也，今君人者释其刑德而使臣用之，则君反制于臣矣。故田常上请爵禄而行之群臣，下大斗斛而施于百姓，此简公失德而田常用之也，故简公见弒。子罕谓宋君曰："夫庆赏赐予者，民之所喜也，君自行之；杀戮刑罚者，民之所恶也，臣请当之。"于是宋君失刑而子罕用之。故宋君见劫。田常徒用德而简公弒，子罕徒用刑而宋君劫。故今世为人臣者兼刑德而用之，则是世主之危甚于简公、宋君也。故劫杀拥蔽之主，兼失刑德而使臣用之，而不危亡者，则未尝有也。

　　人主将欲禁奸，则审合刑名；刑名者，言与事也。为人臣者陈而言，君以其言授之事，专以其事责其功。功当其事，事当其言，则赏；功不当其事，事不当其言，则罚。故群臣其言大而功小者则罚，非罚小功也，罚功不当名也；群臣其言小而功大者亦罚，非不说于大功也，以为不当名也害甚于有大功，故罚。昔者韩昭侯醉而寝，典冠者见君之寒也，故加衣于君之上，觉寝而说，问左右曰："谁加衣者？"左右对曰："典冠。"君因兼罪典衣与典冠。其罪典衣，以为失其事也；其罪典冠，以为越其职也。非不恶寒也，以为侵官之害甚于寒。故明主之畜臣，臣不得越官而有功，不得陈言而不当。越官则死，不当则罪。守业其官，所言者贞也，则群臣不得朋党相为矣。

人主有二患：任贤，则臣将乘于贤以劫其君；妄举，则事沮②不胜。故人主好贤，则群臣饰行以要君欲，则是群臣之情不效③；群臣之情不效，则人主无以异其臣矣。故越王好勇而民多轻死；楚灵王好细腰而国中多饿人；齐桓公妒而好内，故竖刁自宫以治内；桓公好味，易牙蒸其子首而进之；燕子哙好贤，故子之明不受国。故君见恶，则群臣匿端④；君见好，则群臣诬能⑤。人主欲见，则群臣之情态得其资矣。故子之托于贤以夺其君者也，竖刁、易牙因君之欲以侵其君者也。其卒，子哙以乱死，桓公虫流出户而不葬。此其故何也？人君以情借臣之患也。人臣之情非必能爱其君也，为重利之故也。今人主不掩其情，不匿其端，而使人臣有缘以侵其主，则群臣为子之、田常不难矣。故曰："去好去恶，群臣见素⑥。"群臣见素，则大君不蔽矣。

注释

①易：轻慢。

②沮：败。

③效：显露。

④匿端：掩匿真相、实情。

⑤诬能：虚夸才能。

⑥见素：显露出真情。

译文

明君用来领导、制约其臣子的，只有两种工具罢了。这两种工具，就是刑罚与恩德。什么是刑罚与恩德呢？诛戮叫作刑罚，奖赏叫作恩德。做臣子的都畏惧诛戮而贪图奖赏，所以君主亲自掌管刑罚、恩德，则群臣都会畏惧其威势而归服其恩利。然而，当世的奸臣则不这样，他们所厌恶的人，能够令其君主进行惩罚，他们所亲爱的人，能够令其君主进行赏赐。这样，君主不使赏罚的威严、恩利出于自己，听任其臣子行使赏罚大权，则国中之人都畏惧其臣下而轻视其君主，都归附其臣子而离开其君主了，这就是君主失去刑赏大权的危害。虎之所以能制服狗，就是因为它有强壮的爪牙，若虎放弃其爪牙而让狗使用，则虎反而就会被狗所制伏。君主就是依靠刑赏来制约臣下的，如今的君主，放弃自己的刑赏大权而任由臣下行使，则君主就会被臣下所反制。从前，田常在上请求爵禄赐予群臣，在下大斗借出、小斗收回而施惠于民，则齐简公失去恩德的工具而田常得以使用，所以齐简公被弑杀。子罕对宋桓侯说："庆赏赐予，是民众所喜欢的，君主应该自己施行；杀戮刑罚，是民众所厌恶的，请让臣去施行。"于是，宋桓侯失去刑罚这一权柄而子罕得以使用，所以宋桓侯被劫持。田常只擅用恩德，齐简公就被弑杀，子罕只擅用刑罚，宋桓侯就被劫持。所以，现在的臣子们恩德、刑罚并用，则当今的君主比齐简公、宋桓侯还要危险。所以，被劫杀、蒙蔽的君主，失去刑罚、恩德两种工具而令臣子擅用，这样还不身危国亡的，还从未有过。

君主将要禁止奸邪，就要审核刑名，考察臣子的言语、行事是否相合。做臣子的发表他的言论，君主根据他的言论授予其相应的职事，专就他的职事责求他的功绩。功绩符合职事，职事符合言论，则赏赐他；功绩不符合职事，职事不符合言论，则惩罚他。所以群臣言大而功绩小的就要受到惩罚，并非是因为功劳小而受罚，是因为功绩与言辞不相符而惩罚他。群臣言小而功大的也要受到惩罚，并非不喜欢大功，是认为言辞不一的危害要超过所建的功劳，所以惩罚。从前，韩昭侯喝醉睡着了，掌帽官见他冷，就拿衣服盖在他的身上，韩昭侯睡醒后很高兴，问左右侍从说："谁给我盖的衣裳?"左右侍从回答："掌帽官。"韩昭侯便同时处罚了掌衣官和掌帽官。处罚掌衣官，是认为他失职；处罚掌帽官，是因为他越职。韩昭侯并非喜欢受冷，只是认为越职的危害比寒冷更为严重。所以，明主驾驭臣子，臣子不得越职而建功，不得发不当言论。越职则该处死，言行不当则有罪。谨守本职，言而有信，则群臣就不能结党营私了。

　　君主有两种祸患：亲任贤人，则群臣将凭恃贤能而挟制其君主；胡乱推举，则事情必然毁败不成。所以，君主喜好贤人，群臣就会伪饰行为来迎合君主的期望，如此则群臣的实情不会显露；群臣的事情不显露，君主就无法辨别其臣下。越王喜好勇力，则其民众多轻视死亡的；楚灵王喜好细腰，其国中多有饿死的；齐桓公善妒而爱好女色，竖刁自宫来治理内宫；齐桓公好美味，易牙蒸了自己儿子的脑袋进献给他；燕王子哙喜好贤名，则子之表面装出不接受国家的样子。所以，君主显露出厌恶，群臣就会掩匿实情；君主显露出喜欢，群臣就会假装有能力。君主的欲望流露出来，群臣的情态就有了依托。所以，子之假托贤名来篡夺君位，竖刁、易牙借助君主的欲望来侵害君主，燕王子哙最终在变乱中被杀，齐桓公死后尸虫爬出门都得不到安葬。这是什么缘故呢？都是人君将实情流露给臣下所招致的祸患。臣子之情，未必都能爱戴其君主，往往为了获得重利而做出某种行为。如今，君主不掩饰其真情，不隐匿其意图，而使臣下有机会来侵害自己，则群臣变为子之、田常也不难了。所以说："去掉喜欢，去掉厌恶，群臣真情才能显露。"群臣的真情显露，君主就不会遭受蒙蔽。

经典解读

　　韩非子认为，君主用以制约臣子的只有奖赏、刑罚这两种工具，奖赏用以施恩，刑罚用以惩恶，只有牢牢将这两种工具把握在手中，君子的权威才不会倾移、地位才不会丢失。若君主不重视这两种工具，使臣子能够掌握他们，臣子就会奖赏下人以窃取本该属于君主的恩惠、人心，施行惩罚以树立本来只有君主才能树立的威势。这样，民众就会亲附臣子而疏远君主，畏惧臣子而轻视君主。臣子有了美名、民心、威势，就会做出田常、子罕一样的篡逆之事。所以，奖赏、刑罚，是君主驾驭臣子的工具，是君主维护自己权威、地位的根本，绝不可假借于人。

　　要想维护君主的地位，就必须审核刑名，考察言论、事功来决定对臣子的奖赏、惩罚。也就是说做什么都要按规律、法律来办理，君主不可以自己好恶而滥赏滥罚，臣子不可以随意越职行事。韩昭侯的例子就说明了这点：任何人都必须守规矩、法律，不遵守规矩，即便是出于好心、立有功绩也依然要受到处罚。

　　君主为了维护自己的权威，还需要有为君的权术，即务必要让自己了解臣子的实情，而不能让臣子了解自己的实情。君主自己行事要"掩其情，匿其端"，不展示自己的喜好，不显露自己的厌恶；而对于臣子则要循名责实，了如指掌，使他们无所掩匿，不敢掩匿实情。

扬　权

原文1

　　天有大命①，人有大命。夫香美脆味，厚酒肥肉，甘口而病形；曼理皓齿，说情而捐精。故去甚去泰，身乃无害。权不欲见②，素无为也。事在四方，要在中央。圣人执要，四方来效。虚而待之，彼自以之。四海既藏①，道阴见阳。左右既立④，开门而当。勿变勿易，与二⑤俱行，行之不已，是谓履理也。

　　夫物者有所宜，材者有所施，各处其宜，故上下无为。使鸡司夜，令狸执鼠，皆用其能，上乃无事。上有所长，事乃不方。矜而好能，下之所欺。辩惠好生，下因其材。上下易用，国故不治。

　　用一之道，以名为首。名正物定，名倚物徙。故圣人执一以静，使名自命，令事自定。不见其采⑥，下故素正。因而任之，使自事之；因而予之，彼将自举之；正与处之，使皆自定之。上以名举之，不知其名，复修其形。形名参同，用其所生。二者诚信，下乃贡情。

　　谨修所事，待命于天。毋失其要，乃为圣人。圣人之道，去智与巧，智巧不去，难以为常。民人用之，其身多殃；主上用之，其国危亡。因天之道，反形之理，督参鞠之⑦，终则有始。虚以静后，未尝用己。凡上之患，必同其端。信而勿同，万民一从。

　　夫道者，弘大而无形，德者，核理⑧而普至。至于群生，斟酌用之，万物皆盛，而不与其宁。道者，下周于事，因稽而命，与时生死。参名异事，通一同情。故曰：道不同于万物，德不同于阴阳，衡不同于轻重，绳不同于出入，和不同于燥湿，君不同于群臣。凡此六者，道之出也。道无双，故曰一。是故明君贵独道之容。君臣不同道，下以名祷。君操其名，臣效其形，形名参同，上下和调也。

凡听之道，以其所出，反以为之入。故审名以定位，明分以辩类。听言之道，溶⑨若甚醉。唇乎齿乎，吾不为始乎，齿乎唇乎，愈惛惛乎。彼自离之，吾因以知之；是非辐辏，上不与构。虚静无为，道之情也；参伍比物，事之形也。参之以比物，伍之以合虚。根干不革，则动泄不失矣。动之溶也，无为而改之。喜之，则多事；恶之，则生怨。故去喜去恶，虚心以为道舍。上不与共之，民乃宠之；上不与义⑩之，使独为之。上固闭内扃，从室视庭，咫尺已具，皆之其处。以赏者赏，以刑者刑，因其所为，各以自成。善恶必及，孰敢不信！规矩既设，三隅乃列。

注 释

①大命：必须依循的法则、规律。

②权不欲见：施行权力，不使他人窥见自己实情。

③四海既藏：四海，四方；藏，不见。指君主隐匿自己实情不被天下所知。

④左右既立：指确立好辅弼大臣。

⑤二：指左右辅弼大臣。

⑥采：修饰。

⑦督参鞠之：督考、参验、深察事物的道理。

⑧核理：依循道。

⑨溶：通"容"。

⑩义：通"议"。

译 文

天有必须依循的法则，人也有必须依循的法则。香脆美味，醇酒肥肉，可口而有害于身体；曼妙皓齿的美人，悦情而有损精力。所以，去掉过分的吃喝玩乐，身体才能免于灾害。施行权力不能使人窥见实情，要以清虚无为为本。政事虽然分布四方，但关键却在中央。圣人居中执要，四方都来效劳。虚心清静地对待臣下，他们自然能将事情做好。天下都难以窥知君主，才能显示君主的圣明。君主只需将辅弼大臣确立好，国内政事就自然顺畅了。贤人不敢变更，不敢改动，与辅弼之臣俱行职事，行之不已，就叫作履理。

事物各有所宜，良材各有所施，各得所宜，然后上下可以无为而治。令鸡司夜，令猫捕鼠，都是各用其能，如此才能上下无事。若君主逞自己的特长，事情就不能办成了。君主骄矜逞能，正是臣下蒙骗他的凭据；君主恃巧狡辩，正是臣下利用他的依托。君主、臣子职事颠倒，国家因此而得不到治理。

运用道的方法，将明确名分放在首位。名分正确，事物就自然确定；名分偏颇，事情就会偏移。所以圣人执道而守静，使名分自然形成，使事情自然确定。凡事不加修饰，下面也就纯正了。就势加以任用，使他们自动行事；就势给予任务，使他们自动完成；恰当地安排他们，使他们都能自动地尽职尽责。君主根据"名"来举用臣子，若不确定他们的"名"，那就再考察他们的"形"。形与名审定之后一致，臣子们就会发挥其应有的作用。"形"、"名"信实，君主才能了解臣下的实情。

君主应当谨慎地履行自己的职事，等待天命的降临。不要丢掉为君的关键，才能成为圣明君主。圣君之道，要丢弃智巧，智巧不丢掉，就难以维持正常秩序。普通民众任用智巧，自身就多灾祸；君主任用智巧，国家就会危亡。遵从上天之道，返回事物的具体道理，对其进行督考、参验、审察，终而复始。谨守虚静无为之道，不可用己当先。做君主的祸患，就是让自己和臣民一样显露出对事情的具体看法。任用臣民，而不要随意显露自己的观点，民众才会一齐追随君主。

道，是弘大而无形的；德，是体现着道而普遍存在的。天地万物，谨慎地遵守道、德，所以才能昌盛，而不显示得如道德一样虚静无为。道普遍存在于事物之中，根据事物的实情而决定其命运，使事物随时盛衰兴亡。参验名实不同的事物，它们一定都遵循着同样的道。所以说，道在显示在万物之中，各不相同，所以能主宰万物；德有阴阳的差别，所以能够支配阴阳；衡器有轻重的不同，所以能够衡量轻重；准绳有直曲的不同，所以能测量直曲；

和谐有过与不及的差别，所以能够度量过与不及；君主对于群臣有不同的处置方式，所以能够制导群臣。所以这六种情况，都是由道衍生而出的。道是独一无二的，所以称之为"一"。所以，明君推崇独擅权柄的现象。君臣不同道，臣子通过"名"来求用于君主，君主掌握着"名"，臣子努力做出功绩。功与名相互参验相符，君臣的关系也就协调了。

君主听取分辨臣下言论之道：要根据臣子发表的言辞，来责求他们应做出的功绩。所以要审定名分来分辨类别，确定职位。听察之道，当以愚求智，像喝醉了酒一样模模糊糊。群臣纷纷动嘴动舌，我也不先开口下结论；群臣纷纷动舌动嘴，我反而显得越来越迷糊。群臣自己剖析条理，我从而对其加以了解。群臣的是非对错一起集中上来，君主也不参与下定论。虚静无为，才能见道之实情；错综比验，才能察事之真形。将虚静无形的道和实物相类比；将错综复杂的事务与道相参合。只要根本规律不变动，任凭事物怎样变动也不会出现过错。变化吧，摇荡吧，只要无为而治就可以了。君主显示喜好，臣下就会讨好、多事；君主展现厌恶，就会引来怨恨。所以为君者要扫除喜欢、厌恶，空下心来，让心作为道的居所。君主不和臣民一起共事，臣民才会尊崇君主；君主不合臣民一起议事，使臣民独自去做。君主治理臣民，就像关闭门窗，从室内观察庭院一样，近在咫尺，全在眼里。该赏的奖赏，该罚的处罚。根据他们的所作所为，各自给予相应的奖罚。善恶一定要受到相应的奖赏、处罚，谁还敢不信实行事呢？规矩已经设置完备，其他方面也就都可以确定了。

经典解读

扬权，就是高举君主的权柄，所谈论的依然是君主驾驭臣民之道。其主要内容与前面所论述的大多一致，都是要参合刑名、审端匿疏、清虚无为之类。但韩非在这里着重强调了"道"，将"道"作为自己推崇君权观点的本源。

韩非的"道"采用了老子的很多观点，比如清虚无为、道为"一"、道普遍存在、道主宰万物、处后不为先等。但这只是韩非本人对老子学说的把握，甚至可以说是对老子学说的一种故意扭曲，以给自己的专制理论提供依据。老子的清静无为是真正的内心清静，不妄自非为，而韩非的清静无为则是君主故意装出的清静无为，清静是为了把握权力，无为是为了操控臣民；老子的不敢为天下先是真正的甘于在后、在下，而韩非的不为先，是故意装出高深莫测，是要保持自己在权力的顶峰；老子的"道一"，是真正将顺从自然规律作为行事原则，而韩非的道"无双"则是为了使君主保持独一无二的专权地位，并非真正的顺从自然规律；老子的认为道普遍存在，是告诉人们时时尊重规律，而韩非的道普遍存在这是要君主掌控一切、主宰万物……

可见，韩非的学说并不来源于老子，与老子的学说有天壤之别，他只是利用老子的学说，来为自己的理论服务，他的道是专制之道，是紧握权力之道。

原文 2

主上不神①，下将有因②。其事不当，下考其常。若天若地，是谓累解③。若地若天，孰疏孰亲？能象天地，是谓圣人。欲治其内，置而勿亲；欲治其外，官置一人；不使自恣，安得移并④？大臣之门，唯恐多人。凡治之极，下不能得。周合刑名，民乃守职。去此更求，是谓大惑。猾民愈众，奸邪满侧。故曰：毋富人而贷焉，毋贵人而逼焉，毋专信一人而失其都国焉。腓大于股，难以趣走。主失其神，虎随其后。主上不知，虎将为狗⑤。主不蚤止，狗益无已。虎成其群，以弑其母。为主而无臣，奚国之有！主施其法，大虎将怯；主施其刑，大虎自宁。法刑狗信，虎化为人⑥，复反其真。

欲为其国，必伐其聚⑦，不伐其聚，彼将聚众。欲为其地，必适其赐，不适其赐，乱人求益。彼求我予，假仇人斧，假之不可，彼将用之以伐我。黄帝有言曰："上下一日百战。"下匿其私，用试其上；上操度量，以割其下。故度量之立，主之宝也；党与之具，臣之宝也。臣之所不弑其君者，党与不具也。故上失扶寸，下得寻常⑧。有国之君，不大其都⑨。有道之臣，不贵其家。有道之君，不贵其臣。贵之富之，彼将代之。备危恐殆⑩，急置太子，祸乃无从起。内索出圉⑪，必身自执其度量。厚者亏之，薄者靡⑫之。亏靡有量，毋使民比周，同欺其上。亏之若月，靡之若热⑬。简令谨诛，必尽其罚。

毋弛而弓，一栖两雄。一栖两雄，其斗嗷嗷。豺狼在牢，其羊不繁。一家二贵，事乃无功。夫妻持政，子无适从。

为人君者，数披其木，毋使木枝扶疏；木枝扶疏，将塞公闾⑭，私门将实，公庭将虚，主将壅围。数披其木，无使木枝外拒；木枝外拒，将逼主处。数披其木，毋使枝大本小，枝大本小，将不胜春风，不胜春风，枝将害心。公子既众，宗室忧吟。止之之道，数披其木，毋使枝茂。木数披，党与乃离。掘其根本，木乃不神。填其汹渊，毋使水清。探其怀，夺之威。主上用之，若电若雷。

注 释

①神：神秘莫测。

②因：因缘、依据。

③累解：应为"螺蟹"，即君主将自己的真实意图隐藏起来，显得神秘不可知，犹如螺蟹躲在壳里一样。

④移，指推诿职事、放弃职责；并，指相互兼并、争权夺势。

⑤狗：指恭顺的臣子。虎将为狗，指奸臣装出恭顺的样子蒙蔽君主。

⑥虎化为人：指奸臣放弃奸邪的图谋，安心做良臣。

⑦聚：朋党、党羽。

⑧上失扶寸，下得寻常：扶，四指为一扶；寻，八尺为一寻。形容上面稍有所失，下面就会得到很大的利益。

⑨不大其都：不兴建大的城郭，以免臣子据城作乱。

⑩备危恐殆：惧怕祸患、防备危机。

⑪内索，逮捕犯人；出圉，释放囚犯。内索出圉，即君主进行处罚、宽赦。

⑫靡：增加。

⑬亏之若月，靡之若热：像月亮亏缺一样逐渐削减，像天气变热一样逐渐增加。

⑭公闾：官府、公门。

译 文

君主行事不神秘莫测，臣下就会有所依据。君主行事不恰到好处，臣下就会窥得规律作为掌例来援引。君主行事效法天地，像蟹螺一样将自己深深隐藏；君主行事当效法天地，不要有特别的亲近和疏远。行事能够效法天地，便可以称为圣人。要想治好朝中，设置辅弼大臣而不过分亲近他们；要想治理好朝外，每个官职只安置一人，不让他们肆意妄为，他们怎么能相互争权、废弃职事呢？大臣的门下，就怕人多势众。施政的最高境界，就是使臣下不能度测其上。刑名切合，臣民才会安分守己。丢弃这些而去另寻出路，就是最大的迷惑。这就会导致奸猾之民越来越多，奸佞之臣布满左右。所以说：不要使臣子富贵，而自己反倒去向他们借贷；不要让臣子尊贵，而自己反倒受他们逼迫；不要专信一人，而使自己丢掉国家。小腿比大腿还粗，就难以快跑。君主失去神秘莫测，奸臣就会紧随其后。君主不察觉，奸臣就会伪装成恭顺的样子。君主不早点制止，装作恭顺的奸臣就会越来越多。奸臣成群，就会弑杀君主。做君主的没有忠臣，哪还能据有国家！君主施推行其法律，奸臣才会畏惧；君主施行其刑罚，奸臣才会驯服。法律刑罚若能坚决推行，奸臣就会变成良臣，恢复其本来应有的面目。

要想治理好国家，一定要消除朋党，不消除朋党，他们将越聚越多。要想治理好国家，必须赏赐恰当，赏赐不恰当的话，乱臣就会要求更多。他要求，我就赐予，这就如借给仇人斧子一样；借给他是不可的，他一定会用来砍我。黄帝曾说过："君主、臣子之间，一日内有上百次冲突。"臣子藏匿私情，来试探君主；君主掌握法度，来制裁臣下。所以法度的确立，是君主的法宝；朋党的形成，是臣子的法宝。臣下之所以不敢弑杀君主，只是因为党羽还不完备。所以君主失掉几寸，臣下就会得到一寻。拥有国家的君主，不兴建庞大的都邑；恪守道义的大臣，不富贵自己的私家；懂得治理之道的君主，不使他的臣下显贵。臣下若是尊贵富有了，就会取代君主。为了防备危险、消除祸患，就应赶紧册立太子，这样祸患就无从发生了。逮捕、宽释罪犯，君主一定要自己斟酌。势力庞大的要予以削减，势力微薄的要予以增加。削减还是增加都有一定的限度，不能让臣民勾结起来，可以一起欺蒙君上。削减臣子的权势，要想月亮亏损那样，逐渐减损；增加臣子的权势，要像天气变热那样，逐渐升温。简明法令，谨慎诛罚，但诛罚一定要坚决实施。

不要放松你的弓，防止一个窝中有两个雄鸟。一个窝中有两个雄鸟，必然导致惨烈的斗争。豺狼在圈中，羊就不会增多。一家有两个尊贵的，做事就不会收到功效。夫妻二人共同当家，孩子就无所适从。做君主的，要像经常修理树木那样来治理臣下，不要使树木枝繁叶茂，树木枝繁叶茂，就会阻塞官事，私门就会富实，公门就会空虚，君主就会被壅闭围困。经常修剪树木，不要让树枝向外伸展，树枝向外伸展，就会侵犯君位。经常修剪树木，不要使树枝大过树干，枝大干小，就经不住春风，经不住春风，树枝就会损害树干。侧室公子众多，君主大宗就将忧叹。制止的方法，就是经常修剪树木，不使其枝叶繁茂。树木多次修剪，朋党才会离散。挖掘掉树木的根本，树木也就没有生机了。像填塞汹涌的深渊一样，填塞臣子的心，不要让他们产生邪念。探测他们的心思，夺取他们的威势，使威势尽为君主专用，就会像闪电、鸣雷般使人惊惧、敬畏。

经典解读

在韩非看来，君主为了防备臣子，必须做出神秘莫测的样子，只有这样臣子才不能窥测到自己的实情，才不会因缘欺骗自己，自己才能安居上位，审察臣子实情，酌情驾驭他们。君主驾驭臣下，不能凭借个人喜好，而是要严格遵守法律，法律严明，赏罚必信，臣子才会服从，才不敢产生奸邪之心。也就是说，在韩非子眼中，臣子的奸邪并不是天生注定的，而在于君主的治理手段，君主治理手段高明，法令严明、赏罚分明，臣子就不敢为非作歹，就会成为良臣；法令不严明，滥赏滥罚，臣子就会心生奸邪，成为篡逆之臣。所以为君者治理国家最迫切的不是求访有贤德之人，而是要制定严明、有效的法令。这就与儒家任贤、择贤的观点有极大的分歧，也体现了人治、法治的巨大区别。这种强调制度之作用的观点，是有很大的进步意义的，直到今日也是为政者应该好好学习的。

韩非子为何要呼吁专权、为专制统治者出谋划策呢？在这里就说明了原因。在他看来，政权若不能高度统一，为政者之间就会相互斗争；权力若不集中在一个人身上，国家就不能安定，天下就会发生混乱。所以，要想实现天下的安定、治理，就必须使权力集中，即让大权都紧紧掌握在君主一个人的手中。可见，韩非追求集权，也是为了实现天下安定，国家繁荣。

八 奸

原　文

　　凡人臣之所道①成奸者有八术：一曰在同床。何谓同床？曰：贵夫人，爱孺子，便僻好色②，此人主之所惑也。托于燕处之虞，乘醉饱之时，而求其所欲，此必听之术也。为人臣者内事之以金玉，使惑其主，此之谓"同床"。二曰在旁。何谓在旁？曰：优笑侏儒，左右近习，此人主未命而唯唯，未使而诺诺，先意承旨，观貌察色以先主心者也。此皆俱进俱退，皆应皆对，一辞同轨以移主心者也。为人臣者内事之以金玉玩好，外为之行不法，使之化其主，此之谓"在旁"。三曰父兄。何谓父兄？曰：侧室公子，人主之所亲爱也；大臣廷吏，人主之所与度计也。此皆尽力毕议，人主之所必听也。为人臣者事公子侧室以音声子女，收大臣廷吏以辞言，处约言事，事成则进爵益禄，以劝其心，使犯其主，此之谓"父兄"。四曰养殃。何谓养殃？曰：人主乐美宫室台池，好饰子女狗马以娱其心，此人主之殃也。为人臣者尽民力以美宫室台池，重赋敛以饰子女狗马，以娱其主而乱其心，从其所欲，而树私利其间，此谓"养殃"。五曰民萌。何谓民萌？曰：为人臣者散公财以说民人，行小惠以取百姓，使朝廷市井皆劝誉己，以塞其主而成其所欲，此之谓"民萌"。六曰流行。何谓流行？曰：人主者，固壅其言谈，希于听论议，易移以辩说。为人臣者求诸侯之辩士，养国中之能说者，使之以语其私，为巧文之言，流行之辞，示之以利势，惧之以患害，施属虚辞以坏其主，此之谓"流行"。七曰威强。何谓威强？

曰：君人者，以群臣百姓为威强者也。群臣百姓之所善之，则君善之；非群臣百姓之所善，则君不善之。为人臣者，聚带剑之客，养必死之士，以彰其威，明为己者必利，不为己者必死，以恐其群臣百姓而行其私，此之谓"威强"。八曰四方。何谓四方？曰：君人者，国小则事大国，兵弱则畏强兵。大国之所索，小国必听；强兵之所加，弱兵必服。为人臣者，重赋敛，尽府库，虚其国以事大国，而用其威求诱其君；甚者举兵以聚边境而制敛于内，薄者数内大使以震其君，使之恐惧，此之谓"四方"。凡此八者，人臣之所以道成奸，世主所以壅劫③，失其所有也，不可不察焉。

明君之于内也，娱其色而不行其谒，不使私请。其于左右也，使其身必责其言，不使益辞。其于父兄大臣也，听其言也必使以罚任于后，不令妄举。其于观乐玩好也，必令之有所出，不使擅进擅退，不使群臣虞其意。其于德施也，纵禁财，发坟仓④，利于民者，必出于君，不使人臣私其德。其于说议也，称誉者所善，毁疵者所恶，必实其能，察其过，不使群臣相为语。其于勇力之士也，军旅之功无逾赏，邑斗之勇无赦罪，不使群臣行私财。其于诸侯之求索也，法则听之，不法则拒之。所谓亡君者，非莫有其国也，而有之者皆非己有也。令臣以外为制于内，则是君人者亡也。听大国为救亡也，而亡亟于不听，故不听。群臣知不听，则不外诸侯，诸侯之不听，则不受臣之诬其君矣。

明主之为官职爵禄也，所以进贤材劝有功也。故曰：贤材者处厚禄，任大官；功大者有尊爵，受重赏。官贤者量其能，赋禄者称其功。是以贤者不诬能以事其主，有功者乐进其业，故事成功立。今则不然，不课⑤贤不肖，不论有功劳，用诸侯之重，听左右之谒，父兄大臣上请爵禄于上，而下卖之以收财利及以树私党。故财利多者买官以为贵，有左右之交者请谒以成重。功劳之臣不论，官职之迁失谬。是以吏偷官而外交，弃事而亲财。是以贤者懈怠而不劝，有功者隳而简其业，此亡国之风也。

注　释

①道：引，指奸臣引诱君主，或君主的亲信、百姓走上奸邪之路。

②便僻好色：幸昵容貌美好、言辞巧佞之人。

③壅劫：壅塞而被臣下挟持。

④坟仓：粮仓，粟米堆积在粮仓中成坟头状，故称坟仓。

⑤课：验核、考察。

译　文

　　凡臣子得以实现奸谋的途径共有八种：一是同床。什么叫同床呢？贵幸的夫人、宠爱的弄儿、巧佞美貌的姬妾，这都是君主所迷恋的。趁着安居之时、醉饱之间，而请求他们所要得到的东西，这是君主一定会听从的方法。做臣子的私下用黄金美玉贿赂他们，使他们诱惑君主，这就叫作同床。二是在旁。什么叫在旁呢？优俳侏儒，左右亲随，这都是君主还未下令就应承，还未指使就答对，能事先领会君主意图、察言观色以窥见君主内心的人。这些都是同进同退、同应同对、众口一词而改变君主心意的人。做臣子的在内用金玉珠宝贿赂他们，在外行不法之事，而让他们影响君主，这就叫作在旁。三是父兄。什么叫父兄呢？叔伯、兄弟是君主所亲爱的人，他们担任朝廷大臣是与君主共谋国政的。这些人都竭力来谋划政事，君主必然会听取。做臣子的用音乐美女来侍奉君主的叔伯兄弟，用花言巧语来笼络朝廷大臣，让他们在关键时刻为自己说话，事成之后就进爵加禄，这样怂恿他们，使他们侵害君主，这就叫作父兄。四是养殃。什么叫养殃？君主喜欢宫室台池，喜欢打扮美女犬马来娱乐，这是君主的殃祸。做臣子的耗尽民力来修饰宫室台池，收取重赋打扮美女犬马，以娱乐君主而扰乱其心志、顺从其欲望，而他们在其中谋取私利，这就叫作养殃。五是民萌。什么叫民萌？做臣子的散发公财以取悦民众，施行小恩小惠以收取百姓之心，使朝廷市井都赞誉自己，以蒙蔽其君主而达成自己的私欲，这就叫作民萌。六是流行。什么叫流行？君主言谈壅闭，很少听到臣下议论，容易被花言巧语所打动。臣子求访诸侯中的善辩之士、蓄养国中能言之人，让他们为自己的私利进行游说，说出巧诈的言论、流利的辞句，用有利的形势、可怕的危害来诱导、恐吓君主，这就叫作流行。七是威强。什么叫威强呢？君主通过统治群臣百姓而获得强大的威势。群臣百姓喜欢的，君主就应喜欢；群臣百姓所厌恶的，君主就应厌恶。做臣子的，聚集剑客、蓄养死士以彰显自己的威势，宣扬支持自己的一定有利，不支持自己的一定要死，这样恐吓群臣百姓来谋取私利，这就叫作威强。八是四方。什么叫四方呢？作为君主，国家弱小就要侍奉大国，兵力微弱就要畏惧强者，大国有什么索取的，小国必定听从，强兵压境的，弱者必定屈服。做臣子的，厚敛重赋、竭尽府库，空虚国家而侍奉大国，借助大国的威势来威逼自己的君主；严重的，招引大国军队陈兵边境来挟制国内；轻些的，屡屡引进大国的使者来威吓君主，使其恐惧，这就叫作四方。凡此八种，都是臣下用以实现自己的奸谋，而当世君主所以被壅塞、挟持，失去自己权势的途径，不可不明察。

明君对于宫内的妻妾美人，欣赏她们的美色而不听取她们的请谒；对于左右亲随，役使他们也一定考察其言辞，不让他们夸大其词；对于叔伯、兄弟等亲族大臣，听从他们的意见，但也一定根据结果对其进行赏罚，不许妄荐。对于观赏玩乐的东西，一定要知其所从来，不让群臣擅自进献、削减，不令群臣猜透其心意；对于恩德、惠施，但凡发放国库钱财、仓库粮食，采取有利于民众的举措，一定要出自国君的名义，不使臣子将恩德归于私家；对于言说、议论，称誉所喜欢的人，诋毁所厌恶的人，一定要去核实他们的才能、审察他们的过失，不让群臣相互吹捧，或诋毁。对于有勇力的人，作战立功不破格行赏，乡间私斗不赦免罪过，不让群臣用私财收买人。对于诸侯的求索，合理的就听从，不合理的就拒绝。所谓亡国之君，并非是没有这个国家，而是名义上有这个国家，却和没有一样。让臣下用外力挟制国内，就相当于君主失去国家了。听从大国是为了挽救危亡，若听从比不听更快地灭亡，则不去听从。群臣知道君主不听从，就不会同外国诸侯相勾结了；各国诸侯知道自己的要求这个国家的君主不会听从，也就不会接受该国臣下欺骗自己君主的一面之词了。

明君设立管制爵禄，是用来进贤才、劝有功的。所以说：有贤才的人，得厚禄任大官；功绩大的人，得尊爵受重赏。根据贤者的能力授予官职，根据有功者的功劳授予俸禄。所以，贤者事奉君主不隐藏才能，有功者乐于进献功业，故事情能办成、功业能建立。如今则不这样，不考核贤能还是不肖，不评定功劳，任用诸侯所看重的人，听从左右近侍的请求，父兄大臣向上求得爵禄，而向下出卖它来收取财力、树立私党。所以，财利多的人就买官而成为尊贵的人，与君主左右近侍有交情的就托他们请求而获得权势。劳苦功高的臣子得不到论定，官职升迁点到错乱。所以，官吏玩忽职守而务力交往，放弃本职而贪图财利。所以，贤者懈怠而不求上进，有功者堕落而轻慢职务，这是亡国的风气啊！

经典解读

韩非子在本篇文章中列举、分析了臣下实现篡夺权位、胁迫君主奸谋的八种途径。这八种行为的确是奸臣篡逆最常用、最有效的方式，也是君主保住君位、权威最应该提防、避免的。这显示了韩非对历史经验、政治现实、奸臣心理的充分了解，对于那些身居高位、手握大权的君主来说，这些的确可以算得上是金玉良言。

同床，即宠幸夫人、姬妾等，如商纣宠幸妲己、周幽王宠幸褒姒、汉成帝宠幸赵飞燕姐妹、唐玄宗宠幸杨贵妃，都给国家造成了危害。在旁，即听信身边侍从、近臣的话，齐桓公宠信竖刁、易牙，唐庄宗宠信伶人，明熹宗宠信魏忠贤，都导致了国家的混乱。父兄，就是奸臣利用君主的叔伯兄弟为自己求利。叔伯、兄弟虽然都是君主最亲近的人，然而也会因为目光短浅而被奸人收买、利用，君主若过于相信他们，对他们言听计从，也会导致败亡。管叔、蔡叔被武庚蛊惑造反；项伯收取刘邦的好处，屡屡解救刘邦，最后项羽败亡，都是这样的例子。养殃，就是奸臣投君主所好，让君主沉溺于玩乐酒色之中，从而自己窃取权柄，赵高对于秦二世就是这样，蔡京对于宋徽宗也是如此。民萌，就是臣子自己收买人心，树立私人的美誉，使君主被轻视。田氏就是以此来篡取齐国君位的。流行，就是奸臣利用善辩之人，来蛊惑君主、蒙蔽君主，使君主采取有利于自己的行为。如子之让苏代、鹿毛寿去劝说燕王哙。威强，就是臣子扩充自己的私人力量、蓄养死士，最终篡夺君位。吴国的公子光、齐国的崔杼都是蓄养私人武装而弑杀君主的。四方，就是利用外国的势力来威胁本国，为自己来谋利。如战国时孟尝君被齐愍王罢黜以后，便联合秦国等诸侯威胁齐国，使自己再次得到任用。

自古以来，奸臣篡逆、专权，所采用的方法，几乎没有超出韩非子所概括的这八方面的。君主只有对这些行为预先保住进行提防，才能避免大权旁落，才能永远自己的君位、君威。

十　过

原文 1

十过：一曰，行小忠，则大忠之贼也。二曰，顾小利，则大利之残也。三曰，行僻自用，无礼诸侯，则亡身之至也。四曰，不务听治而好五音，则穷身之事也。五曰，贪愎①喜利，则灭国杀身之本也。六曰，耽于女乐，不顾国政，则亡国之祸也。七曰，离内远游而忽于谏士，则危身之道也。八曰，过而不听于忠臣，而独行其意，则灭高名为人笑之始也。九曰，内不量力，外恃诸侯，则削国之患也。十曰，国小无礼，不用谏臣，则绝世之势也。

奚谓小忠？昔者楚共王与晋厉公战于鄢陵，楚师败，而共王伤其目。酣战之时，司马子反渴而求饮，竖谷阳操觞酒而进之。子反曰："嘻！退，酒也。"谷阳曰："非酒也。"子反受而饮之。子反之为人也，嗜酒，而甘之，弗能绝于口，而醉。战既罢，共王欲复战，令人召司马子反，司马子反辞以心疾。共王驾而自往，入其幄中，闻酒臭而还，曰："今日之战，不穀②亲伤，所恃者，司马也，而司马又醉如此，是亡楚国之社稷而不恤吾众也，不穀无复战矣。"于是还师而去，斩司马子反以为大戮。故竖谷阳之进酒，不以仇子反也，其心忠爱之而适足以杀之。故曰：行小忠，则大忠之贼也。

奚谓顾小利？昔者晋献公欲假道于虞以伐虢。荀息曰："君其以垂棘之璧与屈产之乘③，赂虞公，求假道焉，必假我道。"君曰："垂棘之璧，吾先君之宝也；屈产之乘，寡人之骏马也。若受吾币不假之道，将奈何？"荀息曰："彼不假我道，必不敢受我币。若受我币而假我道，则是宝犹取之内府而藏之外府也，马犹取之内厩而着之外厩也。君勿忧。"君曰："诺。"乃使荀息以垂棘之璧与屈产之乘赂虞公而求假道焉。虞公贪利其璧与马而欲许之。宫之奇④谏曰："不可许。夫虞之有虢也，如车之有辅⑤，辅依车，车亦依辅，虞、虢之势正是也。若假之道，则虢朝亡而虞夕从之矣。不可，愿勿许。"虞公弗听，遂假之道。荀息伐虢克之，还反处三年，兴兵伐虞，又克之。荀息牵马操璧而报献公，献公说曰："璧则犹是也。虽然，马齿亦益长矣。"故虞公之兵殆而地削者，何也？爱小利而不虑其害。故曰：顾小利，则大利之残也。

注 释

①贪愎：贪婪乖戾。

②不穀：君主自己的谦称。

③屈产之乘：屈地出产的骏马。

④宫之奇：虞国大夫。

⑤车，齿床；辅，颊骨。

译 文

有十种大过：一、施行小忠而有害大忠。二、贪图小利而损害大利。三、行为邪僻自用，无礼于诸侯，灭亡就会到来。四、不致力于听政治国，而喜好音乐，是导致自身困穷之事。五、贪婪刚愎喜好追逐利益，则为亡国杀身之本。六、沉溺女色，不顾朝政，则将引来亡国之祸。七、离开都城到外远游，不听从劝谏，这是危身之道。八、犯过错而不听忠臣之言，独断专行，这是名声破灭，被人耻笑的开端。九、在内不量力，在外倚恃诸侯，这是国家削弱的祸患。十、国家弱小而无礼，不采用贤臣的劝谏，这是社稷将要断绝的趋势。

什么是小忠呢？从前楚共王与晋厉公在鄢陵作战，楚军失败，楚共王眼睛受伤。酣战之时，楚国司马子反口渴了要喝水，仆人谷阳拿着酒献给他。

子反说："噫，拿下去，这是酒！"谷阳说："这不是酒。"子反接受而喝掉了。子反这人，嗜爱饮酒，口渴了就不停地唱，直到喝醉。战争结束后，楚共王想要再战，让人召见司马子反，司马子反推托说患了心疼病。楚共王驾车亲自前往，进入他的帐中，闻到酒气便返回了，说："今日的战斗，我亲身受伤，所能倚恃的就是司马了。而司马又醉成这样，是抛弃楚国社稷而不体恤我们的兵众啊，我们不用再战了。"于是撤军而去，用大刑处死了司马子反。谷阳进酒并非为了害子反，然而其忠爱子反之心却恰能将其杀死。所以说：施行小忠而有害于大忠。

　　什么是贪图小利呢？从前晋献公要借道虞国以攻打虢国。荀息说："您以垂棘的美玉、屈地出产的骏马贿赂虞公，请求借道，虞国一定会借给我们。"晋献公说："垂棘的美玉是先君的宝物；屈地出产的骏马是寡人所钟爱的。若虞国接受了我们的财物却不借道给我们，该如何呢？"荀息说："他们不借我道路，必定不敢接受我们的财物。若接受了我们的财物而借我们道路，则这些宝物就如同从内府中取出来，收藏到外府中一样，马匹就如从内厩中拉出来，养到外厩中一样。您无须忧虑。"晋献公说："好的。"于是派遣荀息用垂棘的美玉、屈地出产的骏马前往贿赂虞公而请求借道。虞公贪图美玉、骏马而要答应晋国。宫之奇劝谏说："不能答应。虞国有虢国，就如齿床有颊骨一样，颊骨依靠齿床，齿床也依靠颊骨，虞、虢两国的行事就是如此。若借给晋国道路，则虢国早上灭亡，虞国晚上就会跟随灭亡。不可以如此，希望您不要答应。"虞公不听，遂借给了晋国道路。荀息攻打虢国取得了胜利，回去三年以后，又兴兵伐虞，又攻克了虞国。荀息牵着马、拿着美玉回报晋献公，晋献公高兴地说："美玉还是同以前一个样子，尽管如此，马却老了。"虞公军败地削是因为什么原因呢？贪图小利而不考虑害处。所以说：贪图小利则会损害大利。

经典解读

　　韩非子在此指出了人们，尤其是为政者，常犯的十种过错。这十种过错很常见，危害重大，或使人事业失败、丧失生命，或使人亡国灭族、丢掉社稷，或使人身蒙大辱，被天下人耻笑。但人们却往往不能及时注意、改正它们，前人犯过无数次同样的错误，后人依然在不断地重复着。韩非子将这些过错聚到一起来论述，就是要使人们认识到它们的危害，使执政者明白应该在为政之中避免什么过错。

前两个过错其实道理类似，都是不知道小大之辨：知道小忠而不知道大忠，知道小利而不知道大祸。谷阳并非不爱子反，更不是要陷害子反，他知道子反喜欢喝酒，便向他进献美酒，殊不知美酒却会让子反耽误国家大事，最终丢掉性命。这就是没见识、目光短浅者常犯的过错。那些陪侍在君主身边，却没有智慧远见的人，只知道讨好君主，君主喜欢美味，他们便尽力奉献美味佳肴；君主喜欢美色，他们便到处搜刮美女妖姬；君主喜欢游猎，他们便到处搜寻骏马宝弓、这些人心中并不是不想为君主好，但却时刻在做着危害君主之事，就是因为不懂小忠、大忠的区别。所以，做臣子的应该停止小忠而以大忠事奉君主，而做君主的，则要接受臣子的大忠，而疏远目光短浅、只知道以小忠事人的小人。

古人云："见小利则生大患。"一个人若没有远见，只知道贪图眼前的蝇头小利，那他就很容易被人欺骗，被他人所利用，落得虞公一样的下场。其实，在韩非子生活的战国时代，这样的事就多得数不清。山东六国面对强大的秦国，本应同心协力共同抗秦，而它们却往往为了小利而相互混战，最终被秦国分化、利用，最后全部被消灭。譬如，楚怀王被张仪欺骗以后，曾举全国之兵与秦国作战，此时饱受秦国侵略的韩国、魏国，不仅不协助楚国，反而贪图便宜，趁秦楚交战之时，偷袭楚国后方，导致楚国大败。它们虽然暂时占了很多便宜，最终却都被秦国所灭，这就是见小利而忘大患的典型例子。

所以说，为人一定要懂得小大之辨，不以小道害大道，不以小爱害大爱，不以小义害大义，不以小利害大利。如此才能安定自身，才能治好国家。

原文 2

奚谓行僻？昔者楚灵王为申之会，宋太子后至，执而囚之，狎徐君，拘齐庆封①。中射士谏曰："合诸侯，不可无礼，此存亡之机也。昔者桀为有戎之会，而有缗叛之；纣为黎丘之搜，而戎、狄叛之；由无礼也。君其图之。"君不听，遂行其意。居未期年，灵王南游，群臣从而劫之，灵王饿而死乾溪之上。故曰：行僻自用，无礼诸侯，则亡身之至也。

奚谓好音？昔者卫灵公将之晋，至濮水之上，税车②而放马，设舍以宿，夜分，而闻鼓新声者而说之。使人问左右，尽报弗闻。乃召师涓而告之，曰："有鼓新声者，使人问左右，尽报弗闻。其状似鬼神，子为我听而写之。"师涓曰："诺。"因静坐抚琴而写之。师涓明日报曰："臣得之矣，而未习也，请复一宿习之。"灵公曰："诺。"因复留宿。明日，已习之，遂去之晋。晋平公觞之于施夷之台，酒酣，灵公起，公曰："有新声，愿请以示。"平公曰："善。"乃召师涓，令坐师旷③之旁，援琴鼓之。未终，师旷抚止之，曰："此亡国之声，不可遂也。"平公曰："此道奚出？"师旷曰："此师延④之所作，与纣为靡靡之乐也。及武王伐纣，师延东走，至于濮水而自投，故闻此声者，必于濮水之上。先闻此声者，其国必削，不可遂。"平公曰："寡人所好者，音也，子其使遂之。"师涓鼓究之。平公问师旷曰："此所谓何声也？"师旷曰："此所谓清商也。"公曰："清商固最悲⑤乎？"师旷曰："不如清徵。"公曰："清徵可得而闻乎？"师旷曰："不可，古之听清徵者皆有德义之君也，今吾君德薄，不足以听。"平公曰："寡人之所好者，音也，愿试听之。"师旷不得已，援琴而鼓。一奏之，有玄鹤二八，道南方来，集于郎门之垝⑥。再奏之，而列。三奏之，延颈而鸣，舒翼而舞。音中宫商之声，声闻于天。平公大说，坐者皆喜。平公提觞而起为师旷寿，反坐而问曰："音莫悲于清徵乎？"师旷曰："不如清角。"平公曰："清角可得而闻乎？"师旷曰："不可。昔者黄帝合鬼神于泰山之上，驾象车而六蛟龙，毕方⑦并镳，蚩尤居前，风伯进扫，雨师洒道，虎狼在前，鬼神在后，腾蛇伏地，凤皇覆上，大合鬼神，作为清角。今主君德薄，不足听之，听之，将恐有败。"平公曰："寡人老矣，所好者，音也，愿遂听之。"师旷不得已而鼓之。一奏之，有玄云从西北方起；再奏之，大风至，大雨随之，裂帷幕，破俎豆，隳廊瓦。坐者散走，平公恐惧，伏于廊室之间。晋国大旱，赤地三年。平公之身遂癃病⑧。故曰：不务听治，而好五音不已，则穷身之事也。

注　释

①庆封：齐国大夫，与崔杼一起作乱，后逃亡到吴国，楚灵王攻打吴国，擒获庆封，将其杀死。

②税车：停车。

③师旷：晋国乐师。

④师延：纣王的乐官。

⑤悲：动听、悦耳。

⑥郎门之埭：廊门顶上。

⑦毕方：传说中的神鸟。

⑧癃病：疲罢之病。

译　文

什么是行为邪僻呢？从前楚灵王召集诸侯赴申地集合会，宋太子晚到，楚灵王将其抓起来囚禁，又狎侮徐国国君，拘杀齐国叛逃的大夫庆封。侍卫官劝谏说："会盟诸侯不可以无礼，这是国家存亡的关键。从前夏桀召开有戎之会，而有缗部族背叛他；殷纣召开黎丘之会，而戎、狄反叛他；这些都是因为君主无礼。您要慎重考虑。"楚灵王不听，肆行其意。未过一年，楚灵王南游，群臣就势发动政变，楚灵王饿死在乾溪之上。所以说：行为邪僻、肆意妄行，无礼于诸侯，则亡身之祸就会到来。

什么是喜好音乐呢？从前卫灵公要去晋国，到了濮水边上，停车放马，安置住所过夜，夜中时分，听到有人演奏新的曲子而很喜欢，遣人询问左右，都回报说没有听到。于是，召见师涓告诉他这件事，说："有人演奏新的曲子，我派人询问左右，都说没有听到，其情形如同鬼神，你为我察听而记录下来。"师涓回答："好的。"于是静坐弹琴，将其记录下来。师涓第二天回报说："我已经记录好了，但还不能熟悉演奏，请让我再用一晚上熟悉它。"灵公回答："好。"于是又留宿一晚，第二天，师涓已经熟悉了曲调，便离开濮水前往晋国。晋平公在施夷的高台上招待他们，酒酣之时，卫灵公起身，说："我得到了一曲新的音乐，希望展示给您。"晋平公说："好。"于是召见师涓，让他坐在师旷旁边，弹奏那首曲子。曲子还未结束，师旷就按住琴弦制止他继续弹奏，说："这是亡国之音，不能弹奏完。"晋平公问："这首曲调是从何而来的？"师旷说："这是师延所作的，是为纣王制作的靡靡之音，到了武王伐纣的时候，师延向东逃走，到了濮水投河而死，所以听到这个曲子的一定是在濮水边上。先听这个曲子的人其国家必定削弱，不能将其演奏完。"晋平公说："我所喜欢的就是音乐，您就让他弹奏完吧。"师涓于是继续奏完。晋平公问师旷："这是什么声调呢？"师旷说："这就是清商调。"平公问："清商调是最为动听的吗？"师旷说："不如清徵。"平公问："清徵调可以弹来听听吗？"师旷说："不可以，古代听清徵调的都是有德义的君主，如今您的德义尚薄，不能够听。"晋平公说："我所喜欢的就是音乐，希望试着听听。"师旷不得已，拿过琴来弹奏。弹第一遍，有十六只黑色的鹤从南方而来，停在廊门顶上。再次弹奏的时候，鹤都排列成行。第三次弹奏的时候，鹤都伸颈鸣叫，展翅起舞。声音合于宫商的曲调，响彻天空。晋平公大喜，在座的人也都欢喜。晋平公拿起酒杯向师旷祝贺，返回座位问道："音乐没有比清徵调更为动听的了吗？"师旷说："不如清角调。"平公问："清角调可以弹来听听吗？"师旷说："不可以。从前黄帝在泰山之上会合鬼神，他驾着象车，赶着六条蛟龙，毕方站在车辖旁边，蚩尤在前面开路，风神在前扫尘，雨神在前清洗道路，虎狼居前，鬼神在后，腾蛇趴在地下，凤凰飞翔上空，大会鬼神，才作成清角之音。如今您德义尚薄，不足以听清角之音，听了恐怕将会引来祸事。"晋平公说："寡人年老了，所喜好的只有音乐，希望能听听。"师旷不得已而弹奏清角之音。弹第一遍，有黑云从西北方生气；再次弹奏，大风到来，大雨跟随，撕裂了帷幕，吹翻了食器，掀掉了廊瓦，在座的人都四散逃开，晋平公恐惧，躲在廊屋之中。于是，晋国大旱，赤地三年。晋平公自己也患了疲弱之病。所以说：不用心治理政事，而追求音乐不止，是自求末路之事。

经典解读

为人处世一定要遵守规律，也就是遵守礼仪，依循仁道，这样才能远离灾祸，而得到好的结果。若行为邪僻，不守正道，为所欲为，一定会招致灾祸。夏桀不好好治理国家，而建造酒池肉林，肆意玩乐；殷纣不守正道而沉溺美色，看到别人在冬天涉水渡河就因好奇而砍下别人的脚，甚至活剖孕妇来观看；周幽王烽火戏诸侯；晋灵公在高台上弹人，又滥杀无辜……这些君主都是行为邪僻不道，所以最终都失去了天下，自身被杀。孔子说："君子无终食之间违仁，造次必于是，颠沛必于是。"君子必须时时刻刻遵守仁道，不能有一时背离。作为国君也是如此，必须时时刻刻谨守正道、君道，不能有一时背离。古人说："战战兢兢，如临深渊，如履薄冰。"为何要这样呢？就是害怕自己行为偏离正道，做出邪僻之事。

韩非子对音乐的看法，与墨子"非乐"的主张是类似的。他们并非反对所有音乐，并非是说音乐不动听，而是反对"不务听治而好五音"，反对君主沉迷音乐而耽误政事。古代的圣王制作音乐、歌舞，都是在天下大治以后来记述治理之事，舜有《韶》乐、武王有《武》乐都是如此。然而，后世的君王却只知道追求音乐的动听，而忽略了蕴含在其中的治理之道，所以产生了专门享乐而用的音乐，先贤们所反对的大多是这种靡靡之音，反对君主沉迷于它们而耽误了国政。如孔子主张去除郑卫之音，墨子主张"非乐"，都是担心为政者们沉迷于音乐而耽误政事。历史上的陈叔宝、李煜、孟昶等君主都是喜好舞乐的，也都因此亡了国，这些都说明追求音乐不止，是自求末路之事。

原文 3

奚谓贪愎？昔者智伯瑶率赵、韩、魏而伐范、中行，灭之。反归，休兵数年，因令人请地于韩，韩康子欲勿与。段规谏曰："不可不与也。夫知伯之为人也，好利而骜愎①。彼来请地而弗与，则移兵于韩必矣。君其与之。与之，彼狃②，又将请地他国，他国且有不听，不听，则知伯必加之兵。如是，韩可以免于患而待其事之变。"康子曰："诺。"因令使者致万家之县一于知伯，知伯说。又令人请地于魏，宣子欲勿与，赵葭谏曰："彼请地于韩，韩与之，今请地于魏，魏弗与，则是魏内自强，而外怒知伯也。如弗予，其措兵于魏必矣，不如予之。"宣子："诺"。因令人致万家之县一于知伯。知伯又令人之赵请蔡、皋狼之地，赵襄子弗与，知伯因阴约韩、魏将以伐赵。襄子召张孟谈而告之曰："夫知伯之为人也，阳规而阴疏，三使韩、魏而寡人不与焉，其措兵于寡人必矣，今吾安居而可？"张孟谈曰："夫董阏于，简主③之才臣也，其治晋阳，而尹铎循之，其余教犹存，君其定居晋阳而已矣。"君曰："诺。"乃召延陵生，令将车骑先至晋阳，君因从之。君至，而行其城郭及五官之藏，城郭不治，仓无积粟，府无储钱，库无甲兵，邑无守具。襄子惧，乃召张孟谈曰："寡人行城郭及五官之藏，皆不备具，吾将何以应敌？"张孟谈曰："臣闻圣人之治，藏于民不藏于府库，务修其教不治城郭。君其出令，令民自遗三年之食，有余粟者入之仓；遗三年之用，有余钱者入之府，遗有奇人者使治城郭之缮。"君夕出令，明日，仓不容粟，府无积钱，库不受甲兵，居五日而城郭已治，守备已具。君召张孟谈而问之曰："吾城郭已治，守备已具，钱粟已足，甲兵有余。吾奈无箭何？"张孟谈曰："臣闻董子之治晋阳也，公宫之垣皆以荻蒿楛楚墙之，有楛高至于丈，君发而用之。"于是发而试之，其坚则虽菌干④之劲弗能过也。君曰："吾箭已足矣，奈无金何？"张孟谈曰："臣闻董子之治晋阳也，公宫令舍之堂，皆以炼铜为柱质，君发而用之。"于是发而用之，有余金矣。号令已定，守备已具，三国之兵果至。至则乘晋阳之城，遂战，三月弗能拔。因舒军而围之，决晋阳之水以灌之，围晋阳三年。城中巢居而处，悬釜而炊，财食将尽，士大夫羸病。襄子谓张孟谈曰："粮食匮，财力尽，士大夫羸病，吾恐不能守矣，欲以城下⑤，何国之可下？"张孟谈曰："臣闻之，亡弗能存，危弗能安，则无为贵智矣，君释此计者。臣请试潜行而出，见韩、魏之君。"张孟谈见韩、魏之君曰："臣闻唇亡齿寒。今知伯率二君而伐赵，赵将亡矣。赵亡，则二君为之次。"

二君曰：“我知其然也。虽然，知伯之为人也粗中⑥而少亲，我谋而觉，则其祸必至矣，为之奈何？”张孟谈曰：“谋出二君之口而入臣之耳，人莫之知也。”二君因与张孟谈约三军之反，与之期日。夜遣孟谈入晋阳以报二君之反，襄子迎孟谈而再拜之，且恐且喜。二君以约遣张孟谈，因朝知伯而出，遇智过于辕门之外，智过怪其色，因入见知伯曰：“二君貌将有变。”君曰：“何如？”曰：“其行矜而意高，非他时之节也，君不如先之。”君曰：“吾与二主约谨矣，破赵而三分其地，寡人所以亲之，必不侵欺。兵之著于晋阳三年，今旦暮将拔之而向其利，何乃将有他心？必不然，子释勿忧，勿出于口。”明旦，二主又朝而出，复见智过于辕门。智过入见曰：“君以臣之言告二主乎？”君曰：“何以知之？”曰：“今日二主朝而出，见臣而其色动，而视属臣，此必有变，君不如杀之。”君曰：“子置勿复言。”智过曰：“不可，必杀之。若不能杀，遂亲之。”君曰：“亲之奈何？”智过曰：“魏宣子之谋臣曰赵葭，韩康子之谋臣曰段规，此皆能移其君之计。君与其二君约，破赵国，因封二子者各万家之县一。如是，则二主之心可以无变矣。”知伯曰：“破赵而三分其地，又封二子者各万家之县一，则吾所得者少，不可。”智过见其言之不听也，出，因更其族为辅氏。至于期日之夜，赵氏杀其守堤之吏而决其水灌知伯军。知伯军救水而乱，韩、魏翼而击之，襄子将卒犯其前，大败知伯之军而擒知伯。知伯身死军破，国分为三，为天下笑。故曰：贪愎好利，则灭国杀身之本也。

注 释

①鸷愎：傲慢专横。

②狃：习惯、习以为常。

③简主：赵简子，赵襄子的父亲，晋国权臣。

④菌干：一种竹子。

⑤以城下：开城投降。

⑥粗中：生性粗粝。

译 文

什么叫作贪婪乖戾呢？从前智伯瑶率领赵、韩、魏三家攻打范氏、中行氏，消灭了他们。返回之后，休兵数年，就派人向韩氏索要土地，韩康子打算不给。段规劝谏说："不可不给。智伯为人贪图利益而刚愎傲慢。他来索要土地而不给他，一定会派兵攻打韩国。您不如给他。给他土地，他就会习以为常，又将向其别家索要，别家将有不给的，不给，智伯一定会派兵攻打，这样韩氏便可免除灾祸而等待事情的变机。"韩康子说："好吧。"于是派使者将一个有万户人家的县献给智伯，智伯大喜。他又遣人向魏氏索求土地，魏宣子打算不给，赵葭劝谏说："他向韩氏索要土地，韩氏给了，如今向魏氏索要，魏氏不给，则是魏氏在内自恃强大而在外激怒智伯。假如不给，他一定会派兵攻打魏氏，不如给他。"魏宣子说："好吧。"于是派人将一个有万户人家的县献给智伯。智伯又派人向赵氏索要蔡、皋狼两地，赵襄子不给，智伯便暗中约好韩国、魏国将要攻打赵国。赵襄子召见张孟谈，告诉他说："智伯为人，表面亲近而暗地里却疏远，屡屡联络韩氏、魏氏而没有来拜访我国，他将要攻打我国是必定的了，我如今如何处置才可以呢？"张孟谈说："董阏于是先主简子手下的能臣，他曾治理晋阳，后来尹铎遵循他的方针继续治理，他们的教化还存在，您到晋阳去定居就可以了。"赵襄子说："好。"于是召来延陵生，让他带着车马骑兵先到晋阳，襄子接着也去了。襄子到了晋阳，巡视内外城郭以及各种府库的储藏，发现城郭未修缮，粮仓无粮食，府库无钱财，兵库没有武器，城邑里没有守具。襄子很害怕，于是召见张孟谈说："我巡视城郭以及各种府库，都不完备，我将凭借什么抵御敌人呢？"张孟谈说："臣听说圣人治理国家，将财富器用藏于臣民之中，而不藏于府库之内，努力搞好教化，而不专务修理城郭。您不妨下令，让百姓自己留下三年的口粮，有余粮的放入仓库；留下三年的用度，有余钱的放入府库；有事的人留在家中，闲散的人员都去修缮城郭。"襄子晚上下达命令，第二天，谷仓里的粮食装不下，官府中的钱财堆不下，兵库中的武器装备放不下；过了五天，城郭已经修理完善，守备已经齐备。襄子召见张孟谈问道："我城郭已经修好，守卫的器械已经准备齐全，钱财、粮食都以充足，甲兵有余，可惜没有箭该怎么办呢?"张孟谈说:"我听说董阏于治理晋阳,宫室、卿大夫住处都用荻、蒿、楛、楚等植物作墙,楛杆有的高达一丈,您可以将它们挖出来作为箭杆。"于是将这些挖出来,试着制造箭,坚硬得即便竹子也不能超过。襄子说:"我的箭杆已经足够了,可惜没有铜做箭头该如何呢?"张孟谈说:"我听说董阏于治理晋阳时,宫室、卿大夫住处都炼铜浇成柱基,您不妨取出来使用。"于是挖出来使用,铜还有剩余。号令已经确定,守备已经完具,三家的军队果然到来。到来后就攀登晋阳城墙,于是开战,三个月不能攻下。于是,三家军队便疏散开包围晋阳,掘开了晋阳城外的河水来灌城,围困晋阳城三年。城中之人,在高处垒巢而居,悬挂着炊具做饭,财用食物都要耗尽了,士大夫都疲弊多病。襄子对张孟谈说:"粮食匮乏,财力耗尽,士大夫疲弊多病,我怕不能坚守了,准备开城投降,可是能向哪一家投降呢?"张孟谈说:"我听说,不能使灭亡转变为生存,不能使危险转变为安全,那就没有必要尊重智者了,您放弃投降的打算吧!请让我试着潜出城外,去会见韩、魏两家的君主。"张孟谈拜见韩、魏两家的君主,说:"我听说唇亡则齿寒,如今智伯率领二位君主共同攻打赵氏,赵氏即将灭亡了。赵氏灭亡,则韩、魏也会紧跟着灭亡。"韩、魏两家的君主说:"我们也知道这样。然而智伯为人粗暴而少仁爱,我们谋划的事若被他发觉,则灾祸一定将来临,能怎么办呢?"张孟谈说:"谋划出自您二位的口中,进入我的耳中,别人不会知道的。"韩、魏两家的君主于是和张孟谈约好三家军队共同反抗智伯,订好了日期。夜里遣张孟谈进入晋阳向赵襄子汇报两家反叛智伯的情况,襄子亲自迎接张孟谈,对他拜了又拜,既担心有欣喜。韩、魏两家的君主约好并遣回张孟谈以后,便去朝见智伯,出来时在军营之外碰到了智过,智过奇怪他们的神色反常,于是进见智伯说:"韩、魏两家君主的样子说明要有变故。"智伯问:"怎么样呢?"智过说:"他们行为傲慢而意气高扬,不像平日的样子,您不如先下手。"智伯说:"我和他们商量得很周密,攻灭赵国而后三分其地,我这样亲待他们,他们一定不会背叛欺骗我。军队驻扎在晋阳已经三年,如今旦暮之间就可能攻下来而占得利益,怎么还会生出他心呢,一定不会的,您不要忧心了。不要再说此事。"第二天,韩、魏两家的君主又来朝见,出去时再次于军门外碰到智过，智过入见智伯，问："您将我的话告诉那两家的君主了?"智伯问："你是怎么知道的呢?"智过说："今天两位君主朝见出去，看到我神色改变，并用眼睛盯着我看，这一定是有变故，您不如杀死他们。"智伯说："你不要再说这事了。"智过说："不行，一定要杀掉他们。若不能杀掉，就亲近他们。"智伯问："怎样亲近呢?"智过说："魏宣子的谋臣叫作赵葭，韩康子的谋臣叫作段规，这都是能改变他们君主计谋的人，您与两家君主约定，攻灭赵氏以后就各封给赵葭、段规有万户人家的县一个，这样两家君主的心思就可以不变了。"智伯说："攻灭赵氏三分其地，又要封给这两个人万户之家的县，那我得到的就少了，不行。"智过见自己的意见不被采纳，便出去了，随即将自己的家族改为辅氏。到了约定日子的晚上，赵氏袭杀智伯守卫河堤的将士，决水反灌智伯的军营，智伯的军队救水而引起混乱。韩氏、魏氏的军队从侧面夹攻智伯，赵襄子率领士卒在正面发动攻击，大败智氏的军队而擒获了智伯。智伯身死军破，国土被一分为三，因而受到天下人的耻笑。所以说：贪婪乖戾喜欢私利，是亡国杀身的根源。

经典解读

本节韩非子通过引用智伯失败的典故，来说明贪婪暴戾的危害。智伯是晋国势力最大的卿，他很有才能，但为人却贪婪专横、残暴自大，他凭借势力蛮横地要求其他各家献给自己土地，赵襄子不愿意，他便率领智、韩、魏三家的军队围攻赵襄子于晋阳。在即将取得胜利之时，他的眼中只有将要得到的利益，没有思量可能存在的灾祸，即便得到智过的劝谏以后，还盲目自大，认为别人也会盯着眼前的小利，不敢背叛自己。最终韩氏、魏氏被赵襄子策反，三家共同消灭了智氏，瓜分了智氏的土地，智伯被擒杀，连脑袋都成了赵襄子的酒壶。

一个人若像智伯一样，凭恃自己的强力而贪得无厌，肆意侵害他人，而又不加以防备，那下场也肯定会如智伯一样。比如，《左传》中记载的虞公：虞公看到弟弟虞叔有一块宝玉，便派人去索要，虞叔虽然不愿意，但想道："俗话说：'匹夫无罪，怀璧其罪'，我为何要珍视这块宝玉而给自己招来祸患呢?"便将宝玉献给了虞公。没过多久，虞公又看到虞叔有把宝剑，于是再次派人前往索要。虞叔思量：国君的贪心没有尽头，这样下去他早晚会杀害我，我还不如早下手。于是趁虞公不备，起兵攻打虞公，虞公失利，只好到国外流亡去了。《史记·匈奴列传》中也有类似的故事：匈奴冒顿单于当攻的时候，东胡强大。东胡王轻视匈奴，便派人向匈奴索取宝马。匈奴大臣都说不能给，但冒顿说："为何要因为一匹马而得罪强大的邻国呢？"于是将宝马送给了东胡。过了不久，东胡王又派人前来索要冒顿的阏氏。群臣都很愤怒，但冒顿又说："为何要因为一个女人而得罪强大的邻国呢？"派人将阏氏送了过去。东胡王越来越傲慢自大，又派人前来所要两国之间的土地。冒顿大怒，于是立刻整顿军队袭击东胡，东胡没有防备，被打得大败，东胡王被杀，人民、畜产都被匈奴所俘获。像这样的例子，历史上举不胜举。

贪婪就会不断地向人索求，不断地侵害他人，不断侵害他人就会树立起无数的仇怨；有了无数的仇怨就会刚愎自大，不知道提防祸患的到来，又怎么能免除败亡呢？战国末期，秦国不断地攻打诸侯，不断地向韩、魏等国索要土地，它所承受的怨恨要比智伯更多，韩、魏、楚等国家则比智伯的对手更加厉害，秦王若骄傲自大、不知防备，那后患也就可想而知了。所以说韩非子这段话，既是说明贪婪暴戾的危害，也是针对秦国现实而对秦王进行的警告——警告他切不可像智伯一样，对诸侯掉以轻心，必须提防诸侯的背叛，分化诸侯的联合。

原文 4

奚谓耽于女乐？昔者戎王使由余聘①于秦，穆公问之曰："寡人尝闻道而未得目见之也，愿闻古之明主得国失国何常以？"由余对曰："臣尝得闻之矣，常以俭得之，以奢失之。"穆公曰："寡人不辱而问道于子，子以俭对寡人，何也？"由余对曰："臣闻昔者尧有天下，饭于土簋②，饮于土铏③。其地南至交趾，北至幽都，东西至日月之所出入者，莫不宾服。尧禅天下，虞舜受之，作为食器，斩山木而财之，削锯修其迹，流漆墨其上，输之于宫以为食器。诸侯以为益侈，国之不服者十三。舜禅天下而传之于禹，禹作为祭器，墨染其外，而朱画其内，缦帛为茵，蒋席④颇缘，觞酌有采，而樽俎有饰，此弥侈矣，而国之不服者三十三。夏后氏没，殷人受之，作为大路⑤，而建九旒，食器雕琢，觞酌刻镂，四壁垩墀，茵席雕文，此弥侈矣，而国之不服者五十三。君子皆知文章矣，而欲服者弥少，臣故曰：俭其道也。"由余出，公乃召内史廖而告之，曰："寡人闻邻国有圣人，敌国⑥之忧也。今由余，圣人也，寡人患之，吾将奈何？"内史廖曰："臣闻戎王之居，僻陋而道远，未闻中国之声，君其遗之女乐，以乱其政，而后为由余请期，以疏其谏，彼君臣有间而后可图也。"君曰："诺。"乃使内史廖以女乐二八遗戎王，因为由余请期，戎王许诺。见其女乐而说之，设酒张饮，日以听乐，终岁不迁，牛马半死。由余归，因谏戎王，戎王弗听，由余遂去之秦，秦穆公迎而拜之上卿，问其兵势与其地形，既以得之，举兵而伐之，兼国十二，开地千里。故曰：耽于女乐，不顾国政，则亡国之祸也。

　　奚谓离内远游？昔者田成子⑦游于海而乐之，号令诸大夫曰："言归者死。"颜涿聚曰："君游海而乐之，奈臣有图国者何？君虽乐之，将安得？"田成子曰："寡人布令曰言归者死，今子犯寡人之令。"援戈将击之。颜涿聚曰："昔桀杀关龙逢而纣杀王子比干，今君虽杀臣之身，以三之可也。臣言为国，非为身也。"延颈而前曰："君击之矣！"君乃释戈趣驾而归。至三日，而闻国人有谋不内田成子者矣。田成子所以遂有齐国者，颜涿聚之力也。故曰：离内远游，则危身之道也。

注　释

①聘：访问。

②土簋：盛饭的瓦器。

③土铏：陶制的小鼎。

④蒋席：草席。蒋，草名。

⑤大路：大辂，天子所乘之车。

⑥敌国：实力相当，可以相互抗衡的国家。

⑦田成子：即田常。

译　文

什么是沉溺于女乐呢？从前戎王派遣由余访问秦国，秦穆公问他说："我曾听过治国之道，却未能亲眼所见，希望听听古代君主常常因为什么得到国家、失去国家的？"由余回答："臣曾经听过，古代的君主常以节俭得到国家，以奢侈失去国家。"秦穆公问："我不惜屈尊而向您询问治国之道，您只用节俭来回答我，这是为何呢？"由余回答说："我听说过去尧帝治理天下，使用瓦器吃饭，用陶鼎盛汤。他的领土南至交趾，北至幽都，东西到达日月升落的地方，没有不臣服的。尧禅让天下，虞舜接受下来，所用的食器，都是砍伐山上木头制成的，削锯修整，涂上漆墨，送到宫里就用作食器。这样诸侯还认为太奢侈，不服的国家有十三个。舜禅让天下传给禹。禹制作祭器，在外面染墨，在里面涂朱，用缦帛做垫子，草席饰有斜纹的边缘，酒杯有文采，酒器有装饰，这就更加奢侈了，所以不服的国家也增加到了三十三个。夏后氏灭亡，殷人接收了天下，制作大辂，旗子上有九条飘带，食器都要精细雕琢，酒杯就要雕镂文采，宫室四壁涂上白垩，席子也都织出花纹，如此则更加奢侈，而不服从的国家也就增加到了五十三个。君主们都注重文采花纹了，而愿意服从的国家却原来越少，所以我说，节俭就是治国之道。"由余出去后，穆公便召来内史廖告诉他，说："我听说邻国有个圣人，是可以相抗衡国家的忧患，如今由余就是个圣人啊，我感到忧患，该怎么办呢？"内史廖说："我听说戎王居住的地方，偏僻简陋、道路遥远，从未听过中原的音乐，您不妨馈赠给他女乐，以扰乱其正直，然后再替由余请求延长回国期限，使他不能及时劝谏，这样他们君臣之间就会产生隔阂，然后就可以图谋了。"穆公说："好。"于是就派内史廖将两组女乐各八人送给戎王，趁机替由余请求延长回国的期限，戎王答应了。戎王见到女乐十分高兴，摆酒痛饮，每日听乐，整年不迁徙，牛马死了大半。由余回国，便劝谏戎王，戎王不听，由余便离开戎地，前往投奔秦国，秦穆公迎接他，并拜他为上卿，向他询问戎人的兵势和地形，已经了解之后，便举兵伐戎，兼并了十二个国家，开拓土地千里。

所以说：沉溺于女乐，不顾国政，就会导致亡国之祸。

什么是离开都城到外远游呢？从前田成子到海滨游玩，十分欢乐，号令诸大夫说："有敢进言让我回去的处死。"颜涿聚说："您在海滨游玩很快乐，可若臣子中有图谋篡国的该怎么办呢？您现在虽然快乐，以后还怎么能得到这些呢？"田成子说："我下令说敢进言让我回去的处死，如今你触犯了我的命令。"拿起戈来就要击杀他。颜涿聚说："从前夏桀杀死关龙逄，纣王杀死王子比干，若今日您杀死我，让我和关龙逄、王子比干凑成三个也是可以的。我进言是为了国家，并非为了自身。"伸着脖子向前，说："您杀吧！"田成子于是丢下戈，催促驾车返回国都。返回三天，就听说城里有人图谋不让田成子回来的。田成子之所以最终能拥有齐国，都是颜涿聚的功劳啊。所以说：离开国都到外远游，是自身陷入危险中的做法。

经典解读

君主不能有所沉溺，饮酒、游乐、美色、乐曲这都是让人感到安逸美好的东西，人们都是喜欢这些的，但沉溺于其中就会让人耽误正事，让人丧失志气，所以圣人贤士在享乐的时候能想到忧患，对享乐之事要加以限制，远离那些容易让人误事、丧志的东西。《战国策·魏策》中提到的"鲁共公择言"的故事就说明了这点。梁惠王魏罃在范台宴请诸侯，请鲁共公祝酒，鲁共公说了这样一番话：

从前，仪狄酿出了美酒，味道极好，将其献给大禹，大禹喝了感觉很甜美，于是疏远了仪狄，并戒了酒，说：'后世一定有因为饮酒而亡国的！'齐桓公夜里感到饥饿，易牙立刻将肉烹煮烧烤，调和五味，进献给桓公。齐桓公吃了以后，直到第二天早晨还没有睡醒。醒来后，说：'后世一定有因为贪图美味而亡国的！'晋文公得到美女南威，与她饮酒作乐，三天没有上朝听政。于是将南威推开，疏远了她，说：'后世一定有因为爱好女色而亡国的！'楚庄王登上强台，眺望山川大湖，流连忘返。于是，回去后发誓不再登上强台，说：'后世一定有因为修建园林苑囿而亡国的！'如今，大王您的酒杯中是仪狄的美酒，您的饭菜是易牙所烹饪的，你左右都是南威那样的美女，你前面有夹林，后面有兰台，都如强台一样的快乐。这四件事中有一件就足以

71

亡国，而您兼有这四样，难道可以不警惕吗？

梁惠王听了以后，连番称好。可惜梁惠王并未能向齐桓公、晋文公那些前辈一样，疏远这些享乐之物，魏国还是在他的手中衰弱了下去。世人大多知道饮酒、玩乐、沉溺女色会误事、伤身，然而当面对这些的时候，很少有人能够摆脱诱惑，及时远离这些伤身害志之物。像隋炀帝、宋徽宗等人，就是因为沉溺于声声玩乐之中，最后落得国破身死的下场。孟子说："生于忧患，死于安乐。"欧阳修在《伶官传序》中说："夫祸患常积于忽微，而智勇多困于所溺。"都是在告诉人们，不能沉溺于声色玩乐之中。无论任何人沉溺于声色玩乐之中，灾祸必然会降临在他的身上，国君一定会失去国家社稷，卿大夫一定会失去权位、封地，普通人也会失去事业、生命。对此，不可不深思谨戒。

原文 5

奚谓过而不听于忠臣？昔者齐桓公九合诸侯，一匡天下，为五伯长，管仲佐之。管仲老，不能用事，休居于家。桓公从而问之曰："仲父家居有病，即不幸而不起此病①，政安迁之？"管仲曰："臣老矣，不可问也。虽然，臣闻之，知臣莫若君，知子莫若父，君其试以心决之。"君曰："鲍叔牙何如？"管仲曰："不可。鲍叔牙为人，刚愎而上悍②。刚则犯民以暴，愎则不得民心，悍则下不为用。其心不惧，非霸者之佐也。"公曰："然则竖刁何如？"管仲曰："不可。夫人之情莫不爱其身，公妒而好内，竖刁自獖③以为治内，其身不爱，又安能爱君？"公曰："然则卫公子开方何如？"管仲曰："不可。齐、卫之间不过十日之行，开方为事君，欲适君之故，十五年不归见其父母，此非人情也。其父母之不亲也，又能亲君乎？"公曰："然则易牙何如？"管仲曰："不可。夫易牙为君主味，君之所未尝食唯人肉耳，易牙蒸其子首而进之，君所知也。人之情莫不爱其子，今蒸其子以为膳于君，其子弗爱，又安能爱君乎？"公曰："然则孰可？"管仲曰："隰朋可。其为人也，坚中而廉外，少欲而多信。夫坚中，则足以为表；廉外，则可以大任；少欲，则能临其众；多信，则能亲邻国。此霸者之佐也，君其用之。"君曰："诺。"居一年余，管仲死，君遂不用隰朋而与竖刁。刁莅事三年，桓公南游堂阜，竖刁率易牙、卫公子开方及大臣为乱，桓公渴馁而死南门之寝公守之室，身死三月不收，虫出于户。故桓公之兵横行天下，为五伯长，卒见弑于其臣，而灭高名，为天下笑者，何也？不用管仲之过也。故曰：过而不听于忠臣，独行其意，则灭其高名为人笑之始也。

注　释

①不起此病：指一病不起。

②悍：凶戾，性情刚烈。

③自犗：自宫，阉割自己。

译　文

什么是有过错而不听忠臣劝谏呢？从前齐桓公九合诸侯，一匡天下，为五霸之首，管仲辅佐他。管仲老了，不能再治理政事，在家安居。桓公前往探望并询问说："仲父在家生病，若不幸一病不起，政事该交给谁呢？"管仲说："我老了，不值得询问。然而，我听说，了解臣子的莫如君主，了解儿子的莫如父亲，您不妨试着自己决定。"齐桓公问："鲍叔牙怎么样？"管仲说："不可以。鲍叔牙为人，刚强任性且凶悍，刚强就会粗暴地侵扰民众，任性就不能得到民心，凶悍则臣民不听其驱使。他心中不知畏惧，不是霸主的好辅弼。"桓公问："那么竖刁怎么样？"管仲说："不可以。人之常情，没有不爱惜自己身体的，您善妒而爱好女色，竖刁阉割了自己来为您管理内宫，他连自身都不爱，又怎么能爱您呢？"桓公问："那么卫公子开方怎么样？"管仲说："不可。齐国、卫国之间不过十日的行程，开方侍奉您，为了迎合您的缘故，连续十五年不回去见自己父母，这不是人之常情。连自己的父母都不亲近，怎么会亲近您呢？"桓公问："那么，易牙怎么样呢？"管仲说："不可。易牙为您掌管饮食，您所未尝过的只有人肉罢了，易牙烹了自己儿子的头进献给您，这是您所知道的。人之常情没有不爱自己儿子的，如今他蒸了自己的儿子作为您的食物，他连儿子都不爱，又怎么能爱您呢？"桓公问："那么谁可以呢?"管仲说:"隰朋可以。他为人内心坚贞,行为廉直,少有私欲,多能守信。内心坚贞则足以作为表率,行为廉直则可以担当大任,少有欲望则能管理众人,多守信用则能亲和邻国,这是霸主良好的辅弼,您还是任用他吧。"桓公说:"好。"过了一年多,管仲去世了,桓公终究没有任用隰朋而将政事交给竖刁。竖刁执政三年,桓公南游堂阜,竖刁率领易牙、卫公子开方以及大臣作乱,桓公在南门寝室中饥渴而死,死后尸体陈放室中,三个月没人收殓,蛆虫爬出门外。所以,齐桓公的军队横行天下,为五霸之首,最终被臣子所弑杀,名声尽丧,为天下人所耻笑,是什么原因呢?不听从管仲忠告的过错啊!所以说:有了过错而不听忠臣的劝谏,一意孤行,最终必将名声丧尽而被天下人所耻笑。

经典解读

　　良药苦口利于病,忠言逆耳利于行。忠臣的言论有时虽然会忤逆自己的意愿,却是匡正自己过错的良药;佞臣的言论虽然时时都顺着自己的心意,却是助长自己过错的毒药。作为君主若不深察熟虑,只凭自己一时的好恶取舍臣下的言论,对臣下实施赏罚,那就会导致忠臣受刑,从而没有人再愿意直言进谏,以匡正君主的过失;就会令奸臣受赏,从而使那些奸佞谄媚之辈蜂拥而来,使自己被阿谀奉承、华而不实的言论所包围。这样,君主的过错得不到匡正,君主的错误被无限助长,君主越来越傲慢自大、刚愎自用,则必然会一步步走向败亡。

　　齐桓公不听从管仲的忠告,而听信竖刁、易牙、开方等人的花言巧语,最终身败名裂,被天下人所耻笑,齐国陷入混乱,霸业也就此终结。同样,殷纣王不听从比干、箕子的忠告,而亲信费仲、恶来等小人,最终被武王所灭,自焚而死。周厉王不听从召公等人的忠告,而任用荣夷公等佞臣,最终被国人所流放,客死他乡;吴王夫差不听从伍子胥的忠谏,而听信伯嚭等奸臣的怂恿,最终被勾践所灭,羞愧自杀;楚怀王不听信屈原的忠谏,而听信上官大夫、子兰等人的怂恿,最终客死秦国,被天下所耻笑……这些都是君主自己愚昧刚愎,不听信忠臣言论而导致败亡的例子。可以说,君主不听从忠臣的谏言,就如患了重病而不听医生嘱咐、不吃良药一样,想要不败亡,又怎么可能呢!

原文 6

　　奚谓内不量力？昔者秦之攻宜阳，韩氏急，公仲朋谓韩君曰："与国①不可恃也，岂如因张仪为和于秦哉？因赂以名都而南与伐楚，是患解于秦而害交于楚也。"公曰："善。"乃警②公仲之行，将西和秦。楚王闻之，惧，召陈轸而告之曰："韩朋将西和秦，今将奈何？"陈轸曰："秦得韩之都一，驱其练甲，秦、韩为一以南乡楚，此秦王之所以庙祠而求也，其为楚害必矣，王其趣发信臣，多其车、重其币，以奉韩，曰：'不毅之国虽小，卒已悉起，愿大国之信意于秦也。因愿大国令使者入境视楚之起卒也。'"韩使人之楚，楚王因发车骑陈之下路，谓韩使者曰："报韩君言弊邑之兵今将入境矣。"使者还报韩君，韩君大悦，止公仲，公仲曰："不可。夫以实告我者，秦也；以名救我者，楚也。听楚之虚言而轻诬强秦之实祸，则危国之本也。"韩君弗听。公仲怒而归，十日不朝。宜阳益急，韩君令使者趣卒于楚，冠盖相望而卒无至者，宜阳果拔，为诸侯笑。故曰：内不量力，外恃诸侯者，则国削之患也。

　　奚谓国小无礼？昔者晋公子重耳出亡，过于曹。曹君袒裼而观之③。釐负羁与叔瞻侍于前。叔瞻谓曹君曰："臣观晋公子，非常人也。君遇之无礼，彼若有时反国而起兵，即恐为曹伤。君不如杀之。"曹君弗听。釐负羁归而不乐。其妻问之曰："公从外来而有不乐之色，何也。"负羁曰："吾闻之：'有福不及，祸来连我。'今日吾君召晋公子，其遇之无礼。我与在前，吾是以不乐。"其妻曰："吾观晋公子，万乘之主也；其左右从者，万乘之相也。今穷而出亡过于曹，曹遇之无礼，此若反国，必诛无礼，则曹其首也。子奚不先自贰焉？"负羁曰："诺。"盛黄金于壶，充之以餐，加璧其上，夜令人遗公子。公子见使者，再拜，受其餐而辞其璧。公子自曹入楚，自楚入秦。入秦三年，秦穆公召群臣而谋曰："昔者晋献公与寡人交，诸侯莫弗闻。献公不幸离群臣，出入十年矣。嗣子不善，吾恐此将令其宗庙不被除而社稷不血食④也。如是弗定，则非与人交之道。吾欲辅重耳而入之晋，何如？"群臣皆曰："善。"公因起卒，革车五百乘，畴骑⑤二千，步卒五万，辅重耳入之于晋，立为晋君。重耳即位三年，举兵而伐曹矣。因令人告曹君曰："悬叔瞻而出之，我且杀而以为大戮。"又令人告釐负羁曰："军旅薄城，吾知子不违也。其表子之闾，寡人将以为令，令军勿敢犯。"曹人闻之，率其亲戚而保釐负羁之闾者七百余家。此礼之所用也。故曹，小国也，而迫于晋、楚之间，其君之危犹累卵也，而以无礼莅之，此所以绝世也。故曰：国小无礼，不用谏臣，则绝世之势也。

注　释

①与国：盟国。

②警：饬令。

③曹君袒裼而观之：相传重耳为骈胁，曹共公好奇趁重耳洗澡脱衣服时偷看他。

④社稷不血食：指社稷得不到祭祀。

⑤畴骑：马匹等同的骑兵，形容骑兵的马都很好。

译　文

　　什么是在内不量力呢？从前，秦国攻打宜阳，韩国危急，公仲朋对韩君说："盟国是不足以倚恃的，还不如通过张仪去和秦国讲和呢？用一个大城贿赂秦国而与其一起南下攻打楚国，这样就解除了秦国的危害而将祸患交给楚国。"韩君说："好。"便下令让公仲朋准备出行，将西去与秦国谈和。楚王听说以后，感到很害怕，便召见陈轸，并告诉他说："韩国的公仲朋将西入秦国求和，如今该怎么办呢？"陈轸说："秦国得到韩国的一个大城，驱使它精锐的军队，与韩国一起向南攻打楚国，这是秦王祭祀宗庙时所祈求的，如此必将给楚国带来灾害。大王最好赶快派遣可信的使臣，多带车辆，多载财物，献给韩国，说：'我们楚国国虽小，士卒也都征发来了，希望贵国向秦国表明不屈的意图。为此希望贵国派使者到楚国来查看楚国征发起来的士卒。'"韩国派遣使节前往楚国，楚王便征发车骑陈列在大路上，对韩国使者说："请回报韩君，说敝国的军队即将进入韩国。"使者回报韩君，韩君大喜，停止了公仲朋的行为。公仲朋说："不可以。秦国正在实际攻打我们，而楚国只是虚称救援我们，听从楚国的虚言而忽视强秦的实际危害，这是危害国家的祸根啊！"韩君不听，公仲朋生气地回家了，连续十日不上朝。宜阳形势更加危急，韩君派遣使者到楚国催兵求援，使者看到人来人往彼此，而楚军却终究没有到来。宜阳最终果然被秦国攻克，这成为诸侯之间的笑料。所以说：在内不量力，在外倚恃其他诸侯，是国家削弱的祸患。

什么是国小而无礼呢？从前晋国公子重耳流亡路过曹国。曹君趁他脱去上衣时偷看他的骈胁。釐负羁与叔瞻在前侍奉。叔瞻对曹君说："我看晋国公子不是常人。您对他无礼，他若有机会返回晋国起兵攻曹，恐怕是曹国的祸患，您不如杀了他。"曹君不听。釐负羁归家不乐。他的妻子询问说："您从外面回来，面有不乐的神色，这是为何呢？"釐负羁说："我听说：'有福轮不到，祸来连累我。'今日君主召见晋公子，对他无礼。我陪侍在前，所以不乐。"他的妻子说："我看晋公子有万乘大国君主之才，他的左右随从，都有万乘大国卿相的才能。如今穷困流亡路过曹国，曹国对他们无礼，若他们能返回晋国，一定会诛讨那些无礼之罪，那曹国就首当其冲了。您为何不先为自己做另外的打算呢？"釐负羁说："是的。"于是将黄金装在壶里，上面盛满饭，又在上面放上美玉，夜里让人馈赠给重耳。重耳接见使者，拜了又拜，接受了饭而谢绝了美玉。重耳从曹国进入楚国，又从楚国进入秦国。到秦国三年，秦穆公召集群臣商量道："从前晋献公与我交好，诸侯没有不听说的。献公不幸去世，如今已经十年上下了。继位的晋君不好，我怕这会让晋国宗庙得不到洒扫，社稷得不到祭祀。这样而不帮助其安定下来，不是与人交好之道。我要辅助重耳返回晋国，怎么样呢？"群臣都是："很好。"秦穆公于是起兵，率领兵车五百乘，骑兵两千人，步兵五万人，辅助重耳返回晋国，立他为晋君。重耳即位三年，举兵讨伐曹国。于是派人告诉曹君说："将叔瞻从城上吊下来，我要杀了他示众。"又派人对釐负羁说："大军迫城，我知道您不会反抗我。请在您的巷门上做好标记，我会以此下令。"于是下令军中，使军队不敢冒犯。曹国人听说后，带着亲戚前去依附釐负羁住地的有七百余家。这就是礼的作用啊！曹国本来是小国，夹在晋国、楚国之间，其君主危如累卵，却依然用无礼来对待别人，这就是其断绝后代的原因。所以说：国家弱小而无礼，不听从忠臣劝谏，这是断绝后嗣的形势。

经典解读

统治者在治理国家的时候一定要审时度势、度德量力而采取符合国家利益的措施，尤其是在小国面对大国的时候，不衡量彼此的能力而轻佻地与他国构难，很容易给自己的国家带来严重损失。《左传·隐公十一年》就记载了这样一件事：息国、郑国言语不合，息侯便发兵攻打郑国，结果被打得大败而归。天下的君子于是都知道息国将要灭亡了。为什么呢？因为他"不度德，不量力，不亲亲，不征辞，不察有罪"，有这五种大过，而去攻打别人，丧师亡国也就可想而知了。小国侍奉大国，不能傲慢无礼、一味逞强，必须量力而行，该退却忍辱的时候，就应该能忍辱负重，春秋之时郑国夹在晋、楚、齐等大国之间，却能保存下来，就是因为他的执政者往往都能忍受屈辱，谦卑地侍奉大国，从而左右逢源，屡屡免去灭国的大祸。孟子说："唯智者能以小事大。"就是告诫小国的统治者要量力而为，权衡利弊而采取进退取舍。

"内不量力"还指出，国家量力而行，要依靠自己的力量，而不是将命运寄托在他国身上。寄托在他国身上，又怎么会保证不被他国所欺骗、出卖呢？春秋之时，黄国、随国等小国，倚恃齐、晋等中原大国的力量，不侍奉楚国而灭亡；战国之时，齐愍王想依靠楚国的力量复国，反而被楚将杀死；长平之战时，赵国向齐、魏等诸侯求救，却四处被拒绝，最后数十万大军被俘杀……这些都证明了"与国不可恃"。国与国之间，都是以利相交，有了利益别人才会前来，有多少国家能够为了别人的忧患而自己愿意赴汤蹈火的？为政者若不揣度自己的力量，而将国家安危寄托在别国身上，那就是典型的幼稚，这样的国家被出卖也就毫不为奇了。

礼义是人立身于世的基础，也是国家能够立国的根本。没有了礼义，无论是一个人、还是一个国家都很难再生存下去。所以说，无论对任何人都要以礼相待，都要给他足够的尊重，待人无礼就会引来怨恨，引来怨恨就会遭受祸患。智伯与赵襄子饮酒，他喝醉了，将酒杯扔在赵襄子脸上；与韩康子饮酒，喝醉拿别人的姓名取笑，所以最终被韩、赵、魏联合起来灭亡。陈灵公行为荒淫无耻，又当面侮辱夏征舒，所以被夏征舒所弑杀。齐顷公接见郤克、孙良夫等诸侯使臣，拿别人的生理缺陷当众取乐，最后有了鞌之战的惨败……大国无礼于小国，都很难保全自身，更何况小国无礼于大国呢？所以说，礼是立身、立国的基础，无论大国、小国，个人地位如何，都必须恪守礼义，以礼待人。

孤 愤

原文 1

　　智术之士，必远见而明察，不明察，不能烛私①；能法之士，必强毅而劲直，不劲直，不能矫奸。人臣循令而从事，案法而治官，非谓重人也。重人也者，无令而擅为，亏法以利私，耗国以便家，力能得其君，此所为重人也。智术之士明察，听用，且烛重人之阴情；能法之士劲直，听用，且矫重人之奸行。故智术能法之士用，则贵重之臣必在绳之外②矣。是智法之士与当涂之人③，不可两存之仇也。

　　当涂之人擅事要，则外内为之用矣。是以诸侯不因，则事不应，故敌国为之讼④；百官不因，则业不进，故群臣为之用；郎中不因，则不得近主，故左右为之匿。学士不因，则养禄薄礼卑，故学士为之谈也。此四助者，邪臣之所以自饰也。重人不能忠主而进其仇，人主不能越四助而烛察其臣，故人主愈弊而大臣愈重。

　　凡当涂者之于人主也，希不信爱也，又且习故。若夫即主心，同乎好恶，固其所自进也。官爵贵重，朋党又众，而一国为之讼。则法术之士欲干上者，非有所信爱之亲，习故之泽也；又将以法术之言矫人主阿辟之心，是与人主相反也。处势卑贱，无党孤特。夫以疏远与近爱信争，其数⑤不胜也；以新旅与习故争，其数不胜也；以反主意与同好恶争，其数不胜也；以轻贱与贵重争，其数不胜也；以一口与一国争，其数不胜也。法术之士，操五不胜之势，以岁数而又不得见；当涂之人，乘五胜之资，而旦暮独说于前；故法术之士，奚道得进，而人主奚时得悟乎？故资必不胜而势不两存，法术之士焉得不危？其可以罪过诬者，以公法而诛之；其不可被以罪过者，以私剑⑥而穷之。是明法术而逆主上者，不僇于吏诛，必死于私剑矣。朋党比周以弊主，言曲以便私者，必信于重人矣。故其可以功伐借者，以官爵贵之；其不可借以美名者，以外权重之。是以弊主上而趋于私门者，不显于官爵，必重于外权矣。今人主不合参验而行诛，不待见功而爵禄，故法术之士安能蒙死亡而进其说？奸邪之臣安肯乘利而退其身？故主上愈卑，私门益尊。

夫越虽国富兵强，中国之主皆知无益于己也，曰："非吾所得制也。"今有国者虽地广人众，然而人主壅蔽，大臣专权，是国为越也。智不类越，而不智不类其国，不察其类者也。人主所以谓齐亡者，非地与城亡也，吕氏弗制而田氏用之；所以谓晋亡者，亦非地与城亡也，姬氏不制而六卿⑦专之也。今大臣执柄独断，而上弗知收，是人主不明也。与死人同病者，不可生也；与亡国同事者，不可存也。今袭迹于齐、晋，欲国安存，不可得也。

注　释

①烛私：洞察隐私。

②在绳之外：不被法律所容，指遭到削弱。

③当涂之人：即掌权当道的重臣。

④讼：通"颂"；称颂，说好话。

⑤数：理、常理。

⑥私剑：指权臣私下派出的刺客。

⑦六卿：指瓜分晋国的韩、赵、魏三家。

译　文

智术之士，必然有远见且能明察，不明察秋毫就不能洞察隐私；能推行法治的人，必然刚强坚毅正直，不刚强正直就不能矫正奸邪。臣子当遵循法令而办理政务，依照法律而治理官事，不能称为以谋取重臣。所谓重臣，就是无视法令而擅为，损害法令以谋取利私，危害国家而便利私家，势力能够挟控国君，这就是重臣。智术之士，明察秋毫等待任用，任用之后就能洞察重臣的阴谋邪心；能法之士，刚强正直而等待任用，任用之后就能矫正重臣的奸邪行为。所以，智术之士若被任用，则位尊权重之臣必然要受到削弱，因此有智谋懂法术的人和当权的重臣，是不可并存的仇敌。

当权的重臣独擅权柄，那么朝廷内外都会被他所利用。这样，诸侯不依靠他，事情就得不到照应，所以其他诸侯都会为他说好话。百官不依附他，功绩就得不到上报，所以群臣都会为他效力。君主的侍从不依附他，就不能靠近君主，所以左右侍臣都为他隐瞒罪行。学士不依靠他，就会俸禄薄、待遇低，所以学士都为他吹捧。这四种辅助势力，是奸臣用来掩饰自己的。重臣不能忠于君主而推荐自己的党羽，君主不能越过四种奸邪之人而明察其臣下，所以君主的权势越来越衰弱，而重臣的权势越来越强盛。

当权的重臣对于君主来说，没有不受到信任、宠爱的，且其掌权日久，都是君主熟悉的故旧之人，他们又能够投合君主之心，与其同好同恶，这就是他们进升的途径。而想要求得君主任用的法术之士，没有受到信任、亲爱的关系，也没有熟悉的故旧交情，还要用法术之言矫正君主的偏邪之心，这正是与君主的意思相反的。法术之士所处的地位、势力卑贱，他们孤立无援而没有党羽支持。以疏远之势和君主近爱的重臣相争，在常理上就是难以取胜的；以新识客旅的关系和君主故旧重臣相争，在常理上是难以取胜的；以违背君主心意和与君主同好同恶的重臣相争，在常理上是难以取胜的；以轻微卑贱的身份和位高权重的重臣相争，在常理上是难以取胜的；以一人之口和一国之人相争，在常理上是难以取胜的。法术之士有这"五不胜"之势，又数年不能见君主一面；当权的重臣有"五胜"之势，而能每天早晚在君主面前进言；因此，法术之士，如何能得到任用，而君主到什么时候能醒悟呢？因此，凭借必不胜的条件而与当权重臣势不两立，法术之士怎么会不危险呢？能够用罪状诬陷的，就用国家法律诛杀他们；不能以罪过诬陷的，就私下派刺客刺杀他们。这样，精通法术而忤逆主上心意的人，不被官吏所诛杀，也必定死于权臣的刺客手中。而朋比结党以蒙蔽君主，花言巧语以便利私家的人，则一定会成为重臣的亲信。所以，可以窃取兼有别人功劳的，就用赐予官爵使他们尊贵；不可窃取占有美名的，就用自己的私权而让他们贵重。所以，那些蒙蔽君主而趋附权臣私门的人，不在官爵上显贵，就是握有大权。如今君主若不验证考核就进行诛戮，不等建立功绩就授予爵禄，那法术之士怎么能够冒着死亡的危险而进谏其主张呢？奸邪的大臣又怎么肯面对着利益而自行隐退呢？所以君主的权势就越来越卑弱，而重臣的权势就越来越强盛。

越国虽然国富兵强，但中原诸侯的君主都知道那对自己没有什么益处，说："它不是我所能够控制的。"如今国家虽然地广人多，然而君主被壅塞蒙蔽，重臣专权，国家对于君主来说也就和越国一样了。知道自己的国家与越国不同，却不知道自己的国家也和不是自己的国家一样了，这是不知明察事物的类似性啊！君主之所以称齐国灭亡了，并非土地、城池都丢失了，而是说吕氏不能占有它而田氏占据了它；之所以说晋国灭亡了，也并非是说土地、城池都丢失了，而是说姬氏不再占有它，而六卿占据了它。如今大臣操持权柄独断专行，而君主不知收回，是君主不明智啊！和死人症状相同的，不能再活；与亡国情况相同的，不能再存。如今因袭着齐国、晋国的老路，而想要国家安定长存，是不可能的。

经典解读

所谓孤愤，就是忠诚、正直，却孤立无援，不被世人所认可，不被君主所信任，因而产生愤慨之情。在《史记·老子韩非列传》中，司马迁说："（韩非）悲廉直不容于邪枉之臣，观往者得失之变，故作《孤愤》。"这是韩非子怀才不遇、不被赏识的愤世嫉俗之作，其中既抒发了智术之士、能法之臣饱受权臣打击、不能取信君主的愤慨，也揭露了当权重臣蒙蔽君主、以私害公、排挤打击正直贤士的丑恶面目，同时展现了对那些不辨是非忠奸、听信权臣谗言而疏远、诛戮正直之士的君主的失望、遗憾之情。

智术之士、能法之士，忠诚廉直，他们想要安定国家、维护君主，就要改变君威旁移、重臣弄权、大臣结党舞弊、群僚损公谋私等有害的现象。这就要损害众多人的利益，被众多当权者视为仇敌，遭受排挤、打击。而他们手中最初却往往没有任何权力、地位，根本无法和权臣们抗衡，无法应对来自权贵的打击、报复。即便有君主理解、支持他们，授予他们权力，使他们的事业能够成功，也会被人所仇视、怨恨，难免落得商鞅、吴起的下场；若没有君主相信他们，他们也许就会在权臣的打压之中不得志，如贾谊、韩非一样，或是郁郁而终，或是被人陷害而死……可以说，智术、能法之士，都是在用自己的生命、前途，来坚持推行法度，来为君主、国家奔走呼吁，而这样的人又往往被世人所误会，不被君主所信任，这难道不值得悲哀吗？

智术、能法之士，并非是为了自己的名声、利益而奔走、游说，他们为的是国家、君主。君主若不知道信任、保护他们，却弃他们于不顾，任由权臣对他们打击、陷害，那君主岂不也成了陷害这些忠于自己的士人的帮凶？天下想要忠于君主、有利于国家的士人怎能不寒心失望、怎能不痛哭流涕呢？可以说，韩非子这篇文章说出了那些为国尽忠、为君效力，而不被接纳、认可的士人的心声。通过对他们所处的险恶环境的真实描述，让人不由得对他们心生怜悯、敬佩之情。

原文 2

凡法术之难行也，不独万乘①，千乘亦然。人主之左右不必智也，人主于人有所智而听之，因与左右论其言，是与愚人论智也。人主之左右不必贤也，人主于人有所贤而礼之，因与左右论其行，是与不肖论贤也。智者决策于愚人，贤士程②行于不肖，则贤智之士羞而人主之论悖矣。人臣之欲得官者，其修士且以精絜固身，其智士且以治辩进业。其修士③不能以货赂事人，恃其精絜，而更不能以枉法为治，则修智之士，不事左右，不听请谒矣。人主之左右，行非伯夷也，求索不得，货赂不至，则精辩之功息，而毁诬之言起矣。治辩之功制于近习，精絜之行决于毁誉，则修智之吏废，则人主之明塞矣。不以功伐决智行，不以参伍审罪过，而听左右近习之言，则无能之士在廷，而愚污之吏处官矣。

万乘之患，大臣太重；千乘之患，左右太信：此人主之所公患也。且人臣有大罪，人主有大失，臣主之利相与异者也。何以明之哉？曰：主利在有能而任官，臣利在无能而得事；主利在有劳而爵禄，臣利在无功而富贵；主利在豪杰使能，臣利在朋党用私。是以国地削而私家富，主上卑而大臣重。故主失势而臣得国，主更称蕃臣①，而相室剖符⑤，此人臣之所以谲主便私也。故当世之重臣，主变势而得固宠者，十无二三。是其故何也？人臣之罪大也。臣有大罪者，其行欺主也，其罪当死亡也。智士者远见，而畏于死亡，必不从重人矣。贤士者修廉，而羞与奸臣欺其主，必不从重人矣。是当涂者之徒属，非愚而不知患者，必污而不避奸者也。大臣挟愚污之人，上与之欺主，下与之收利侵渔，朋党比周，相与一口，惑主败法，以乱士民，使国家危削，主上劳辱，此大罪也。臣有大罪而主弗禁，此大失也。使其主有大失于上，臣有大罪于下，索国之不亡者，不可得也。

注 释

①万乘：指大国。千乘，则指小国。

②程：衡量。

③"其修士"三字为衍文。

④主更称蕃臣：指君臣易位，君主反而向臣子称臣。

⑤剖符：授予人官职。

译 文

法术难以推行，不独万乘大国，千乘的小国也是如此。君主的近臣不一定有才智，某人有才智君主才听取他的主张，听取之后又与其左右近臣讨论该人的主张，这是与愚者讨论智慧。君主的左右近臣未必贤能，某人很贤能君主才礼遇他，礼遇之后又与左右近臣讨论该人的行为，这是与不肖者讨论贤人啊！智者的主张被愚者所决策，贤士的行为被不肖者所衡量，那么智者、贤士必然会感到耻辱而君主得到的论断也就荒谬不堪了。想要谋得官职的臣子，其中品德好的就会用精纯廉洁来约束自己，其中有才智的就会以治理政事来建立功绩。品德好的人不会用财物贿赂别人，他们看重自己的精纯廉洁，更不会枉法做事，那么有德行、才智的人，也就不会奉承君主左右近臣，不理睬别人的请托。君主的左右近臣，并不是伯夷那样的君子，索求的东西得不到，想要的贿赂送不来，那么精纯能干者的功绩就会被压制，诋毁诽谤的言辞就会兴起。臣子是否能干、是否有才能都被君主左右亲信所决定，是否廉直、是否贤能都决定于近臣的赞誉诋毁，那么有德行、有才能的臣子就要被废黜，君主的明察也就被闭塞了。不以功绩裁决臣子的智慧品行，不多方比验审察而后确定罪过，却听从左右亲从的言论，那么朝中就会充满无能之辈，愚蠢腐败的官吏就会窃取职位。

万乘大国的祸患在于大臣的权柄太重，千乘小国的祸患在于左右近臣太受宠信：这是君主的通病。且臣子能犯下大罪过，一定是君主有大失误，大臣、君主的利益是相互不同的。如何知道这点呢？君主的利益在于具有才能而任以官职，大臣的利益在于没有才能而得到任用；君主的利益在于建有功劳而赐予爵位，大臣的利益在于没有功劳而享受富贵；君主的利益在于豪杰之士为国效力，大臣的利益在于收纳人才结党营私。因此国家失地削弱而大臣私家的产业却愈加富有，君主权势衰微而大臣却权势更重。因此君臣易位，权臣窃国，这都是臣子欺骗君主而谋取私利的结果。所以当代各国的重臣，若君主改变政治情势而依然能够得宠的，不过十之二三。这是什么缘故呢？臣子的罪过太大了。臣子们的大罪，就是行为欺骗君主，这种罪行是当处死的。智术之士有深谋远见，而畏惧死亡，必定不会却阿附重臣。贤能之士以廉直修身，而羞于与奸臣欺蒙君主，必定不会阿附重臣。所以当权重臣的党羽，若非是愚蠢而不知忧患的，则必然是品德败坏而不避奸邪的。重臣勾结着这些愚蠢奸邪之人，在上欺瞒君主，在下贪污逐利，朋比为奸，串通一气，惑乱君主、败坏法令，以扰乱百姓，使国家危殆削弱，使君主蒙羞受辱，这是大罪行。臣子有大罪而君主不禁止，这是大失误。若君主在上有大失误，臣子在下有大罪行，而要国家不灭亡，是不可能的。

经典解读

在抒发完智术、能法之士的悲愤情怀之后，韩非子再次论述君主不重用法度之士而听信左右近臣、当权重臣的危害：

人情都是相信亲信左右，相信认识已久的人，即便法术之士再有智术，平庸的君主也很难相信他们。于是，将他们的主张与亲信左右、尊重大臣相互讨论，而法术之士的主张恰好是要削减君主亲信左右、贵重大臣的权势的，这样他们必然会想方设法地诋毁法术之士、反对法术之士的主张，甚至会私下打击、刺杀法术之士，这样法术之士想要免除祸患就很难了，想要得到君主的任用就更不可能了。法术之事得不到任用，遭到祸患，天下的贤者、智者就会望而止步；贤者、智者望而止步，君主就再也难以听到好的言论，就再也不会从权臣、亲信的愚弄蒙蔽中醒悟过来，其权威越来越弱，位置越来越不巩固，而在内不醒悟、在外无人相助，想要不被篡夺、杀害也就难了。

所以说，君主轻视法术之士，就是轻视自己的利益；拒绝法术之士，就是拒绝自己权位的安稳；放任大臣排挤、杀害法术之士，就是放任大臣侵害自己、削去自己的爪牙。君主若能审察明了这些道理，又怎么敢轻视、拒绝法术之士呢？

说　难

　　凡说之难：非吾知①之有以说之之难也，又非吾辩之能明吾意之难也；又非吾敢横失②而能尽之难也。凡说之难：在知所说之心，可以吾说当之。所说出于为名高者也，而说之以厚利，则见下节而遇卑贱，必弃远矣。所说出于厚利者也，而说之以名高，则见无心而远事情，必不收矣。所说阴为厚利而显为名高者也，而说之以名高，则阳收其身而实疏之；说之以厚利，则阴用其言显弃其身矣。此不可不察也。

　　夫事以密成，语以泄败。未必其身泄之也，而语及所匿之事，如此者身危。彼显有所出事，而乃以成他故，说者不徒知所出而已矣，又知其所以为，如此者身危。规异事③而当，知者揣之外而得之，事泄于外，必以为己也，如此者身危。周泽未渥也，而语极知，说行而有功，则德忘；说不行而有败，则见疑，如此者身危。贵人有过端，而说者明言礼义以挑其恶，如此者身危。贵人或得计而欲自以为功，说者与知焉，如此者身危。强以其所不能为，止以其所不能已，如此者身危。故与之论大人，则以为间己④矣；与之论细人，则以为卖重⑤。论其所爱，则以为借资⑥；论其所憎，则以为尝己⑦也。径省其说，则以为不智而拙之；米盐博辩⑧，则以为多而交之。略事陈意，则曰怯懦而不尽；虑事广肆，则曰草野而倨侮。此说之难，不可不知也。

　　凡说之务，在知饰所说之所矜而灭其所耻。彼有私急也，必以公义示而强之。其意有下也，然而不能已，说者因为之饰其美而少其不为也。其心有高也，而实不能及，说者为之举其过而见其恶，而多其不行也。有欲矜以智能，则为之举异事之同类者，多为之地，使之资说于我，而佯不知也以资其智。欲内相存之言⑨，则必以美名明之，而微见其合于私利也。欲陈危害之事，则显其毁诽而微见其合于私患也。誉异人与同行者，规异事与同计者。有与同污者，则必以大饰其无伤也；有与同败者，则必以明饰其无失也。彼自多其力，则毋以其难概之也；自勇其断，则无以其谪怒之；自智其计，则毋以其败穷之。大意无所拂悟⑩，辞言无所系縻，然后极骋智辩焉。此道所得，亲近不疑而得尽辞也。伊尹为宰，百里奚为虏，皆所以干其上也。此二人者，皆圣人也，然犹不能无役身以进，如此其污也！今以吾言为宰虏，而可以听用而振世，此非能仕之所耻也。夫旷日弥久，而周泽既渥，深计而不疑，引争而不罪，则明割利害以致其功，直指是非以饰其身，以此相持，此说之成也。

注　释

①知：通"智"，智慧、才智。

②横失：极骋智辩，无所顾忌。

③异事：隐秘、非常之事。

④闲己：离间自己和大臣的关系。

⑤卖重：贬低别人而抬高自己。

⑥借资：拉扯关系。

⑦尝己：试探自己。

⑧米盐博辩：旁征博引，谈及琐屑小事。

⑨相存之言：指使君主、国家得到安稳的好话。

⑩拂悟：当为"拂忤"，拂逆、忤逆。

译　文

　　大凡游说进言的困难：并非是我的才智不足以进言的困难；并非是我的

言辞不能阐明本意的困难；也并非是我不敢毫无顾忌、畅所欲言的困难。大凡游说进言的困难：在于知道游说对象的心意，以便我的说法能适用于他。游说的对象是想要追求美名的，却用厚利去说服他，就会显得节操低下而受到卑贱的对待，必然遭到厌弃、疏远。游说的对象是想要追求厚利的，却用美名去游说他，就会显得毫无心计而脱离现实，必然不会被采纳。游说的对象私下追求厚利，表面上却看重美名的，若以美名去游说，他会表面上接受实际上却疏远游说者；若用厚利去游说，他会私下里采纳游说者的主张却厌弃其人。这些都是不可不明察的。

事情因为保密而成功，言语因为泄露而失败。未必是进说者本人泄露了隐秘，只是在进言中谈及了君主的隐匿之事，如此就会身陷险境。君主表面上做这件事，而心中却怀着其他的意图，进说者不仅知道他所做的事，还知道他做这些事的真正意图，如此就会身陷险境。进说者谋划成功不寻常的实情，其他智者通过外部迹象将这件事猜测出来，事情泄露于外，君主一定会认为是进说者所泄露的，这样进说者就会身陷险境。君主恩泽未厚，进说者却言尽其所知，主张被采纳而有功，功德则会被君主遗忘；主张不被采纳或失败，进说者则会被君主猜疑，如此就身陷险境了。君主有过错，而进言者倡言礼义来挑明他的过错，这样就身陷险境了。君主得到计谋而想自己获得功名，进说者同样知道此计，如此就会身陷险境。勉强劝说君主去做其不能做的，强迫君主停止其所不能停止的，这样进说者就会身陷险境。所以，进说者和君主谈论大臣之事，就会被认为是挑拨君臣关系；进说者和君主谈论小人之事，就会被认为是贬低别人而抬高自己；进说者与君主谈论其所喜爱的人，就会被认为是拉关系；进说者与君主谈论其所厌恶的人，就会被认为是在试探他。直接阐明自己的主张，就会被认为没有智慧且辞辩笨拙；旁征博引言辞详尽，就会被认为是话语冗屑、说话啰嗦。简单地陈述意见，就会被认为是心中怯懦而不敢尽言；虑事周详言辞尽意，则又会被认为是粗野而不懂礼貌。这些都是游说进言的困难，不可不知道。

大凡游说进说的要领，在于粉饰进说对象所自矜之事而掩盖其所羞耻之事。他有私下的急事，进说者一定要指明自己的主张符合公义而勉励他去做。他追求卑下，不能克制私欲，进说者就要粉饰放弃私心、立志高远的好处，而抱怨他追求的太少。他有过高的企求，而实际上并不能达到，进说者就要举出他的过错、列出他的不足，而责求他不能勉力追求自己的目标。他想夸耀自己的智能，进说者就应替他举出别的事情中的类似情况，多给他提供依据，使他从我处借用说法，而我却佯装不知道以开拓他的智慧。要想倡言共存相安的话，就必须冠以美名，并暗示这符合君主的私利。要想谏止危害不利的事，就必须说明此事会遭到的毁谤，而暗示它对君主的危害。赞誉其他与君主有相同行为的人，谋划其他与君主有相同看法的事。和君主有相同污行的人，一定要大加粉饰，称其无伤大雅；和君主有相同卑污的人，一定要明加粉饰，称其无害大局。君主自夸力量强大时，就不要用让他为难的事情去抵触他；君主自负明察善断时，就不要用他曾经犯的过错去激怒他；君主自矜智慧有谋时，就不要用他过去的失败来诘难他。进说的主旨不要有所忤逆，游说的言辞不要有所抵触，然后就可以尽力施展自己的智慧和辩才了，游说进说之人依循这个原则就可以得到君主的亲信，不受怀疑而能畅所欲言。伊尹做厨师，百里奚做奴仆，都是为了求得其君主的任用。这两个人，都是圣人，然而还是不得不通过屈身受辱才能求得进用，游说进说者所要蒙受的羞辱就是这样的。如今为了使我的主张得到采纳而屈身为厨师、奴仆，若主张能被采纳而有利于天下，这样能人智士就不需要感到羞耻的了。等到君臣相处旷日持久，承受的君主恩泽已经深厚，进说者深入谋划而不被猜忌，据理力争而不被怪罪，就可以剖明利害来成就君主的功业，直指是非来匡正君主的言行了，能够这样与君主相处，游说进说才算是成功了。

经典解读

韩非子讨论了游说进言的困难之所在，以及应该采用什么样的方法来游说君主、怎样才能游说成功。

游说进言的困难，不是自己才智不足、口才不够、不敢畅所欲言，而在于难以揣度君主的喜好，用恰当的言语来顺从君主的意愿，取得君主的信任。因为游说进言者难以了解君主的真实心意，所以他的游说过程就会充满各种各样的危险，可能触及君主隐私而身陷险境，可能受到猜忌而身陷险境，可能忤逆君主的意愿而身陷险境，可能被君主的亲信、权臣所厌恶而身陷险境，可能游说风格不合君主性格而被疏远、遗弃……所以，作为游说进言者，不可不明察君主的爱憎喜恶、了解君主的想法，并谨慎地去游说他们——也就是遵照最后一段中所谈论的那些游说要领。

游说进言是如此困难，像伊尹、百里奚那样的圣者都要屈尊受辱然后才能取得君主的信任、呈上自己的主张；苏秦、张仪都是口才最好的人，然而苏秦游说秦王不成，财尽裘蔽而遭受厌恶、耻笑；张仪也屡屡碰壁，甚至在楚国被怀疑而遭到毒打；伍子胥相貌丑陋，为了能游说阖闾，蒙面相见；孔子为了施行自己的主张，周游天下，四处奔波……这些都是才华卓越、能力超群之人，想要得到君主的信任、推行自己的主张，还如此困难，更何况是才华、智慧不如他们的人呢？所以说，游说进言者，不仅要有才华、智慧，还要有耐心、能够能屈能伸，这样才能最终取得成功。这也是韩非子对怀才不遇的法术之士的安慰和鼓励。

原文2

　　昔者郑武公欲伐胡，故先以其女妻胡君以娱其意。因问于群臣："吾欲用兵，谁可伐者？"大夫关其思对曰："胡可伐。"武公怒而戮之，曰："胡，兄弟之国也，子言伐之，何也？"胡君闻之，以郑为亲己，遂不备郑，郑人袭胡，取之。宋有富人，天雨墙坏，其子曰："不筑①，必将有盗。"其邻人之父亦云。暮而果大亡其财，其家甚智其子，而疑邻人之父。此二人②说者皆当矣，厚者为戮，薄者见疑，则非知之难也，处知则难也。故绕朝之言当矣，其为圣人于晋，而为戮于秦也。此不可不察。

　　昔者弥子瑕有宠于卫君③。卫国之法，窃驾君车者罪刖。弥子瑕母病，人闻往夜告弥子，弥子矫驾君车以出，君闻而贤之曰："孝哉，为母之故，忘其刖罪。"异日，与君游于果园，食桃而甘，不尽，以其半啖君，君曰："爱我哉，忘其口味，以啖寡人。"及弥子色衰爱弛，得罪于君，君曰："是固尝矫驾吾车，又尝啖我以余桃。"故弥子之行未变于初也，而以前之所以见贤，而后获罪者，爱憎之变也。故有爱于主则智当而加亲，有憎于主则智不当见罪而加疏。故谏说谈论之士，不可不察爱憎之主而后说焉。

> 夫龙之为虫也，柔可狎而骑也，然其喉下有逆鳞径尺，若人有婴④之者，则必杀人。人主亦有逆鳞，说者能无婴人主之逆鳞，则几矣。

注　释

①筑：修补。

②二人：指关其思与邻人之父。

③卫君：卫灵公。

④婴：碰触。

译　文

从前郑武公打算攻打胡国，便想将自己的女儿嫁给胡君以讨好他。然后，问群臣说："我想对外用兵，哪个国家可以讨伐呢?"大夫关其思说："胡国可以讨伐。"郑武公大怒而杀死了他，说："胡国，是兄弟之国，你说可以讨伐是什么道理?"胡君听说以后，认为郑国亲爱自己，遂不提防郑国。郑国偷袭胡国，攻占了它。宋国有个富人，下雨将其墙壁淋坏了，他的儿子说："不修补好，一定会有盗贼。"其邻居的父亲也这样说。晚上果然丢失了很多财物，富人认为他的儿子很明智，却怀疑邻居的父亲偷了东西。关其思和邻居的父亲，这二人说得都很恰当，祸重的被杀戮，祸轻的也遭受怀疑，可见了解情况并不是困难所在，正确地处理情况才是难的。所以，从前绕朝的言论很恰当，在晋国那里他被视为圣人，而在秦国却遭受了刑戮。游说进说者对此不可不深察。

从前弥子瑕受到卫灵公的宠信。卫国的法律，私自驾驶国君车子的，论罪要受到刖刑。弥子瑕母亲病了，有人听说，连夜告诉了他。弥子瑕矫命驾着国君的车子出去，卫灵公听说后，认为他很贤能，称赞："孝顺啊! 因为母亲的缘故，就忘了要遭受刖刑。"另一天，弥子瑕与卫灵公在果园游览，吃桃子觉得很甜，没有吃完，便将剩下的一半给了灵公，灵公说："多么爱我啊，不顾这是他自己喜欢的东西，来给我吃。"等到弥子瑕色衰爱弛之事，得罪了卫灵公，卫灵公说："他本来就曾矫命驾我的才和子，有曾将吃剩下的桃子给我。"所以，虽然弥子瑕的行为并未和起初有什么不同，而当初被认为是贤能，而后获罪的原因，就是因为君主对他的爱憎改变了。所以，得到君主的亲爱，则智虑得当而更加亲近，得到君主的厌恶则智虑不当而获罪被疏远。所以，谏说谈论者，不可不审察君主对自己的爱憎然而再进说。

龙作为一种动物，柔和时可以亲狎骑乘它，然而其喉下有一尺长的逆鳞，假若有人触碰的话，龙就一定会杀死该人。游说进说之人能够不触碰君主的逆鳞，也就差不多了。

经典解读

对国家来说，关其思的进言不是不恰当，然而却被杀，这是为何呢？因为站在郑武公的角度看，杀了他可以蒙蔽胡君，而有利于国家。这就是游说进言之士的一大困境，他们既没有贵重的身份，又不是君主的亲信，即便言语恰当，君主也可能随时牺牲他们，来换取自己的利益。历史上这样的事情多得数不胜数，贾谊上书汉文帝，希望限制诸侯王、功勋大臣的利益，从而遭到灌婴、周勃等旧臣的厌恶，文帝为了安慰这些老臣，将贾谊远放至长沙；晁错力劝汉景帝削藩，八王之乱时，汉景帝为了安抚诸侯王们，将晁错腰斩……汉文帝、汉景帝不是昏庸的君主，贾谊、晁错也都是他们的亲信，为了君主自己的利益都可以牺牲，更何况那些昏庸的君主，及那些不受亲信的臣子呢？所以，游说进言之士，在游说君主、权贵时，一定要想想，自己的主张会不会给自身带来灾祸？自己说出主张后，君主杀了自己是否会获得大利？君主是否会牺牲自己而去换取他自己的利益？若说出自己的主张，别人都能从杀死自己中获利，那么最好还是不要去进言了！

谈论同一件事，意见也完全相同，关系亲近的儿子就被认为是智慧，关系疏远的邻家老翁就遭到怀疑。可见与游说对象的关系，在某种程度上也能决定自己的游说结果。古人说："交浅者不可言深。"所指的就是这种情况。尤其是在自己与游说对象关系疏远，却要反对与其关系亲近的人时，不可不谨慎行事，一面给自己带来灾祸。历史上，因为指责君主所信任的奸佞，却不被君主所采用，反而遭到杀身之祸的人，也是数不胜数的，如王章弹劾王凤而被杀，夏言与严嵩对抗而被杀，杨涟弹劾魏忠贤而被害……这些人虽然怀着一腔忠心热血，去为国家、君主的利益与权臣斗争，但相对于他们，君主却更信任那些权贵、奸臣，他们的祸患也就可想而知了。反之，范雎在游说秦昭王的时候，发言就极为谨慎，又屡屡对昭王进行试探、以了解他的心意，所以他才能游说成功。这点是游说进言者不可不深察的。

弥子瑕的事理更加证明了与君主关系亲疏，对于游说结果的重要影响。当你得到君主信任、宠爱之时，无论说什么君主都认为是好的；一旦失去了君主的信任，无论说什么都会触犯逆鳞，招致灾祸。什么时候该说，什么时候不该说，都需要根据具体情况综合考虑，谨慎揣测各种结果，然后才能取得成功，避免灾祸。孔子说："可与言而不与之言，失人；不可与言而与言，失言。知者不失人，亦不失言。"游说进说者，必须有超常的智慧、杰出的谋略，又时时小心谨慎地发言行事，才能做到既不失人、又不失言。

　　楚人和氏得玉璞①楚山中，奉而献之厉王，厉王使玉人相之。玉人曰：
"石也。"王以和为诳，而刖其左足。及厉王薨，武王即位，和又奉其璞而
献之武王，武王使玉人相之，又曰："石也。"王又以和为诳，而刖其右足。
武王薨，文王即位，和乃抱其璞而哭于楚山之下，三日三夜，泣尽而继之
以血。王闻之，使人问其故，曰："天下之刖者多矣，子奚哭之悲也？"和
曰："吾非悲刖也，悲夫宝玉而题②之以石，贞士而名之以诳，此吾所以悲
也。"王乃使玉人理其璞而得宝焉，遂命曰："和氏之璧。"

　　夫珠玉，人主之所急也，和虽献璞而未美，未为主之害也，然犹两足
斩而宝乃论，论宝若此其难也。今人主之于法术也，未必和璧之急也，而
禁群臣士民之私邪；然则有道者之不僇也，特帝王之璞未献耳。主用术，
则大臣不得擅断，近习不敢卖重；官行法则浮萌③趋于耕农，而游士危于战
陈。则法术者乃群臣士民之所祸也。人主非能倍大臣之议，越民萌之诽，
独周乎道言也。则法术之士虽至死亡，道必不论矣。

　　昔者吴起教楚悼王以楚国之俗曰："大臣太重，封君④太众，若此则上
逼主而下虐民，此贫国弱兵之道也。不如使封君之子孙三世而收爵禄，绝
灭百吏之禄秩，损不急之枝官⑤，以奉选练之士。"悼王行之期年而薨矣，
吴起枝解于楚。商君教秦孝公以连什伍，设告坐之过⑥，燔诗书而明法令，

塞私门之请而遂公家之劳，禁游宦之民而显耕战之士。孝公行之，主以尊安，国以富强，八年而薨，商君车裂于秦。楚不用吴起而削乱，秦行商君法而富强。二子之言也已当矣，然而枝解吴起而车裂商君者，何也？大臣苦法而细民恶治也。当今之世，大臣贪重，细民安乱，甚于秦、楚之俗，而人主无悼王、孝公之听，则法术之士，安能蒙二子之危也而明己之法术哉！此世所以乱无霸王也。

注　释

①玉璞：未经加工的玉石。

②题：称。

③浮萌：游民。

④封君：分封的贵族。

⑤枝官：冗余官吏。

⑥告坐之过：告密连坐的刑罚。

译　文

　　楚国人卞和在荆山中得到一块玉石，捧着它献给楚厉王，楚厉王让玉匠鉴定。玉匠说："这是块石头。"楚厉王认为卞和欺骗自己，就砍下了他的左脚。等厉王去世了，楚武王即位，卞和有捧着他的玉石进献给武王，武王让玉匠鉴定，玉匠又说："是石头"。楚武王也认为卞和欺骗自己，就砍下了他的右脚。武王去世以后，楚文王即位，卞和于是抱着他的玉石在荆山之下痛哭，一连三天三夜，眼泪流尽了，流出血来。楚文王听说后，就派人询问他缘故，说："天下受刑被砍脚的人多了，你为什么如此悲伤呢？"卞和说："我并非因为被砍去双脚而悲伤，我悲伤宝玉却被称作石头，忠贞的人却被称为骗子。这才是我悲伤的原因啊！"楚文王于是让玉匠加工这块玉石，最终得到了宝玉，于是将其命名为："和氏之璧"。

　　珠玉是君主迫切想得到的，卞和进献的玉石即便不完美，也并未对君主构成危害，即便这样还是在被砍去两脚之后宝玉才得以论定，论定宝玉是这样困难啊。如今君主对于法术，期望得到的程度未必有美玉那样迫切，还要用来禁止群臣士民的私心邪行；那么，法术之士尚未被杀戮的原因，只是促成帝王之业的法术还未进献上去罢了。君主施用法术，则大臣不能擅权专断，近幸不敢卖弄权势；官府执行法术，则游民都不得不从事农耕，游士都不得不参军打仗。因此法术之士实在是被群臣士民看成是祸害的。君主若不能违背大臣的决议，不能超越黎民的诽谤，单独要采纳法术之言，那么法术之士即便到死，学说也不会被认可。

从前吴起与楚悼王谈论楚国风气说："大臣权势太重，分封的贵族太多，这样他们就会向上逼迫君主，向下残害百姓，这是导致国贫兵弱的原因。不如使分封贵族的子孙到第三代时国家就收回他们的爵禄，削减控制百官的俸禄，裁减冗余的官僚，以供养经过选拔、训练了的士卒。"楚悼王按此施行了一年就去世了，吴起在楚国遭到肢解。商君教秦孝公施行什伍制度，设置告密连坐的刑罚，焚烧诗书而彰明法令，堵塞私门的请托而选用对公家有功劳之人，抑制游说为官之人，尊崇农耕、作战的人。孝公施行这些主张，君主因此尊贵安稳，国家因此富强，实施此法八年后孝公去世，商君于是被秦国车裂。楚国不用吴起的制度而削弱混乱，秦国施行商君的法令而国家富强。二人的主张都是正确恰当的，然而肢解吴起、车裂商君，又是什么原因呢？大臣苦于法令而小民厌恶受到治理。当今之世，大臣贪婪而位重，小民安于动乱，比昔日秦国、楚国的风气更坏，而君主却没有楚悼王、秦孝公那样的判断力，则法术之士，怎么敢冒着吴起、商君那样的危险来阐明自己的主张呢！这就是天下混乱却没有霸王出现的原因。

经典解读

卞和得到美玉，并未自己占有，而是想将其献给君王，让天下人都能欣赏这美玉，这是多么的忠诚而无私啊！可是，却连连遭到误解，美玉被污为石头，忠心被当作欺骗，无私的好心换来的却是砍去双脚的酷刑，这又是多么的可悲啊！世上了解这件事的人，没有不为卞和感到悲哀的，没有不怨恨那些给他带来灾祸的玉匠的，没有不对楚厉王、楚武王的昏庸感到愤慨的。世上的能法之士岂不也同卞和一样？他们怀着自己的"美玉"，一心想将其献给君主，以利于国家、造福百姓，可君主却不认识这宝玉，听信左右亲信、当权大臣的诬谮，将其视为顽石，认为能法之士是在欺骗、危害自己，用严酷的刑罚去回报他们的忠心！于是，商鞅使秦国富强而遭到车裂，吴起使楚国强大而遭受肢解。这难道不比卞和更加冤屈、更加可悲！然而更让能法之士感到心寒的是，世人、包括很多学者，并不了解这些，至今也不认可商鞅、吴起的忠心、才干，甚至包括司马迁、司马光等主流史学家、大儒，都以严酷寡恩来指责他们，认为他们是咎由自取，是自取灭亡。能法之士心中的悲哀、凄苦也就可想而知了！

然而，若不是楚文王同情、信任卞和，世间便永远不会出现和氏璧这样的宝物；若不是秦孝公、楚悼王信任商鞅、吴起，两国也不可能迅速强大起来。韩非子既抒发了能法之士常被误解的悲愤，也指出了天下之所以混乱，没有王者、霸者出现的原因——就是因为君主不信任能法之士。这就告诉执政者，要想使国家强大，建立王者、霸者的功业，就要重视能法之士，采用他们正确的主张。

三 守

人主有三守。三守完，则国安身荣；三守不完，则国危身殆。何谓三守？人臣有议当途之失、用事①之过、举臣之情，人主不心藏而漏之近习能人，使人臣之欲有言者，不敢不下适近习能人之心，而乃上以闻人主，然则端言直道之人不得见，而忠直日疏。爱人，不独②利也，待誉而后利之；憎人，不独害也，待非而后害之。然则人主无威而重在左右矣。恶自治之劳惮，使群臣辐凑之变③，因传柄移藉，使杀生之机、夺予之要在大臣，如是者侵。此谓三守不完。三守不完，则劫杀之征也。

凡劫有三：有明劫，有事劫，有刑劫。人臣有大臣之尊，外操国要以资群臣，使外内之事非己不得行。虽有贤良，逆者必有祸，而顺者必有福。然则群臣直莫敢忠主忧国以争社稷之利害。人主虽贤，不能独计，而人臣有不敢忠主，则国为亡国矣，此谓国无臣。国无臣者，岂郎中虚而朝臣少哉？群臣持禄养交，行私道而不效公忠。此谓明劫。鬻宠擅权，矫外以胜内，险言祸福得失之形，以阿主之好恶，人主听之，卑身轻国以资之，事败与主分其祸，而功成则臣独专之。诸用事之人，壹心同辞以语其美，则主言恶者必不信矣。此谓事劫。至于守司囹圄，禁制刑罚，人臣擅之，此谓刑劫。三守不完，则三劫者起，三守完，则三劫者止，三劫止塞，则王④矣。

注　释

①用事：执政大臣。

②独：指自己独自施行。

③辐凑之变：凑，通辏群臣本应如辐辏一样聚集在君主周围，"辐凑之变"就是说群臣都改着去依附权臣，不再信从君主了。

④王：成就王业，称王天下。

译　文

君主需要坚守三种原则，这三种原则能够坚守，则国家安定自身尊荣，这三种原则若不能坚守，则国家倾危自身危险。什么是君主要坚守的三种原则呢？臣子中有议论当权重臣过失、执政大臣过错，以及举发其他臣子隐情的，君主不要将这些藏在心中而泄露给左右亲信、当权重臣。这样想要进言的人，就不敢不先逢迎亲信权贵的意愿然后才进言于君主了。如此，则危言正行的人不能见到君主，而忠诚正直的人日益被疏远。君主赏识一个人，不能独自奖赏他，一定要等到有别人赞誉了才奖赏；厌恶一个人，不能独自惩罚他，一定要等到有别人反对他才加以惩罚。这样君主就会失去威势而大乱旁落于左右近臣手中。君主厌恶亲自处理政事的劳累，使群臣聚集在他人的周围，因此权柄转移，生杀予夺的大权都落在重臣手中，这样君主的权威就会受到侵犯。这三种原则不能完全坚守，就是君主被劫迫、篡杀的征兆。

君主被大臣劫迫的情况共有三种：有公开劫迫的，有通过政事劫迫的，有专擅刑罚劫迫的。臣子有了重臣的显赫地位，在外操纵国家大权来收买群臣，使朝廷内外之事不通过自己就不能实施。即使有贤良之士，违逆他的人一定有灾祸，阿顺他的人一定有好处。这样群臣中几乎就不会再有敢忠于君主、忧心国事而为了社稷利益而与他相争的了。君主虽然贤明，却不能独自决策，而群臣又不敢忠于君主，则国家就成了亡国了，这就叫作国家没有臣子。国家没有臣子，难道是近侍空缺而朝臣稀少吗？群臣拿着俸禄去结交党羽，追求私利而不为国家效忠。这就是臣子公开劫迫君主。卖弄君主的宠爱，独揽大权，假托外部势力来胁迫内部，危言耸听地言说祸福得失的形势，以迎合君主的好恶，君主听了，就会降低身份、轻视国家来资助他们，事情失败了让君主分担灾祸，事情成功了则臣子独占功劳。各个理政之人，都异口同声地称赞他的美好，那么君主再说他的不好就不被信服了。这就是通过政事来胁迫君主。至于司理监狱掌管刑罚，臣子独揽专断，这就是专擅刑罚而劫迫君主。三种原则不能坚守，那么三种君主被劫迫的情况就会出现，三种原则坚守完备，则三种君主被劫迫的情况就会禁止，三种君主被劫迫的情况禁止、杜绝，那么王业就可以成就了。

经典解读

韩非子谈论了君主要坚守的三种原则：不可随意泄露他人的谏言；将赏罚大权掌握在自己手中；牢牢地把握权力，不使权柄旁移。

随意泄露他人的言语，就会让进言之人陷入危险的境地，那以后谁还敢向君主私下进言呢？这是使权臣有所防备，而使忠臣危殆寒心之事。所以，智伯像韩、魏两家的君主泄露了郤疵的言论以后，郤疵便逃到了国外，智伯也不久灭亡；项羽在鸿门宴上泄露了曹无伤的言论，沛公回去后便立刻诛杀了曹无伤，项羽在沛公身边的眼线也就没有了，最终被刘邦所击败。

赏罚不由自己，总是看别人的态度行事，这就会让群臣知道君主没有主见，众人便会轻视君主，而争着去讨好能够影响君主态度的人。汉桓帝、汉灵帝亲信宦官，宦官主宰了君主的赏罚，于是朝中便只知道有宦官，而不知道有皇帝，宦官遂得以扰乱朝政；唐庄宗亲信伶人，听从伶人进行赏罚，所以朝臣无不结交伶人，藩镇无不贿赂伶人，朝政混乱，群臣离心，庄宗也最终被伶人所弑杀。韩非子在《二柄》等篇章中已经详细谈论过赏、罚的重要性，赏罚大权是君主树立自己权威的主要手段，将其授予他人就会导致自己权威削损，君位不固。

君主大权必须时刻抓在自己手中，大权旁落则君弱臣强、君臣易位。鲁国三桓驱逐国君，晋国六卿架空公室，齐国田氏篡夺社稷，以及后世的赵高弑君，王莽篡汉，杨坚、赵匡胤篡位窃国，都是因为君主任由大权旁落而导致的结果。

不能坚守这三种原则，君主就会被臣子所劫迫，君主被臣子所劫迫，君位、君权就不能再保有，国家、社稷就要易主。所以，君主对这些不可不深察细思。

备 内

人主之患在于信人，信人，则制于人。人臣之于其君，非有骨肉之亲也，缚于势而不得不事也。故为人臣者，窥觇其君心也无须臾之休，而人主怠傲处其上，此世所以有劫君弑主也。为人主而大信其子，则奸臣得乘于子以成其私，故李兑①傅赵王而饿主父。为人主而大信其妻，则奸臣得乘于妻以成其私，故优施②傅丽姬杀申生而立奚齐。夫以妻之近与子之亲而犹不可信，则其余无可信者矣。

且万乘之主，千乘之君，后妃、夫人适子为太子者，或有欲其君之蚤死者。何以知其然？夫妻者，非有骨肉之恩也，爱则亲，不爱则疏。语曰："其母好者其子抱。"然则其为之反也，其母恶者其子释。丈夫年五十而好色未解也，妇人年三十而美色衰矣。以衰美之妇人事好色之丈夫，则身死见疏贱，而子疑不为后，此后妃、夫人之所以冀其君之死者也。唯母为后而子为主，则令无不行，禁无不止，男女之乐不减于先君，而擅万乘不疑，此鸩毒扼昧③之所以用也。故《桃左春秋》④曰："人主之疾死者不能处半。"人主弗知则乱多资，故曰：利君死者众则人主危。故王良爱马，越王勾践爱人，为战与驰。医善吮人之伤，含人之血，非骨肉之亲也，利所加也。故舆人成舆，则欲人之富贵；匠人成棺，则欲人之夭死也，非舆人仁而匠人贼也，人不贵，则舆不售；人不死，则棺不买。情非憎人也，利在人之死也。故后妃、夫人太子之党成而欲君之死也，君不死，则势不重。情非憎君也，利在君之死也。故人主不可以不加心于利己死者。故日月晕围于外，其贼在内，备其所憎，祸在所爱。是故明王不举不参之事，不食非常之食；远听而近视以审内外之失，省同异之言以知朋党之分，偶参伍之验以责陈言之实；执后以应前，按法以治众，众端以参观⑤；士无幸赏，无逾行；杀必当，罪不赦：则奸邪无所容其私。

徭役多则民苦，民苦则权势起，权势起则复除重⑥，复除重则贵人富，苦民以富贵人起势，以藉人臣，非天下长利也。故曰：徭役少则民安，民安则下无重权，下无重权则权势灭，权势灭则德在上矣。今夫水之胜火亦明矣，然而釜鬵⑦闲之，水煎沸竭尽其上，而火得炽盛焚其下，水失其所以胜者矣。今夫治之禁奸又明于此，然守法之臣为釜鬵之行，则法独明于胸中，而已失其所以禁奸者矣。上古之传言，春秋所记，犯法为逆以成大奸者，未尝不从尊贵之臣也。然而法令之所以备，刑罚之所以诛，常于卑贱，是以其民绝望，无所告愬。大臣比周，蔽上为一，阴相善而阳相恶，以示无私，相为耳目，以候主隙，人主掩蔽，无道得闻，有主名而无实，臣专法而行之，周天子是也。偏借其权势，则上下易位矣，此言人臣之不可借权势也。

注　释

①李兑：战国时赵国权臣，辅佐赵惠文王，在沙丘之乱中参与围困沙丘宫，导致赵武灵王饿死。

②优施：晋献公时优人，为丽姬谋划陷害太子申生。

③扤昧：阴谋杀害。

④桃左春秋：当为"梼杌春秋"，楚国的史籍称之为梼杌。

⑤众端以参观：众事之端都相互参合验证。

⑥权势起则复除重：指权臣为群众免除徭役以市取恩义，让自己的权势更盛。

⑦鬵：古同"甑"，盛水的器具。

译　文

　　君主的祸患在于相信别人，相信别人就会受制于人。臣子对于君主，没有骨肉之亲，只是迫于形势而不得不侍奉。所以做臣子的，窥测君主的意图没有一刻停止过，而君主却懈怠傲慢地居于其上，这就是世上有臣子劫迫、弑杀君主等现象出现的原因。为人君主而过于信任自己的儿子，那么奸臣就会借助他的儿子来达成自己的私欲，所以李兑辅佐赵惠文王而饿死了主父。为人君主而过于信任自己的妻子，那么奸臣就会借助他的妻子来达成自己的私欲，所以优施帮助丽姬杀死了申生而立奚齐为太子。以妻子之近、以儿子之亲尚且不可信任，其余之人也就没有可以相信的了。

　　且大国、小国的君主，后妃、妇人、做太子的嫡子，也有盼望其君主早死的。怎么知道这样呢？夫妻之间，并没有骨肉之亲，相爱则亲近，不相爱则疏远。俗话说："母亲美丽的，孩子就受宠爱。"反过来就是，母亲丑的，孩子就被疏远。男子年到五十而好色不衰，妇人年到三十美色就衰减了。以美色衰减的妇人，侍奉好色的丈夫，那么自身就会被疏远，儿子就担忧不能成为继承人，这就是后妃、夫人盼望君主早死的原因。只要母亲做了王后，而儿子做了君主，则令无不行，禁无不止，男女乐事不减于先君在时，且独掌一国大权无疑，这就是发生鸩毒杀害君主现象的原因所在。所以《桃左春秋》一书中说："君主因病而死的不足半数。"君主不懂得这个道理，则乱臣贼子就会有更多凭借，所以说：因君主死而受利的人众多，则君主就有危险。所以，王良喜欢骏马，勾践喜欢勇士，是因为他们能够战争、驰骋。医生善于吮吸病人伤口，口含病人的血，并非有骨肉之亲，是因为他们能从中获得利益。所以车匠制造车子，则希望他人富贵，木匠打造棺材则希望他人夭死，并非是车匠仁慈而木匠奸恶，他人不富贵车子就卖不出去，他人不死就没有人买棺材。木匠并非本意憎恨别人，而是能在他人死亡中获利。所以，后妃、夫人、太子的私党结成了就希望君主死掉，君主不死掉他们的权势就不重，并不是他们本意厌恶君主，而是因为能在君主的死中获利，所以君主对于那些能从自己死中获利的人不可不加以留意。所以，日月外面出现白晕，毛病一定出现在内部；防备自己所憎恨的人，而祸患却往往起于所爱之人。所以，明君不做没有验证过的事情，不吃不寻常的事物；听远察近以审查内外的隐患，省察相同、不同的言论来辨明私朋党羽；对比不同的事实，来责察臣下陈言的真假；根据事后的结果来衡量之前的言辞，依据法令来治理众人，根据各种情况来参验观察；使众人没有侥幸受赏的，没有违法行事的，杀戮一定得当，有罪不加赦免，那么奸邪之辈就无处隐藏其私情了。

徭役沉重则民众疾苦，民众疾苦则权臣势力崛起，权臣为民众免除徭役则其势力更盛，经常为民众免除徭役权臣就会变得尊贵富有，君主使民众陷入疾苦之中而令权臣借此得势，将尊贵富有给予臣子，这不符合天下的长久利益。所以说，徭役轻则民众安乐，民众安乐则臣子无大权，臣子无大权则势力消亡，臣子势力消亡则恩德都归于君主。如今，水能灭火的道理是很明白的，然而有炊具将它们隔开，水就会在上面被火所烧沸、干竭，而火得以在下面烧得更旺，这就是因为水失去了其能够灭火的条件。如今法令之臣能够治理奸邪的道理比这更明白，然而守法之臣都被"炊具"所隔开，则法令只能明白在他们自己心中，则已经失去了禁止奸邪的条件了。上古传言，史籍记录，触犯法令、叛逆作乱而篡权夺位的人，没有不属于尊贵大臣的。然而法令所防备的、刑罚所诛戮的，常常都是卑贱之人，所以导致民众绝望，无处可诉；而大臣则比周为奸，串通起来蒙蔽君主，暗地里相互交好，却装出相互厌恶的样子，以表明没有私情。他们相互作为耳目，以钻君主的空子，君主受到蒙蔽，无法了解实情，徒有君主之名而无君主之实，大臣垄断法令独断专行，周天子就是这样的。君主大权旁落，也就君臣易位了，这就是说，君主不能使自己的权势落到大臣手中。

经典解读

韩非子认为君主的祸患在于相信别人，正因为相信别人才会被别人所欺蒙、利用，才会导致自己的威严削弱、大权旁移，甚至遭受挟持、杀害。也就是说，君主不能与人相亲信，而要时时刻刻用权谋待人，以权谋来保护自己，甚至对自己的妻子、儿子也要处处提防。韩非子这种观点的确很能迎合一些君主的心意，因为历史上从来就不缺乏被妻子、儿子杀死，被兄弟、亲戚背叛的君主。所以很多君主为了防止自己权势被夺取，防止自己遭到陷害，就采取各种手段来维护君权，甚至不惜杀死手足、妻儿：如晋献公除去桓庄之族，秦二世杀死自己的兄弟姐妹，汉武帝立子杀母，北魏实施子贵母死等制度……

韩非子这些权术，对于君主维护自己的权势、稳固自己的地位固然有有利的一面，但实施不当，却往往带来更严重的祸患：晋国削弱了公族，却导致政权被六卿窃取；秦二世杀光了自己的兄弟，却被赵高蒙蔽、弑杀；汉武帝避免了外戚专权，却催生了霍光这样可以废立君主的权臣……君主应该懂得一些权谋，但却不该将其作为治理天下国家的根本。若只讲权谋、时时提防，那君臣之间就会相互猜忌；父子、兄弟、夫妻之间就会为了权势而抛弃亲情，就会导致很多比失去权谋更大的悲剧。如郑庄公与兄弟、母亲反目；鲁桓公因猜忌而杀死自己的哥哥；楚穆王害怕被废而杀死自己的父亲……这些都是过于看重权谋、相互猜忌、算计而产生的悲剧。

韩非子在写这篇文章的时候，首先设立了一个目的，那就是保全自己的权势、地位，为了这个目的而使用各种权谋手段防备下属、提防妻儿。可是我们回过头想一想，权势、地位真的那样重要吗？为此而抛弃亲情、抛弃人与人之间的信任值得吗？孟子认为舜为了兄弟之间的感情，不怀疑弟弟陷害自己；为了父子之间的感情，能够为保全犯罪的父亲而放弃天下。这样的人岂不比那些为了权势而不断算计的人高尚得多？

我们每个人都应懂得一些防备知识、存些防人之心，但绝不能将提防、猜忌当作生活的主要内容，有权了就害怕别人算计自己、陷害自己；有钱了就怕别人图自己财产、猜忌别人亲近自己另有所图；甚至什么都没有也时刻担心别人利用自己、使自己陷入不利的境地。不相信同事、同学，不相信朋友、亲戚，甚至连兄弟、父母都不相信。这样的人生无论有什么地位、财富，也肯定是痛苦、劳累的，永远不会感受到生命的快乐。所以，对那些权谋的观点，懂得一点儿就好，只有相信人与人之间的相互信任、相互亲爱，才是社会的主流，才是人生幸福的根源。

原文 1

德者，内也。得者，外也。"上德不德"，言其神不淫①于外也。神不淫于外则身全，身全之谓德。德者，得身也。凡德者，以无为集，以无欲成，以不思安，以不用固。为之欲之，则德无舍②，德无舍则不全。用之思之，则不固，不固则无功，无功则生于德。德则无德，不德则在有德。故曰："上德不德，是以有德。"

所以贵无为无思为虚者，谓其意无所制也。夫无术者，故以无为无思为虚也。夫故以无为无思为虚者，其意常不忘虚，是制于为虚也。虚者，谓其意无所制也。今制于为虚，是不虚也。虚者之无为也，不以无为为有常，不以无为为有常则虚，虚则德盛，德盛之谓上德，故曰："上德无为而无不为也。"

仁者，谓其中心欣然爱人也。其喜人之有福，而恶人之有祸也。生心之所不能已也，非求其报也。故曰："上仁为之而无以为也。"

义者，君臣上下之事，父子贵贱之差也，知交朋友之接也，亲疏内外之分也。臣事君宜，下怀上宜，子事父宜，贱敬贵宜，知交友朋之相助也宜，亲者内而疏者外宜。义者，谓其宜也，宜而为之，故曰："上义为之而有以为也。"

礼者，所以貌情③也，群义之文章也，君臣父子之交也，贵贱贤不肖之所以别也。中心怀而不谕④，故疾趋卑拜而明之。实心爱而不知，故好言繁辞以信之。礼者，外饰之所以谕内也。故曰："礼以貌情也。"凡人之为外物动也，不知其为身之礼也。众人之为礼也，以尊他人也，故时劝时衰。君子之为礼，以为其身；以为其身，故神之为上礼；上礼神而众人贰，故不能相应；不能相应，故曰："上礼为之而莫之应。"众人虽贰，圣人之复恭敬尽手足之礼也不衰，故曰："攘臂而仍⑤之。"

道有积而德有功；德者，道之功。功有实而实有光；仁者，德之光。光有泽而泽有事；义者，仁之事也。事有礼而礼有文；礼者，义之文也。故曰："失道而后失德，失德而后失仁，失仁而后失义，失义而后失礼。"

礼为情貌者也，文为质饰者也。夫君子取情而去貌，好质而恶饰。夫恃貌而论情者，其情恶也；须饰而论质者，其质衰也。何以论之？和氏之璧，不饰以五采；隋侯之珠，不饰以银黄，其质至美，物不足以饰之。夫物之待饰而后行者，其质不美也。是以父子之间，其礼朴而不明，故曰礼薄也。凡物不并盛，阴阳是也；理相夺予，威德是也；实厚者貌薄，父子之礼是也。由是观之，礼繁者，实心衰也。然则为礼者，事通人之朴心者也。众人之为礼也，人应则轻欢，不应则责怨。今为礼者事通人之朴心而资之以相责之分，能毋争乎？有争则乱，故曰："夫礼者，忠信之薄也，而乱之首乎。"

注 释

①淫：扰乱。

②舍：归所。

③貌情：规范、修饰情感。

④谕：表达。

⑤仍：同"扔"，推行、践行之意。

译 文

德，是内在具有的品质。得，是指从外部获得某些东西。老子所说的"上德不德"，是指人内在的精神不被外部的感官获得而扰乱。精神不被外部的感官获得而扰乱，就能保全自身本性，保全自身本性，就可以称为有"德"。德，就是得到自身。但凡德，都是以无为来聚集，以无欲来成就，以不死来安定，以不用来巩固。若是有为、有欲，德就没有了归所，德没有归所，就不能保持完整。使用了、思虑了，德就不能牢固，不牢固就没有功效，没有功效就在于无德而自以为有德。自以为有德反而无德，不自以为有德反而有德。所以老子说："最高的德不自以为有德，所以它才是有德的。"

之所以推崇虚静，要求无为无思的原因，就在于使人的心意不受任何牵制。那些不懂道术的人，刻意做出无为无思的样子来表现虚静。刻意做出无为无思而表现虚静的，他的心常常不忘追求虚静，这就被"虚静"一物所牵系了。虚静，就是指内心没有任何牵系。如今被"虚静"一物所牵系，就称不得真正虚静了。真正虚静者的无为，不将无为本身作为常思虑的事，不将"无为"本身作为常思虑的事才能达到虚静，达到虚静，德就深厚了，德行深厚即为"上德"，所以老子说："上德无为而无所不为。"

仁，是指人的内心能够欣然自发地去爱他人。喜欢他人得到福祉，厌恶他人蒙受灾祸。这种感情是不能加以抑制的，并非故意做出来以求得他人的回报。说以老子说："最高的仁有为，但为是不怀目的的。"

义，是规范君臣上下关系，父子贵贱差异，朋友之间交往，亲疏内外分别的。臣子侍奉君主适宜，下属心怀上司适宜，儿子侍奉父亲适宜，贱者礼敬贵者适宜，朋友相互帮助适宜，内亲外疏都相处适宜。义，就是指这些关系都处理得很适宜，适宜的才去做。所以老子说："最高的义有为，这种为是要做得非常适当。"

礼，是用来规范内心情感的，是各种义有条理的体现，君臣父子都需要以礼来相处，贵贱贤不肖都需要以礼来分别。内心的依恋并不能直接让人知道，所以用疾行下拜等动作来加以表明。内心确实爱慕而不能让对方了解，所以用好言繁辞来加以申述。礼，就是用外部的仪节来体现内心的情感。所以说："礼是用来表达情感的。"凡是人受到外物的影响而有所动作，并不知道这种动作就是他自身的礼。众人遵从礼仪，是为了尊重他人，所以有时认真，有时轻率。君子遵守礼仪，是为了修养自身，为了修养自身，所以一心一意地践行隆重的上礼，上礼隆重而众人却三心二意，所以不能响应它，不能响应它，所以老子说："上礼实施了却不能得到响应。"众人虽然对礼三心二意，圣人却依旧保持恭敬，一举一动都恪守礼仪而不敢废弛，所以老子说："竭尽全力继续行礼。"

　　道有所积聚，积聚有所功效，德就是道的功效。功效有实际表现，实际表现体现出光辉，仁就是德的光辉。光辉有色泽，而色泽有具体事情，义就是仁的具体实情。具体事情需要遵守礼仪，利益有文采，礼就是义的文采。所以老子说："失去了道，也就失去了德；失去了德，也就失去了仁；失去了仁，也就失去了义；失去了义，也就失去了礼。"

　　礼是情感的表现，文是本质的修饰。君子采纳情感而舍弃表现，喜欢本质而厌恶修饰。依靠表现而断论情感的，其选择的情感往往是恶的；依靠修饰来断论本质的，其选择的本质往往是坏的。如何证明这点呢？和氏璧，不用五彩装饰，随侯珠，不用金银修饰。它们的本质极美，外物不足以修饰它们。事物等待修饰后才流行的，其本质必然不美好。所以，父子之间，礼仪淳朴而不明确，所以说：这种礼是很薄的。但凡事物不能同时兴盛，阴阳消长就是如此；按照常理有予有得，威德就是这样的。真情深厚的，表现出的礼就薄，父子之礼就是这样。由此看来，礼仪越是烦冗的，其实内心的感情越浅薄。那么行礼的原因，就是为了沟通人们朴实的心意。众人行礼，别人回应则轻快欢乐，众人不回应则怨恨发怒。行礼的事是为了沟通人们朴实心意的，而用相互指责的态度来施用它，能没有争论吗？有了争论就会混乱，所以老子说："礼是忠信淡泊的体现，是产生混乱的开端。"

经典解读

　　韩非子将老子的学说作为自己的理论根源，于是对《老子》进行了一番解读，以此作为自己的理论依据。后世很多学者都因此而认为韩非子的学说源于老子，如司马迁就称韩非"喜刑名法术之学，而其归本于黄老"。韩非子对老子的解读与庄子、列子等道家学者，以及专门的解读老子的王弼等人的著作，很多观点都大不相同，带着强烈的法家色彩。人们可以从本篇文章中看到韩非对道德、仁义、礼仪等问题的理解，这也是他提出所有政治主张、治理措施的根本，可以说本篇文章就是韩非子的理论基础。

　　本节文字解释《德经》的开篇，谈论了德、仁、义、理等概念，是基础中的基础。德就是得到自身、保全本性，这就需要运用无为、无欲、无用等原则。坚持这些原则，才能做到有德，才能保全自身。这就是韩非子在《主道》中提出："人主之道，静退以为宝""不自操事""不自计虑"等主张的依据。仁就是能欣然地去爱他人，不是故意做出来的。这就为韩非子反对到处宣传仁义道德的儒者提供了理论依据。礼是用来表达自身感情，修养自身的，自己施行礼仪未必能得到他人的回应，则礼可以用来修身，却不能完全依赖它治理国家，要治理国家必须依靠他人不得不回应的法术。这就可以作为韩非子反对儒家以礼乐治世的依据。礼、义都是基于切身实践而产生的，这就为反对儒家、墨家追述先王的行为提供了依据。

可以看出，韩非子对老子的解读，其实是带着目的性去解读的，所有的解读都是为自己依据法术治国的主张而服务的。与其说韩非子是在解读老子，不如说是借用老子的言论来解释自己的政治理念、治国主张。

原文2

先物行先理动之谓前识，前识者，无缘而忘①意度也。何以论之？詹何坐，弟子侍，牛鸣于门外，弟子曰："是黑牛也而白题②。"詹何曰："然，是黑牛也，而白在其角。"使人视之，果黑牛而以布裹其角。以詹子之术，婴③众人之心，华焉殆矣，故曰："道之华也"。尝试释詹子之察，而使五尺之愚童子视之，亦知其黑牛而以布裹其角也。故以詹子之察，苦心伤神，而后与五尺之愚童子同功，是以曰"愚之首也"。故曰："前识者，道之华也，而愚之首也。"

所谓"大丈夫"者，谓其智之大也。所谓"处其厚不处其薄"者，行情实而去礼貌也。所谓"处其实不处其华"者，必缘理不径绝④也。所谓"去彼取此"者，去貌径绝而取缘理，好情实也。故曰："去彼取此。"

人有祸，则心畏恐；心畏恐，则行端直；行端直，则思虑熟；思虑熟，则得事理。行端直，则无祸害；无祸害，则尽天年。得事理，则必成功。尽天年，则全而寿。必成功，则富与贵。全寿富贵之谓福。而福本于有祸。故曰："祸兮福之所倚。"以成其功也。

人有福，则富贵至；富贵至，则衣食美；衣食美，则骄心生；骄心生，则行邪僻而动弃理。行邪僻，则身死夭；动弃理，则无成功。夫内有死夭之难而外无成功之名者，大祸也。而祸本生于有福。故曰："福兮祸之所伏"。

夫缘道理以从事者，无不能成。无不能成者，大能成天子之势尊，而小易得卿相将军之赏禄。夫弃道理而忘举动者，虽上有天子诸侯之势尊，而下有猗顿、陶朱、卜祝⑤之富，犹失其民人而亡其财资也。众人之轻弃道理而易忘举动者，不知其祸福之深大而道阔远若是也，故谕人曰："孰知其极。"

人莫不欲富贵全寿，而未有能免于贫贱死夭之祸也。心欲富贵全寿，而今贫贱死夭，是不能至于其所欲至也。凡失其所欲之路而妄行者之谓迷，迷则不能至于其所欲至矣。今众人之不能至于其所欲至，故曰："迷"。众人之所不能至于其所欲至也，自天地之剖判以至于今，故曰："人之迷也，其日故以久矣。"

所谓方者，内外相应也，言行相称也。所谓廉者，必生死之命也，轻恬⑥资财也。所谓直者，义必公正，公心不偏党也。所谓光者，官爵尊贵，衣裘壮丽也。今有道之士，虽中外信顺，不以诽谤穷堕；虽死节轻财，不以侮罢羞贪；虽义端不党，不以去邪罪私；虽势尊衣美，不以夸贱欺贫。其故何也？使失路者而肯听习问知，即不成迷也。今众人之所以欲成功而反为败者，生于不知道理而不肯问知而听能。众人不肯问知听能，而圣人强以其祸败适之，则怨。众人多而圣人寡，寡之不胜众，数也。今举动而与天下之为雠，非全身长生之道也，是以行轨节而举之也。故曰："方而不割，廉而不刿，直而不肆，光而不耀。"

注　释

①忘：通"妄"。

②白题：角部有白色。

③婴：扰乱、迷惑。

④径绝：妄意忖度。

⑤猗顿、陶朱是春秋战国时有名的富商；卜祝，所指不祥，或认为是人名，或认为是"十倍"的误写。

⑥轻恬：轻视、看淡。

译　文

在事物没有出现之前就行动，道理没有显现之前就已经识察，这就叫作"前识"，前识是无所依据而妄自忖度出来的。为何这样说呢？詹何坐着，弟子在旁陪侍，有牛在门外叫，弟子说："这是黑色而额上带白花的牛。"詹何说："对，是黑牛，不过白色在牛角上。"派人前去查看，果然是黑牛而用白布包着角。用詹何的道术来扰乱众人的心，华而不实，太劳心费神了，所以称之为"浮华之道"。不妨放弃詹何的明察，而派五尺愚童去查看，也能知道是黑牛而用白布裹着角。所以，詹何的明察，苦心劳神，然后不过与五尺愚童功效相同，所以说这是"愚蠢之开端"。所以老子说："前识是浮华之道，是愚蠢之首。"

所谓"大丈夫"，是说其智慧很高。所谓"处其厚不处其薄"，是指依循真挚的感情而去除外表的礼貌。所谓"处其实不处其华"者，是指必须依循事理而不简单地妄意忖度。所谓"去彼取此"，是指去除外表礼貌、妄意忖度而遵循事理，喜欢真情。所以老子说："去彼取此。"

人有祸患，内心就会畏惧；内心畏惧，行为就正直；行为正直，思虑就成熟；思虑成熟，就能掌握事理。行为正直，就没有祸患，没有祸患就能享尽天年。掌握事理，就能成功；竭尽天年，就能长寿。一定成功，就会富有、尊贵，长寿而富有、尊贵，就叫作福。而福本源于祸，所以老子说："祸兮福之所倚。"由此才能成就人们的功业。

人有福，富贵就会到来；富贵到来，衣食就美好；衣食美好，就会产生骄慢之心；产生骄慢之心，行为就会邪僻而动作背弃道理，行为邪僻则自身早死，动作弃理则不能成功。在内有早死之难，在外无功业之名，这就是大祸。而祸本生于有福，所以老子说："福兮祸之所伏。"

按照道理而办事的，没有不成功的。没有不能成功的，大则能成就天子的权势尊贵，小也容易取得卿相将军的赏赐爵禄。放弃道理而妄自举动的，即便上有天子诸侯的权势尊贵，下有猗顿、陶朱、卜祝的富贵，也还会失去其民众而丧失其资财。众人之所以轻易地违背道理而妄自举动，就是因为不知道祸福转化的道理广阔深远到如此程度，所以老子告谕世人说："谁知道大道的究竟呢？"

人们没有不希望富贵全寿的，但却不能免于贫贱早死的灾祸；心里希望富贵全寿，而现实却贫贱早死，这是不能达到其所想达到的目的。但凡离开他所想走的道路而胡乱妄行的，就叫作"迷"，迷就不能达到其所想达到的目的。如今众人都不能达到其所想达到的目的，所以老子称众人为"迷"。众人不能达到自己所想达到的目的，自开天辟地至如今都是这样的，所以老子说："人们陷入迷途的日子已经十分久远了。"

所谓方正，就是表里如一，言行一致。所谓廉洁，就是舍生忘死，轻视钱财。所谓正直，就是公正地坚守道义，怀着大公之心而不结党偏私。所谓光耀，就是官爵尊贵，衣裘华丽。有道之士，即便自身内心、外表都真诚和顺，也不会因此而讥谤贫穷堕落之人；即便自身舍生忘死、轻视钱财，也不会因此羞辱软弱、贪婪之人；即便自身正直不结党营私，也不会因此嫌弃邪僻偏私之人；即便自身地位尊贵、衣服华美，也不会炫耀并欺负低贱、贫穷之人。这是为什么呢？假若迷路的人肯听从、请教熟悉情况的人，就不会迷路了。如今众人都希望成功反而遭受失败，就在于自己不知道道理而又不肯请教智者、听从能者。众人不肯请教智者、听从能者，若圣人硬要去以他们所要遭受的灾祸失败指责他们，反而会给自己惹来怨恨。众人多而圣人少，少不能胜多，这是常理。如今做出与天下结仇怨之事，并非全身、长生之道，所以圣人只能自身坚守正道来引导、匡正众人了。所以老子说圣人要："方正而不尖刻，廉洁而不锐利，正直而不放纵，光荣而不炫耀。"

经典解读

詹何具有前识，不看便能推知事情真相，韩非子认为这既耗费精力，又没有用处，具有这种才智，对个人、国家都没有太大的益处，这就是老子所谓的"浮华之道"。可见韩非子是个很看重实际的人，他看重才智在现实生活中的运用，看重事情能够取得的功效、结果，而不注重虚名虚誉。他在为政治国上也持有这样的观点，所以主张以功授爵、以事授禄，反对推崇那些高谈阔论、徒有虚名的"贤人""智士"。由此可见，韩非子的"道"，和其他道家学者所谈论的"道"大不相同。韩非子的"道"是能够运用与实践的道，是具体的法度，而不是什么虚无缥缈的大道理。

可以说，"务实"是法家学者最大的优点之一。他们所谈论的道理都是切合当时社会实情的，他们所提出的方法都是针对现实弊端的，他们所倡导的主张必然是能解决当务之急的。他们立足现实，讲求实用，反对浮华、虚无，反对清谈、空想，这是历代为政者都需要注意的问题。历史上有像王莽那样，追求儒家圣人的治国方式，脱离实际而导致亡国的；有像西晋那样王公大臣们都好清谈大道而亡国的；有像梁武帝那样，极度崇佛而亡国的……这些为政者就是为政不顾实际，只知道空想，不关注民众的现实需求，不解决社会迫切需要解决的问题，而丢失了民心、天下。

不单单是治理国家，在个人追求上也应该有"务实"的态度。一个人所追求的东西，不能脱离生活太远；脱离生活太远，就会空耗精力，而少有实际收获。很多人具有一些小特长，便自矜自喜，沉溺于被别人称为"达人"的光环之中，在这些事上耗费太多的精力，反而耽误了生活中真正应该去做的事情。就如子夏所说："虽小道，必有可观者焉，致远恐泥，是以君子不为也。"对于那些既耗费精力，又对现实没有太大帮助的事情，真正的智者是不会去追求的。

注重实际，就不可妄行：做事必须遵守客观规律，处世必须遵循法律制度。如此便不会违背自然规律而受到天地的惩罚，不会违背国家法律而受到君主的刑戮；如此才会得到自己所希望的富贵全寿，而免除贫贱夭死；如此才算是遵循了"大道"，才算是不迷，才是有大智慧者的所作所为。世人就是因为喜欢妄行，违背自然规律，违背国家法度，才会多有疾病伤痛，常遭惩罚刑戮。韩非子对《老子》这些章节的解读，就是要告诉人们尊重客观规律，遵守法律制度，注重实际，避免空谈，不可妄行。

　　聪明睿智，天也；动静思虑，人也。人也者，乘于天明以视，寄于天聪以听，托于天智以思虑。故视强，则目不明；听甚，则耳不聪；思虑过度，则智识乱。目不明，则不能决黑白之分；耳不聪，则不能别清浊之声；智识乱则不能审得失之地。目不能决黑白之色则谓之盲，耳不能别清浊之声则谓之聋，心不能审得失之地则谓之狂。盲则不能避昼日之险，聋则不能知雷霆之害，狂则不能免人间法令之祸。书①之所谓"治人"者，适动静之节，省思虑之费也。所谓"事天"者，不极聪明之力，不尽智识之任。苟极尽，则费神多；费神多，则盲聋悖狂之祸至，是以啬②之。啬之者，爱其精神，啬其智识也。故曰："治人事天莫如啬。"

　　众人之用神也躁，躁则多费，多费之谓侈。圣人之用神也静，静则少费，少费之谓啬。啬之谓术也，生于道理。夫能啬也，是从于道而服于理者也。众人离于患，陷于祸，犹未知退，而不服从道理。圣人虽未见祸患之形，虚无服从于道理，以称蚤服。故曰："夫谓啬，是以蚤服。"

　　知治人者，其思虑静；知事天者，其孔窍虚。思虑静，故德不去；孔窍虚，则和气日入；故曰："重积德"。夫能令故德不去，新和气日至者，蚤服，者也。故曰："蚤服是谓重积德。"积德而后神静，神静而后和多，和多而后计得，计得而后能御万物，能御万物则战易胜敌，战易胜敌而论必盖世，论必盖世，故曰"无不克"。无不克本于重积德，故曰"重积德，则无不克"。战易胜敌，则兼有天下；论必盖世，则民人从。进兼天下而退从民人，其术远，则众人莫见其端末。莫见其端末，是以莫知其极，故曰："无不克则莫知其极"。

　　凡有国而后亡之，有身而后殃之，不可谓能有其国、能保其身。夫能有其国，必能安其社稷；能保其身，必能终其天年；而后可谓能有其国、能保其身矣。夫能有其国、保其身者，必且体道，体道，则其智深；其智深，则其会③远；其会远，众人莫能见其所极。唯夫能令人不见其事极，不见事极者为保其身、有其国，故曰："莫知其极"。"莫知其极，则可以有国"。

所谓"有国之母"：母者，道也；道也者，生于所以有国之术；所以有国之术，故谓之"有国之母"。夫道以与世周旋者，其建生也长，持禄也久，故曰："有国之母，可以长久。"树木有曼根，有直根。直根者，书之所谓"柢"也。柢也者，木之所以建生也；曼根者，木之所以持生也。德也者，人之所以建生也；禄也者，人之所以持生也。今建于理者，其持禄也久，故曰："深其根。"体其道者，其生日长，故曰："固其柢。"柢固则生长，根深则视久，故曰："深其根，固其柢，长生久视之道也。"

注　释

①指《老子》，第五十九章："治人事天，莫若啬。"

②啬：节俭。

③会：计虑。

译　文

聪明睿智是天性，动静思虑是人事。为人行事，要依托天赋的明目去看，依托天赋的聪耳去听，依托天赋的才智去思虑。所以，看得过度眼睛就不再明亮，听得过度耳朵就不再灵敏，思虑过度则智力混乱。眼睛不明亮则不能辨别事物的黑白，耳朵不灵敏就不能辨别声音的清浊，智力混乱则不能审察事物的得失。眼睛不能辨别事物的黑白，就称为"盲"；耳朵不能辨别声音的清浊，就称为"聋"；心智不能审察事物的得失，就称为"狂"。眼盲则不能躲避白日的危险，耳聋则不能知晓雷霆的危害，心狂就不能躲避触犯社会法令的灾祸。老子《德经》中所谈论的"治人"，就是说要动静适宜，节省思虑；所谈的"事天"，就是说要不极尽聪明，不用尽智巧。若极尽聪明，则多费精神；多费敬慎则眼盲、耳聋、内心狂悖的祸患都会到来，所以要节俭。节俭，是说珍爱其敬慎，省用其才智。所以老子说："治人、事天，没有比节俭更重要的。"

一般的人用神浮躁，浮躁就浪费，浪费就叫作奢侈。圣人用神安静，安静就少费，少费就叫作节俭。节俭作为一种方法，也是产生于道理的。能够节俭，就是依循大道而服从事理的。一般的人遭受忧患，陷入灾祸，还不知道退怯，而不服从道理。圣人即便未曾看到灾祸苗头，就能清虚无为而服从于道理，则称之为"早服"。所以老子说："圣人正因为节俭，所以能够早服。"

懂得治人的人，其思虑虚静；懂得事天的人，其孔窍畅通。思虑虚静，则旧德不会丧失；孔窍畅通，则和气每天摄入，所以说这是"重积德"。能够使旧德不丧失，和气每日新至的，就是早服。所以老子说："早服就是重积德。"积德之后精神宁静，精神宁静而后和气多，和气多而后计虑得当，计虑得当而后能驾驭万物，能驾驭万物则战争就容易胜敌，战争容易胜敌则理论称雄于世，理论称雄于世，就称之为"无不克"。无不克以重积德为本，所以老子说："重积德，则无不克。"战争容易胜敌则能兼有天下，理论称雄于世则民众服从。进能兼并天下，退能得到民众，这种道术十分深奥，众人不能窥见其首尾。不能窥见其首尾，所以不能知道他的究竟，所以老子说："无不克则没人知道它的究竟。"

凡拥有国家而后却灭亡了的，拥有身体而后却伤害了的，不可称其为能拥有国家、保全身体的。能够拥有国家的人，必定能安其社稷；能够保全其身的人，必定能终其天年；而后才可称为能拥有国家、保全身体的。能拥有其国家、保全其身体的人，必定能去实践"道"，能够实践道，则其智慧深，其智慧深则其计谋远，其计谋远则众人都不能窥见其究竟。唯有使人不能窥见其究竟的人，才能保全自身、保有其国，所以老子说："莫知其究竟。唯有莫知其究竟，才能保有国家。"

所谓"有国之母"，"母"，就是道。道产生于保有国家的方法，因为是保有国家的方法，所以称之为"有国之母"。依循道来与世周旋的，他的生命就会长久，他保有爵禄也能久远，所以老子说："有国之母，可以长久。"树木有蔓根，有直根。直立的主根，就是树的"柢"。柢，就是树木所能够赖以生存的根基；蔓根，就是树木赖以生长的基础。德，就是人赖以生存的根基；禄，就是人赖以生长的基础。假若能依据道理立身，则其保有爵禄也能久远，所以说要"加深它的蔓根"。能够践行道，其生命就能长久，所以说要"巩固它的主根"。主根巩固、蔓根加深了，就可以长生久视，所以老子说："加深其蔓根，巩固其主根，这就是长久生存的道理。"

经典解读

真正的智者无论做什么都努力顺应自然规律，不会凭借自己的聪明才智而追求违背规律的事情。顺应规律，成事容易而花费的精力很少；违背规律，成事困难而耗费的精力却很大。精力耗竭则智力混乱、眼睛不明、耳朵不聪，不能辨黑白、别是非，这就是昏聩、迷乱。所以，圣人行事都依循大道，不过多损耗自己的精力，因此能够成就事业、取得功名。

普通人难以理解大道，所以圣人制定法律来约束他们，使他们明白各种行事的原则。对这些法律制度的敬畏，就是对道的敬畏，这也是一般人能免除刑戮、成就功业的原则。而那些狂悖惑乱之人则不然，他们自恃聪明有才，轻视国家的法律制度，肆意妄为，最终不仅难以成就功业，反而会遭受刑罚。好好遵守规律、法度，看似平庸，却是真正的大智慧；追求新奇、逞才弄智，看似有智慧，其实却是真正的愚蠢。

万物都有根基，国家有国家的根基，个人有个人的根基，根深柢固生命便会长久、旺盛。国家的根基，便是以法治国、重视耕战、以功授爵这些治国方针；个人的根基便是以德立身，遵纪守法这些行事原则。这些方针、原则，必须严格遵守，而不能因为头脑中有什么新奇想法，便妄加改变；不能好高骛远，将精力花费在空谈阔论、标新立异等事情上。

原文 4

工人数变业则失其功，作者数摇徙①则亡其功。一人之作，日亡半日，十日则亡五人之功矣。万人之作，日亡半日，十日则亡五万人之功矣。然则数变业者，其人弥众，其亏弥大矣。凡法令更则利害易，利害易则民务变，务变之谓变业。故以理观之：事大众而数摇之，则少成功；藏大器而数徙之，则多败伤；烹小鲜而数挠②之，则贼其泽；治大国而数变法，则民苦之。是以有道之君贵静，不重变法。故曰："治大国者若烹小鲜。"

人处疾则贵医，有祸则畏鬼。圣人在上，则民少欲，民少欲，则血气治而举动理；举动理，则少祸害。夫内无痤疽瘅痔之害，而外无刑罚法诛之祸者，其轻恬鬼也甚，故曰："以道莅③天下，其鬼不神。"治世之民，不与鬼神相害也，故曰："非其鬼不神也，其神不伤人也。"鬼祟也疾人之谓鬼伤人，人逐除之之谓人伤鬼也。民犯法令之谓民伤上，上刑戮民之谓上伤民。民不犯法，则上亦不行刑；上不行刑之谓上不伤人；故曰："圣人亦不伤民。"上不与民相害，而人不与鬼相伤，故曰："两不相伤。"民不敢犯法，则上内不用刑罚，而外不事利其产业①；上内不用刑罚、而外不事利其产业，则民蕃息，民蕃息而畜积盛，民蕃息而畜积盛之谓有德。凡所谓祟者，魂魄去而精神乱，精神乱则无德。鬼不祟人则魂魄不去，魂魄不去而精神不乱，精神不乱之谓有德。上盛畜积，而鬼不乱其精神，则德尽在于民矣。故曰："两不相伤，则德交归焉。"言其德上下交盛而俱归于民也。

有道之君，外无怨仇于邻敌，而内有德泽于人民。夫外无怨仇于邻敌者，其遇诸侯也外有礼义。内有德泽于人民者，其治人事也务本。遇诸侯有礼义，则役希起；治民事务本，则淫奢止。凡马之所以大用者，外供甲兵，而内给淫奢也。今有道之君，外希用甲兵，而内禁淫奢。上不事马于战斗逐北，而民不以马远淫通物，所积力唯田畴，积力于田畴必且粪灌，故曰："天下有道，却走马以粪也。"

人君者无道，则内暴虐其民，而外侵欺其邻国。内暴虐则民产绝，外侵欺则兵数起。民产绝，则畜生少；兵数起，则士卒尽。畜生少，则戎马乏；士卒尽，则军危殆。戎马乏，则将马出；军危殆，则近臣役。马者，军之大用；郊者，言其近也。今所以给军之具于将马近臣，故曰："天下无道，戎马生于郊矣。"

注　释

①摇徙：改变事业。

②挠：翻动、搅动。

③莅：临、治理。

④不事利其产业：指无为而治，以有利于民众从事生产。

译　文

　　工人屡次变换职业，就没有功劳；创作者屡屡变动事业，就失去功绩。一个人的劳作，一天浪费半天，十天则浪费五个人的功劳。万人劳作，每天浪费半天，十天则浪费五万人的功劳。然则屡屡变换职业的人，人数越多，损失就越大。凡事法令变更，利害的情况就随之改变；利害情况改变，民众的业务也会随之变化。业务变化，就称为"变业"。故按照道理来看，役使民众而屡屡变更法令，则很少能够成功；珍藏重器而屡屡迁徙，则必然很多损毁；烹煎小鱼而屡屡翻动，就会损害它的色泽；治理大国而屡屡变更法令，民众就会疾苦不堪。所以，有道之君以虚静无为为贵，不崇尚随意变更法令。所以老子说："治理大国，就如烹煎小鱼一样。"

　　人生病了就看重医生，遇到祸患就畏惧鬼神。圣人在上，民众欲望就少；民众欲望少，血气就协调，举动就合理，如此祸患灾害也就少了。在内不会有痤疽瘅痔等疾病，在外不会遭刑罚诛杀的灾祸，那么对鬼神就会十分轻视。所以老子说："依循道来治理天下，鬼神就不灵了。"生于治世的民众不与鬼神相互伤害，所以老子又说："并非说鬼神不灵验了，而是鬼神不伤害人民。"鬼祟作怪使人生病叫作鬼伤人，人驱逐鬼神叫作人伤鬼；民众触犯法令叫作民伤君，君主刑戮百姓叫作君伤民；民众不触犯法令则君主也不用施加刑罚，君主不施加刑罚就叫作君不伤民；所以老子说："圣人也不伤害民众。"君主不与民众相互伤害，世人不与鬼神相互伤害，所以说："两不相伤。"民众不敢触犯法令，则君主对内不用刑罚，在外无为而治以利于民众治理产业；君主在内不用刑罚，在外无为而治以利于民众治理产业，则民众生息兴旺，民众生息兴旺则积蓄丰盛，民众生息兴旺而积蓄丰盛，就叫作有德。但凡所谓的鬼神作祟，就是指人魂魄丢失而精神错乱，精神错乱就为无德。鬼神不作祟则人的魂魄不失、精神不乱，精神不乱就为有德。君主使民众积蓄丰盛，而鬼神不扰乱民众的敬慎，那么德就都存在于人民之中了。所以老子说："两不相伤，则德交相归属。"就是说上下两方面的德一齐兴盛起来而同归于民众。

有道之君，在外和邻国没有仇怨，在内有恩德于人民。在外无仇怨于邻国，则其对待诸侯就表现得有礼义；在内有恩德于人民，则其治理人事也务力根本。对待诸侯有礼义，战事就很少发生；治理民众务力根本，荒淫奢靡之事就禁止了。一般马的大用处，就是在外满足打仗需求，在内供给奢靡享乐。有道之君，在外很少用兵，在内禁止奢靡。君主不用马匹进行战争、追击败敌，民众不用马匹到处游荡运输货物，所以马匹积蓄起来的力量才都用在农耕之上。马匹积蓄起来的力量都用在农耕之上，必将用它们来施肥、灌溉，所以老子说："天下有道之时，就会将奔走的马匹停下来，让它们为农田施肥。"

君主无道，在内就会暴虐其民众，在外就会侵凌其邻国。在内暴虐则民众生产断绝，在外侵凌则战争屡起。民众生产断绝，则牲畜减少；战争屡起，则士卒耗尽。牲畜减少，则战马匮乏；士卒耗尽，则军情危殆。战马匮乏则怀孕的母马就要被用来出征；军情危殆，则君主的近臣都要去服役。马，在军事上有巨大的作用；郊外，是说距离国都很近。用来供给战事的是孕马、近臣，所以老子说："天下无道，战马就会在郊外产驹。"

经典解读

对于老子"治大国如烹小鲜"，很多人都侧重于从治国需要以小心谨慎之态度的角度理解，即认为这句话告诉人们治理国家要常怀"战战兢兢，如临深渊，如履薄冰"的心态，不可有一毫懈怠、大意；而韩非子则认为这是在说明君治国当以虚静无为为贵，不崇尚随意变更法令。这两种说法都很有道理，而韩非子的解读则更能为其"重视法治""尊重律法"等观点提供依据，是与其上面对《老子》各章节解读一贯相承的。

法律经常改变，就会丧失其威严性，民众就会无所适从，就会轻慢法律，轻视执法者。因此而导致法律被轻视，民众轻易地触犯法律，就是违法者本人的玩事妄行。所以，古代善于执政的人都看重法律，而不轻易进行改变。楚国令尹孙叔敖就是这样的人，一次，楚庄王忽然觉得楚国通行的钱币太轻了，便立刻下令改铸大币。这样一来，老百姓觉得很不方便，商人更是蒙受了损失，不愿继续经商了。孙叔敖察知了这些情况，便立刻去见楚庄王，向他陈说改变币制的危害，请求他恢复原来的币制，楚庄王答应了。结果几天以后，市场就恢复了正常，人们生活也恢复如初。还有以此，楚庄王忽然觉得楚国人坐的车子太矮，不美观、不实用，于是想制定法令规定人们必须乘坐高车。孙叔敖知道以后，便劝谏说："这样的小事都经常制定法令规定，民众就会觉得法令是无关轻重的小事，就会轻视法律。即便真正有必要改变法律时，也都没有人再会重视了。"他劝楚庄王说与其更改法令，不如提高一下城门门槛的高度，使矮车通过不方便，那些坐矮车的人觉得不方便，自己就会改乘高车了，这样目的达到了，还不用更改法令。楚庄王于是采取了他的劝谏。

明君能够依法治国，所以可以将国家治理得井井有条；民众敬畏法律，遵从法律，才不会轻易触犯刑律。若为政者朝令夕改，自己对法律都不尊重，那民众又怎么会重视呢？即便他们自己想遵守，又如何能够了解那么多改来改去的内容呢？而那些执法的官吏，在面对改来改去的法令时，又怎么能够严格执法呢？官吏不能严格执法，就会为所欲为，或是荒忽懈怠，吏治也就坏掉了。百姓不知所从，就会侥幸投机犯罪，若不受惩罚，他们在邪僻之路上就会越走越远；若受到刑罚，他们又会因为法令多变而找借口，对官府心怀怨恨、不服，这样投机取巧的人越来越多，而社会也就混乱了。这就是君主伤害民众，伤害国家，必然会取怨于百姓，最终失去自己的权威、地位。所以说，君主要想治好国家、保全自己的权势地位，就必须重视法律，不能胡乱更改法令。

原文 5

> 　　人有欲，则计会乱；计会乱，而有欲甚；有欲甚，则邪心胜；邪心胜，则事经绝[①]；事经绝，则祸难生。由是观之，祸难生于邪心，邪心诱于可欲。可欲之类，进则教良民为奸，退则令善人有祸。奸起，则上侵弱君；祸至，则民人多伤。然则可欲之类，上侵弱君而下伤人民。夫上侵弱君而下伤人民者，大罪也。故曰："祸莫大于可欲。"是以圣人不引五色，不淫于声乐，明君贱玩好而去淫丽。

人无毛羽，不衣则不犯②寒；上不属天，而下不着地，以肠胃为根本，不食则不能活；是以不免于欲利之心。欲利之心不除，其身之忧也。故圣人衣足以犯寒，食足以充虚，则不忧矣。众人则不然，大为诸侯，小余千金之资，其欲得之忧不除也，胥靡有免，死罪时活，今不知足者之忧，终身不解，故曰："祸莫大于不知足。"

故欲利甚于忧，忧则疾生，疾生而智慧衰，智慧衰则失度量；失度量则妄举动，妄举动则祸害至祸害至而疾婴内；疾婴内则痛祸薄③外；痛祸薄外则苦痛杂于肠胃之间；苦痛杂于肠胃之间则伤人也憯④，憯则退而自咎，退而自咎也生于欲利，故曰："咎莫憯于欲利。"

注　释

①事经绝：指办事的原则消失。

②犯：胜、抵御得住。

③薄：侵扰。

④憯：惨痛。

译　文

人有欲望，计划谋就会混乱；计划谋虑混乱，欲望就会更盛；欲望更盛，则奸邪之心就会占上风；奸邪之心占上风，办事的准则就会消失；办事的准则消失，灾祸就会产生。由此看来，灾祸产生于奸邪之心，奸邪之心诱发于可欲之事。可欲之类，进一步能诱使好人为奸，退一步能给善人带来灾祸。奸邪起则向上侵弱君主，灾祸至则民众多受伤害。则可欲之类，向上侵弱君主，向下伤害人民。向上侵弱君主、向下伤害民众，都是大罪。所以老子说："祸患没有比可引起人的欲望之类更大的了。"所以，圣人不受五色的引诱，不沉溺于音乐；明君轻视珍贵的万物，抛弃过分华丽的东西。

人没有毛羽，不穿衣服就不能抵御寒冷；上不接天、下不着地，以肠胃为根本，不进食则不能存活。因此，人们不能免除利欲之心，可过分的利欲之心不消除，就会成为自身的忧患。所以，圣人衣服足以抵御严寒，食物足以填饱肚子，就没有忧患了。众人则不然，大的贵为诸侯，小的积有千金之财，贪得的忧患都不能接触。轻罪可以得到免除，死罪有时尚且能活下去，但不知足的忧患却终身都难以消解，所以老子说："灾祸没有比不知足更大的了。"

贪欲过盛就会陷入忧愁，忧愁就会导致疾病，得病智力就衰退；智力衰退，行为就会失去准则；行为失去准则，就会轻举妄动；轻举妄动，灾祸就会到来；灾祸到来，疾病就会缠绕内心；疾病缠绕内心，则病痛就会向外侵扰；病痛向外侵扰，痛苦就会积聚在肠胃之间；痛苦积聚在肠胃之间，伤害人就惨痛了；惨痛就会退而悔恨愧疚。由此看来，退而悔疚也由贪欲之上得来，所以老子说："没有比贪欲更惨痛的过失了。"

经典解读

老子说："五色令人目盲，五音令人耳聋，五味令人口爽，驰骋畋猎令人心发狂。"人的欲望太多，内心就会迷；内心迷乱，就会走上奸邪；走上奸邪就会败德亡身。所以，殷纣王使用象牙的筷子，箕子就知道他的欲望将会难以收敛，天下将难以承受，殷商最终将以此灭亡。所以，明君以虚静无欲的原则处身治国，既不会放纵自己的欲望而给天下带来危害，也不会放纵民众的欲望而使他们走向奸邪之路。所以，他们修身养德，以节俭立身；所以他们顺从自然之道，以啬为宝，节用自己的精神；所以他们制定相关的法令，抑制民众过度的欲望，使他们"无知无欲"，清除他们奸邪不当、好高骛远、新奇怪异的想法。

没有比欲望太多更惨重的灾祸，夏桀、殷纣欲望太多而丢失天下，智伯、夫差欲望太多而丢掉国家，普通人因为欲望太多而丢掉性命、财产的就更多得数不胜数了。欲望让人头脑迷乱，让人不知轻重、不分本末，让人看不到灾祸、不知忧患。所以，无论一个人身处什么地位，是普通民众，还是一国之君，都应该克制自己过度的欲望，时刻保持警慎之心。

原文 6

道者，万物之所然也，万理之所稽①也。理者，成物之文也；道者，万物之所以成也。故曰："道，理之者也。"物有理，不可以相薄；物有理不可以相薄，故理之为物之制。万物各异理，而道尽稽万物之理，故不得不化；

不得不化，故无常操。无常操，是以死生气禀焉，万智斟酌焉，万事废兴焉。天得之以高，地得之以藏，维斗得之以成其威，日月得之以恒其光，五常得之以常其位，列星得之以端其行，四时得之以御其变气，轩辕得之以擅四方，赤松得之与天地统②，圣人得之以成文章。道与尧、舜俱智，与接舆俱狂，与桀、纣俱灭，与汤、武俱昌。以为近乎，游于四极；以为远乎，常在吾侧；以为暗乎，其光昭昭；以为明乎，其物冥冥；而功成天地，和化雷霆，宇内之物，恃之以成。凡道之情，不制不形，柔弱随时，与理相应。万物得之以死，得之以生；万事得之以败，得之以成。道譬诸若水，溺者多饮之即死，渴者适饮之即生。譬之若剑戟，愚人以行忿则祸生，圣人以诛暴则福成。故得之以死，得之以生，得之以败，得之以成。

人希见生象也，而得死象之骨，案其图以想其生也，故诸人之所以意想者皆谓之"象"也。今道虽不可得闻见，圣人执其见功以处见其形，故曰："无状之状，无物之象。"

凡理者，方圆、短长、粗靡、坚脆之分也。故理定而后可得道也。故定理有存亡，有死生，有盛衰。夫物之一存一亡，乍死乍生，初盛而后衰者，不可谓常。唯夫与天地之剖判也具生，至天地之消散也不死不衰者谓"常"。而常者，无攸易，无定理。无定理，非在于常所，是以不可道也。圣人观其玄虚，用其周行，强字③之曰"道"，然而可论，故曰："道之可道，非常道也。"

人始于生而卒于死。始之谓出，卒之谓入，故曰："出生入死。"人之身三百六十节，四肢，九窍，其大具也。四肢与九窍十有三者，十有三者之动静尽属于生焉。属之谓徒也，故曰："生之徒也，十有三者。"至死也，十有三具者皆还而属之于死，死之徒亦有十三，故曰："生之徒十有三，死之徒十有三。"凡民之生生，而生者固动，动尽则损也；而动不止，是损而不止也，损而不止则生尽；生尽之谓死，则十有三具者皆为死地也。故曰："民之生，生而动，动皆之死地，亦十有三。"

是以圣人爱精神而贵处静。不爱精神不贵处静，此甚大于兕虎之害。夫兕虎有域，动静有时，避其域，省其时，则免其兕虎之害矣。民独知兕虎之有爪角也，而莫知万物之尽有爪角也，不免于万物之害。何以论之？时雨降集，旷野闲静，而以昏晨犯山川，则风露之爪角害之。事上不忠，轻犯禁令，则刑法之爪角害之。处乡不节，憎爱无度，则争斗之爪角害之。嗜欲无限，动静不节，则痤疽之爪角害之。好用其私智而弃道理，则网罗之爪角害之。兕虎有域，而万害有原，避其域，塞其原，则免于诸害矣。凡兵革者，所以备害也。重生者，虽入军无忿争之心；无忿争之心，则无所用救害之备。此非独谓野处之军也。圣人之游世也，无害人之心，则必无人害；无人害，则不备人。故曰："陆行不遇兕虎。"入山不恃备以救害，故曰："入军不备甲兵。"远诸害，故曰："兕无所投其角，虎无所错其爪，兵无所容其刃。"不设备而必无害，天地之道理也。体天地之道，故曰："无死地焉。"动无死地，而谓之"善摄生"矣。

注　释

①稽：依据。

②赤松：赤松子，传说中的神人。与天地统，即与天地同寿。

③字：命名。

译　文

道是万物的最初本源，是万理的最终依据。理，是万物体现出来的规律；道，是万物之所以存在这些规律的根本。所以说："道，就是使万物呈现出理的源头。"万物有了理，便不能相互侵犯；万物有了理便不能相互侵犯，所以理是对万物的制约。万物之理各不相同，万物之理各不相同，而道能完全包含它们。道汇合了万物之理，所以不能不随时变化；不能不随时变化，所以没有恒常的形式；没有恒常的形式，所以死生之气由它而赋予，一切智慧由它而发授，万物兴废由它而决定。天得道而高升，地得道而深藏；维系众星的北斗得道而成其威势，照耀天地的日月得道而保持光辉；金、木、水、火、土，五星得道而长守其位，众星得道，而得道而有序运行，春夏秋冬四时得道而控制节气；轩辕得道以统治四方，赤松得道而与天地齐寿，圣人得道而成就其道德文章。道体现在尧、舜身上便是智慧，体现在接舆身上便是狂放，体现在桀、纣身上便是灭亡，体现在汤、武身上便是昌盛。认为它近，它却远游四方；认为它远，它却常在身边；认为它暗淡，它却光明昭昭；认为它光明，它却昏昏冥冥。它的功效造成天地，积化雷霆，宇宙万物，无不依靠它而存在。但凡道的实情，不制作、不显露，随时柔弱，与理相应。万物得道而死，得道而生；万事得道而败，得道而成。道就如水一样，溺水者喝多了就死亡，口渴者适量饮用就生存。道就如剑戟一样，愚人用来泄愤行凶就会引来灾祸；圣人用来诛除暴乱就会得道福泽。所以说，得道而死，得道而生，得道而败，得道而成。

人们很少见到活象，却能看到死象的骨骼，依据骨骼的样子来想大象活着的样子，所以将人们想出来的形象都称之为"象"。如今道虽然不能闻得、看到，圣人却能依据其功效而推得他的形象，所以老子说："道是没有显露形状的形状，没有具体实物的物象。"

理，就是指方圆、长短、粗细、坚脆的区别。所以理确定以后，才能进一步掌握道。因此，确定的理也有存亡、死生、盛衰等变化。万物有存有亡，忽生忽死，先盛后衰，都不能称为恒常。只有那些同天地的开辟一同产生，到天地消散之时也不死不衰的才能称作恒常。恒常，就是没有变化，没有定理。没有定理，不处于固定的场所，因此无法说明。圣人观察它的虚实，依据它的变化规律，勉强将其命名为"道"，然后才能对其加以论说，所以老子说："道可道，非常道。"

人开始于出生，结束于死亡。开始叫出，结束叫入，所以老子说："出生入死。"人的身体分三百六十个部件，四肢、九窍，是七种重要的部分。四肢、九窍共十三件，这十三个部分的一动一静都属于生存的形式。属就称为"徒"，所以老子说："生之徒也十有三者。"到人死之后，这十三个部分都反过来归属于死亡的范畴，所以死亡之属也有十三件，所以老子说："生之徒十有三，死之徒十有三。"民众生息不止，而生者本就要运动，运动过度则损害生命；运动不停止，损害也就不会停止，损害不停止，则生命就要耗尽；生命耗尽就是死亡，则那十三个部分都要最终都要走向死亡之地。所以老子说：

"民众活着，活着就要运动，运动就都要走向死亡，十三个部分也都是如此。"

因此圣人爱惜精神而推崇虚静，不爱惜精神、不推崇虚静的危害比老虎、犀牛还要大。犀牛、老虎有活动的地域，动静都有一定的世间，避开它们的活动取与，观察它们的活动时间，则能免去犀牛、老虎的危害了。民众独独知道犀牛、老虎有伤害的爪角，而不知道万物都有爪角，所以不能避免万物对自己生命的伤害。怎么这样说呢？时雨骤集，原野清静，若在黄昏、清晨跋山涉水，则风露的爪角就会伤害他。事君不忠，轻犯禁令，则刑法的爪角就会伤害他。居乡无节，爱憎无常，则争斗的爪角就会伤害他。嗜欲无度，动静不节，则疾病的爪角就会伤害他。好用私智，背弃道理，则网罗的爪角就会伤害他。犀牛、老虎有活动的取与，各种祸害也有它们的根源，避免它们活动的区域，堵塞他们到来的根源，也就能免除各种祸害了。但凡武器铠甲，都是用来防备侵害的。重视生命的人，即便当了兵也没有忿怒争斗之心；没有忿怒争斗之心，就无须使用防备伤害的设备。这不只是说处在野外的军队，圣人在世上活动，也没有害人之心，没有害人之心，则必然没有人来伤害他，没有伤害他，就无须防备别人。所以老子说："圣人在陆地上行走，不会遇到犀牛、老虎。"圣人进入山林，也能不倚恃防御设备而避免灾害，所以说："进入军队也不用准备武器、铠甲。"圣人能够远离各种祸害，所以说："犀牛没有地方使用它的利角，老虎无处使用它的爪子，兵器无处使用它的锋刃。"不采取防御措施，而必然能免除祸害，这是天地自然之道。圣人体悟天地自然之道，所以说："不会陷入死亡之地。"活动不会接近死地，就可以叫作"善于养生"了。

经典解读

道就是客观存在的规律，它难以觉察，难以具体言说，但确确实实是存在的。愚者不能体悟到它，所以轻视大道，肆意妄为而无所顾忌，恣肆地追逐欲望而不加节制，最终陷入危殆，身败名裂。智者则能够体悟大道的存在，主动顺从它，无论动静都不违背自然规律，才能够避免祸患，成就功名。顺从道来行事，就如顺水行舟，取得了功业却不会耗费太多的精神；违逆道来行事，就如逆水行舟，精力花费太多而功业却不一定能够取得。所以智者让自己行事与道相合，而不妄动，他们推崇虚静无为，提倡无为而治；愚者则不顾道法如何，好用私智，背弃规律，最终误国误己。

总之，韩非子对老子之道的这些解读，还是告诉人们要守道、守法，不逞智巧，不胡乱妄为。

原文 7

爱子者慈于子，重生者慈于身，贵功者慈于事。慈母之于弱子也，务致其福；务致其福，则事除其祸；事除其祸，则思虑熟；思虑熟，则得事理；得事理，则必成功；必成功，则其行之也不疑；不疑之谓勇。圣人之于万事也，尽如慈母之为弱子虑也，故见必行之道。见必行之道则明，其从事亦不疑；不疑之谓勇。不疑生于慈，故曰："慈故能勇。"

周公曰："冬日之闭冻也不固，则春夏之长草木也不茂。"天地不能常侈常费，而况于人乎？故万物必有盛衰，万事必有弛张，国家必有文武，官治必有赏罚。是以智士俭用其财则家富，圣人爱宝其神则精盛，人君重战其卒①则民众。民众则国广，是以举之曰："俭故能广。"

凡物之有形者易裁②也，易割③也。何以论之？有形，则有短长；有短长，则有小大；有小大，则有方圆；有方圆，则有坚脆；有坚脆，则有轻重；有轻重则有白黑。短长、大小、方圆、坚脆、轻重、白黑之谓理。理定而物易割也。故议于大庭而后言则立，权议之士知之矣。故欲成方圆而随其规矩，则万事之功形矣。而万物莫不有规矩，议言之士，计会规矩也。圣人尽随于万物之规矩，故曰："不敢为天下先。"不敢为天下先，则事无不事，功无不功，而议必盖世，欲无处大官，其可得乎？处大官之谓为成事长。是以故曰："不敢为天下先，故能为成事长。"

慈于子者不敢绝衣食，慈于身者不敢离法度，慈于方圆者不敢舍规矩。故临兵而慈于士吏则战胜敌，慈于器械则城坚固。故曰："慈，于战则胜，以守则固。"夫能自全也而尽随于万物之理者，必且有天生。天生也者，生心也，故天下之道尽之生也。若以慈卫之也，事必万全，而举无不当，则谓之宝矣。故曰："吾有三宝，持而宝之。"

　　书之所谓"大道"也者，端道也。所谓貌"施"也者，邪道也。所谓"径"大也者，佳丽①也。佳丽也者，邪道之分也。"朝甚除"也者，狱讼繁也。狱讼繁则田荒，田荒则府仓虚，府仓虚则国贫，国贫而民俗淫侈，民俗淫侈则衣食之业绝，衣食之业绝则民不得无饰巧诈，饰巧诈则知采文，知采文之谓"服文采"。狱讼繁，仓廪虚，而有以淫侈为俗，则国之伤也若以利剑刺之。故曰："带利剑。"诸夫饰智故以至于伤国者，其私家必富；私家必富，故曰："资货有余。"国有若是者，则愚民不得无术而效之；效之则小盗生。由是观之，大奸作则小盗随，大奸唱则小盗和。竽也者，五声之长者也，故竽先则钟瑟皆随，竽唱则诸乐皆和。今大奸作则俗之民唱，俗之民唱则小盗必和。故"服文采，带利剑，厌饮食，而货资有余者，是之谓盗竽矣"。

　　人无愚智，莫不有趋舍。恬淡平安，莫不知祸福之所由来。得于好恶，怵⑤于淫物，而后变乱。所以然者，引于外物，乱于玩好也。恬淡有趋舍之义，平安知祸福之计。而今也玩好变之，外物引之；引之而往，故曰："拔。"至圣人不然；一建其趋舍，虽见所好之物不能引，不能引之谓"不拔"；一于其情，虽有可欲之类，神不为动，神不为动之谓"不脱"。为人子孙者，体此道，以守宗庙，宗庙不灭之谓"祭祀不绝"。身以积精为德，家以资财为德，乡国天下皆以民为德。今治身而外物不能乱其精神，故曰："修之身，其德乃真。"真者，慎之固也。治家，无用之物不能动其计，则资有余，故曰："修之家，其德有余。"治乡者行此节，则家之有余者益众，故曰："修之乡，其德乃长。"治邦者行此节，则乡之有德者益众，故曰："修之邦，其德乃丰。"莅天下者行此节，则民之生莫不受其泽，故曰："修之天下，其德乃普。"修身者以此别君子小人，治乡治邦莅天下者各以此科适观息耗，则万不失一。故曰："以身观身，以家观家，以乡观乡，以邦观邦，以天下观天下，吾奚以知天下之然也以此。"

注　释

①重战其卒：指慎重地使用士卒进行战争。

②裁：判断。

③割：分析。

④佳丽：指文采斐然小道。

⑤怵：被……所诱惑。

译 文

喜爱孩子的人对孩子慈爱，重视生命的人对身体爱惜，看重功业的人对事务珍惜。慈母对于幼子，努力给他幸福，努力给他幸福，从事免除他的灾祸，从事免除他的灾祸则思虑周详，思虑周详则能通晓事理，通晓事理则必定能够成功，必定能够成功则施行起来就不犹疑，行事不犹疑就叫作勇。圣人对于万事，都会像慈母为幼子那样考虑，所以能够知晓行之必成的道理，知晓行之必成的道理则明智，明智则其行事就毫无犹疑，行事不犹疑就叫作勇。则不犹疑生于慈爱，所以老子说："慈爱所以能够勇敢。"

周公说："冬天的冰封地冻若不坚固，那么春夏的草木生长就不繁茂。"天地尚且不能经常奢侈浪费，更何况人呢？所以万物必有兴盛、衰弱，万事必有紧张、松弛，国家必有文治、武治，为政必有奖赏、惩罚。所以，智士节俭使用资财，则家族富裕；圣人珍惜精神，则精力旺盛；君主不轻易用兵打仗，则人口众多。人口众多则国土宽广，所以老子称道说："因为节俭，所以能够宽广。"

但凡有形状的物体就容易裁判，容易分析。为何这样说呢？有形状则有长短，有长短则有大小，有大小则有方圆，有方圆则有坚脆，有坚脆则有轻重，有轻重则有黑白。长短、大小、方圆、坚脆、轻重、黑白这些分别就叫作理。理确定了，事物就容易分析了。所以，在朝廷中议事，后发言的人主张就能城里，善于权衡议论的人是懂得这点的。所以，要想画成方圆而遵守规律，那么万事的功效就会显现出来。而万物莫不存在规律，议谋言论之士，就是要考虑如何遵守规矩。圣人遵循万物的一切规矩，所以说："不敢为天下先。"不敢为天下先，则没有做不成的事，没有建立不起来的功业，而议论必定超越世人，要想不处在重位之上，这可能吗？处在重要位置上，就称为成事的首领，所以老子说："不敢为天下先，所以能成为成事的首领。"

慈爱孩子的人，不敢断绝衣食；珍爱身体的人，不敢背离法度；看重方圆的人，不敢舍弃规矩。所以，遇到战事能够爱惜士兵、军吏，就能战胜敌人；能够爱惜器械设备，那么城池就坚固。所以说："慈爱，用于战争则能胜利，用于防守则能坚固。"能够保全自己而完全遵守万物之理的人，一定有天性。上天一定会让他生存。上天让他生存，是说他有善心，而上天保护、拯救他。所以天下的大道，都是尽力保全生命的，就如用慈爱来呵护生命一样。事情万全，动无不当，就称为宝。所以老子说："我有三件宝，掌握并珍视它们。"

老子书中所说的大道，就是正道；所说的"貌施"，就是邪道；所说的"径大"，就是文采斐然的小道。文采斐然的小道，也是属于邪道的。说朝廷甚为肮脏，是指狱讼繁多。狱讼繁多，则田畴荒芜；田畴荒芜，则府库空虚；府库空虚，则国家贫穷；国家贫穷，则民俗淫邪奢靡；民俗淫邪奢靡，则衣食之业断绝；衣食之业断绝，则民众不得不从事巧饰、诈伪之士；民众巧饰、诈伪则羡慕装饰漂亮；羡慕装饰漂亮，则穿着打扮就都追求漂亮。狱讼繁多、仓廪空虚，而又都以淫邪奢靡为俗，那么国家受到的伤害就如用利剑刺它一样。所以老子说："带利剑。"因为伪饰、巧智的缘故以至于伤害国家的，那么他的私家必然富有，私家必然富有，所以老子说："资货有余。"国家若像这个样子，则愚民不得不想办法来效仿它，民众都效仿，那么小盗贼就会产生。由此看来，大奸兴起则小盗随从，大奸提倡则小盗附和。竽是领头的乐器，所以竽先吹起，然后钟、瑟等乐器都跟随着，竽先起唱则其他乐器都符合。如今大奸兴起，则一般民众都随之唱和，一般民众都唱和则小盗也跟着唱和，所以老子说，服文采，带利剑，厌饮食，而财货有余的人，都是"盗竽"。

人无论愚蠢、智慧，莫不有所取舍。当人处于恬淡安宁之时，莫不知道祸福从何而来。可当被好恶所支配，被奢靡的东西所诱惑时，内心就扰乱了。之所以这样，就是被外界事物所牵系，被珍贵玩物所扰乱。恬淡无求时懂得取舍的准则，安宁无事时知道祸福的思量。如今，珍贵的玩物扰乱他，外界的事物牵系他；受到牵系，就去追求，这就被称为"拔"。圣人则不是这样的，他们有牢固的取舍原则，虽然看到珍贵的玩物也不能引诱，不能引诱就称为"不拔"。他们情性专一，即便存在可引起欲望的东西，精神也不为所动，精神不为所动，就称为"不脱"。为人子孙者谨守此道，便能守护宗庙使其不灭绝，这就称为"祭祀不绝"。身体以积累精气为德，家庭以积累资财为德，乡邑、国家、天下都以保养民众为德。圣人修身能使精神不被外物所扰乱，所以老子说："修养自身，其德才真。"所谓的真，就是守护得十分牢固。治理家庭，无用之物不能改变他的计虑，那么资财就会由余，所以老子说："修治其家，则其德有余。"治理乡邑依循此道，则乡中有余财的家庭就越来越众多，所以老子说："修治乡里，其德增长。"治理国家的依循此道，则乡中有德的人会越来越多，所以老子说："修治国家，其德丰盛。"统治天下的依循此道，则生民莫不受其恩泽，所老子说："修治天下，其德普及。"修身之人，以此来区别君子、小人，治理乡邑、国家、天下之人，都以此开静观兴亡盛衰，则万无一失。所以老子说："以身观身，以家观家，以乡观乡，以邦观邦，以天下观天下，我凭什么知道天下如此呢？就是凭借此道。"

经典解读

老子说："人法地，地法天，天法道，道法自然。"人要以道为行事原则，效法天地自然。天地都不能经常奢侈浪费，更何况人呢？人节用自己的精神，才能身体健康，得以全寿；家族节用财货，才能财用富足，衣食温饱；国家节用民力，才能国势富强，统治者才能获得民众的支持。所以说，节俭是为人行事的大宝，奢侈是败乱衰亡的根源。人们对此道理不可不明察。

有形状的东西就容易被分析、裁断；先提出意见的人就容易被别人了解、窥察，所以，圣人"不敢为天下先"。君主要想牢牢把握自己的权势、地位也应该懂得这个原则。应该"掩其迹，匿其端，下不能原；去其智，绝其能，下不能意"，即隐藏自己的想法，去观察下属的想法；要隐藏自己的主张而让下属陈述他们的主张；确保是自己却抉择下属的观点，而不是让下属能够看透自己、迎合自己、甚至引诱自己。

合格的父母，一定要慈爱孩子；合格的将军，一定要慈爱士卒；合格的统治者，也要慈爱自己的百姓。只有慈爱自己的百姓，百姓才会为君主所用，才不会背弃君主而归心于权臣。只有这样，君主才能保全自己的权位，国家才不会被他人所窃取。失去国家者一定先失去民心：殷纣王失去民心，而文王得到，所以周能灭殷；齐简公失去人心，而田常得到，所以田氏能代齐。直接用爱民惠民来游说君主，君主可能没有那么高的觉悟，不受仁义说教的吸引；但没有君主不珍视自己的权位，不担心它被别人夺走，所以韩非子以保住权势为目的来劝说君主慈爱民众，虽然显得有些本末倒置，但根本上对民众、对天下还是有利的。

喻　老

原文 1

　　天下有道，无急患，则日静，遽传^①不用，故曰："却走马以粪。"天下无道，攻击不休，相守数年不已，甲胄生虮虱，燕雀处帷幄，而兵不归，故曰："戎马生于郊。"

　　翟人有献丰狐、玄豹之皮于晋文公，文公受客皮而叹曰："此以皮之美自为罪。"夫治国者以名号为罪，徐偃王^②是也；以城与地为罪，虞、虢是也。故曰："罪莫大于可欲。"

　　智伯兼范、中行而攻赵不已，韩、魏反之，军败晋阳，身死高梁之东，遂卒被分，漆其首以为溲器^③，故曰："祸莫大于不知足。"

　　虞君欲屈产之乘与垂棘之璧，不听宫之奇，故邦亡身死，故曰："咎莫憯于欲得。"

　　邦以存为常，霸王其可也；身以生为常，富贵其可也。不欲自害，则邦不亡，身不死，故曰："知足之为足矣。"

　　楚庄王既胜^④，狩于河雍，归而赏孙叔敖，孙叔敖请汉间之地，沙石之处。楚邦之法，禄臣再世而收地，唯孙叔敖独在。此不以其邦为收者，瘠也，故九世而祀不绝。故曰："善建不拔，善抱不脱，子孙以其祭祀世世不辍"，孙叔敖之谓也。

注　释

　　①遽传：传递紧急公文的车马。

②徐偃王：西周时徐国君主，好行仁义而享有美名，遭到楚文王（一说周穆王）猜忌，遇袭击而死。

③溲器：盛尿的器具。

④指在邲之战中战胜晋国。

译 文

天下有道没有急迫的灾患就称为安宁，传递紧急公文的车马都不需要使用了，所以老子说："歇下奔马，用来为农田施肥。"天下无道，诸侯相互攻击不止，相互防备数年不休，将士的甲胄中都长满了虱子，燕雀在军帐上搭起巢来，而军队仍然不能返回，所以老子说："战马在郊外产下马驹。"

有翟人将大狐、黑豹的皮献给晋文公。晋文公接受了客人的兽皮而感慨道："狐狸、豹子因为毛皮的华美而自己招来灾祸。"治理国家的人因为名号而招致祸患的，徐偃王就是；因为城池、土地招来祸患的，虞国、虢国就是。所以老子说："灾害没有比能够引起欲望的东西更大的了。"

智伯兼并范氏、中行氏的土地，又不断攻打赵氏。韩氏、魏氏反叛，智伯军败晋阳，身死在高梁之东，土地被瓜分，头骨被漆为盛尿的器具，所以老子说："祸患没有比不知满足更大的了。"

虞君贪图屈地的骏马、垂棘的美玉，不听宫之奇的劝告，故国破身死，所以老子说："过失没有比贪得无厌更惨痛的了。"

国家以生存作为根本，成就霸业、王业也是可能的；身体以生存作为根本，得道富裕、尊贵也是可以的。不用贪欲来危害自身，则国家不亡，自身不死，所以老子说："知道满足，也就是真正的满足了。"

楚庄王战胜晋国，狩猎于河雍，归国后奖赏孙叔敖，孙叔敖请求汉水附近的土地，那是沙石贫瘠之处。楚国的法律，享受俸禄的大臣，到了第二代就收回封地，只有孙叔敖的封地独存。楚国之所以不收回他的封地，就是因为那里太贫瘠了，故孙叔敖的子孙数世享有这块封地。所以老子说："善于树立的就拔不掉，善于抱持的就脱不开，子孙后代祭祀世世不绝。"说的就是孙叔敖这种情况。

经典解读

　　祸莫大于可欲，其中道理有以下两方面。

　　一是说，能够引起人欲望的东西是最为危险的，拥有最为危险的东西，又怎敢不小心谨慎，又怎敢不坚守原则而运用法术？有美丽的毛皮，有一块美玉都可能为自己招来大祸，所以古人云"匹夫无罪，怀璧其罪""象以齿焚身，蚌以珠剖体"，而为君者拥有整个天下国家，若不谨守为君之道，不能运用法术，又怎么能避免祸患呢？

　　一是说，人必须抑制自己的欲望，若不能控制自己的内心，使自己被可欲之物牵引、掌控，那就危险了。人有可欲之事，必然难以掩饰，他人窥见自己的可欲之情，就会加以利用，从而窃取自己的权势。虞君贪恋骏马、美玉而被晋人利用；夫差贪图美色、虚名而被越国利用；燕王哙贪图虚荣、名誉而被子之利用；秦二世贪图享乐、酒色而被赵高利用……这些都是因不能克制自己的欲望而导致的亡身、亡国之事。

　　所以，智者不令自己有别人可以图谋的东西，以免除他人的"惦记"；不令自己有过度的欲望，节用精力，而远离灾祸。

原文 2

　　制①在己曰重，不离位曰静。重则能使轻，静则能使躁。故曰："重为轻根，静为躁君。"故曰："君子终日行，不离辎重也。"邦者，人君之辎重也，主父②生传其邦，此离其辎重者也。故虽有代、云中之乐，超然已无赵矣。主父，万乘之主，而以身轻于天下，无势之谓轻，离位之谓躁，是以生幽而死，故曰："轻则失臣，躁则失君"，主父之谓也。

　　势重者，人君之渊也。君人者，势重于人臣之间，失则不可复得也。简公失之于田成，晋公失之于六卿，而邦亡身死。故曰："鱼不可脱于深渊。"赏罚者，邦之利器也，在君则制臣，在臣则胜君。君见赏，臣则损之以为德；君见罚，臣则益之以为威。人君见赏，而人臣用其势；人君见罚，人臣乘其威，故曰："邦之利器，不可以示人。"

越王入宦于吴，而观③之伐齐以弊吴。吴兵既胜齐人于艾陵，张之于江、济，强之于黄池④，故可制于五湖，故曰："将欲翕之，必固张之；将欲弱之，必固强之。"晋献公将欲袭虞，遗之以璧马；知伯将袭仇由，遗之以广车，故曰："将欲取之，必固与之。"起事于无形，而要大功于天下，是谓微明。处小弱而重自卑，谓"损弱胜强"也。

注 释

①制：权制。
②主父：赵武灵王。
③观：示意。
④指吴国在黄池之会中与晋国争强。

译 文

权制掌握在自己手中叫作重，不离开君位叫作静。重就能役使轻，静就能役使躁，所以老子说："重为轻根，静为躁君。"所以说："君子整日行走，却从不离开辎重。"国家，就是君主的辎重。赵武灵王活着就将国家传给儿子，这就是离开了辎重。所以，他虽然有游玩代地、云中的乐趣，却已然失去了赵国。赵武灵王是万乘大国的君主，却让自身被天下所轻视，没有权势就叫作轻，离开君位就叫作躁，故赵武灵王被活活幽禁而死，所以老子说："轻，就会失去臣下；躁，就会失去君位。"说的就是赵武灵王这种情况。

权势，是君主赖以栖居的渊潭。君主的权势落到了臣下的手中，失去之后便难以复得了。简公将权势失落到了田成手中，晋君将权势失落于六卿手中，结果都国亡身死。所以老子说："鱼不可脱于深渊。"赏罚，是国家的利器。赏罚之权掌握在君主手中，君主便能制约臣子；赏罚之权掌握在臣子手中，臣子则能挟制君主。君主要行赏，臣子就扣除一部分来为自己换取私德；君主要惩罚，臣子就加上一部分来展示自己的私威。君主要赏则臣子借用其权势，君主要罚则臣子凭借他的威风，所以老子说："国家利器，不可轻易拿给别人。"

越王到吴国从事贱役，却示意吴王伐齐以削弱吴国。吴军已经在艾陵战胜齐人，势力扩张到长江、济水流域，又在黄池与晋国争强，故越国才能趁机在太湖地区制服它，所以老子说："将要缩小它，一定先使它扩张；将要削弱它，一定先使它强大。"晋献公将要偷袭虞国，将宝玉、骏马送给它；智伯将要袭击仇由，将载着大钟的广车送给他们，所以老子说："将要从它那里夺取，一定要先给予它。"在无形中兴起事业，而在天下获得大功，这就叫作"微明"。处于小弱的地位，而更加谦卑克制，这就是"损弱胜强"的道理。

经典解读

"君子终日行不离辎重也"，在韩非子看来，权势、地位就是君主得以安身的辎重，君主必须将其牢牢地把握在自己手中，也就是前面所讲的君主不可使权力落入权臣手中，不能让他人窃取自己的威势。赵武灵王身为一代有为之君，却轻易将权势交给儿子，最后在沙宫之乱中被活活饿死；齐简公是一国君主，却不能改变权势落入田氏手中的现状，所以最终被弑杀，江山易主。此二人的败亡看似原因迥异，其实都是权势旁落，自己行为被他人所操控的结果。所以说，君主一定要看好自己的"辎重"，不能让其落入他人手中。

"将欲取之，必固与之"，很多实情表面现象和真实情况并不相符，看似有利的可能隐含着巨大的危害，看似有害的可能会来到巨大的利益，不可被表面现象所迷惑，必须深察始末，慎思利害，然后才能取得利益而不遗后患。吴王和仇由君就是只看到表面的利益，不思祸患，所以不知道别人之所以讨好自己、恭维自己的原因，最终遭受败辱。智者则不然，如三国时，孙权上表劝曹操称帝，曹操便立刻知道了称帝的害处和孙权的用心，而加以拒绝；如智伯曾送给卫国大量财宝，准备趁机袭击卫国，卫君采用了南文子的建议，加紧防备，而避免了灭国之祸。所以说，智者不被可欲之物迷惑，看到利益就要想到忧患，听到赞扬就要想到危机，永远战战兢兢、谦卑克制，如此才能远离灾祸。

原文 3

　　有形之类，大必起于小；行久之物，族必起于少。故曰：天下之难事必作于易，天下之大事必作于细。是以欲制物者于其细也，故曰："图难于其易也，为大于其细也。"千丈之堤，以蝼蚁之穴溃；百尺之室，以突隙①之烟焚，故曰："白圭之行堤也塞其穴，丈人之慎火也涂其隙。是以白圭无水难，丈人无火患。"此皆慎易以避难，敬细以远大者也。扁鹊见蔡桓公，立有间。扁鹊曰："君有疾在腠理②，不治将恐深。"桓侯曰："寡人无疾。"扁鹊出。桓侯曰："医之好治不病以为功。"居十日，扁鹊复见曰："君之病在肌肤，不治将益深。"桓侯不应。扁鹊出。桓侯又不悦。居十日，扁鹊复见曰："君之病在肠胃，不治将益深。"桓侯又不应。扁鹊出。桓侯又不悦。居十日，扁鹊望桓侯而还走，桓侯故使人问之，扁鹊曰："疾在腠理，汤熨③之所及也；在肌肤，针石之所及也；在肠胃，火齐④之所及也；在骨髓，司命之所属，无奈何也。今在骨髓，臣是以无请也。"居五日，桓公体痛，使人索扁鹊，已逃秦矣，桓侯遂死。故良医之治病也，攻之于腠理，此皆争之于小者也。夫事之祸福亦有腠理之地，故圣人蚤从事焉。

　　昔晋公子重耳出亡过郑，郑君不礼，叔瞻谏曰："此贤公子也，君厚待之，可以积德。"郑君不听。叔瞻又谏曰："不厚待之，不若杀之，无令有后患。"郑君又不听。及公子返晋邦，举兵伐郑，大破之，取八城焉。晋献公以垂棘之璧假道于虞而伐虢，大夫宫之奇谏曰："不可。唇亡而齿寒，虞、虢相救，非相德也。今日晋灭虢，明日虞必随之亡。"虞君不听，受其璧而假之道。晋已取虢，还，反灭虞。此二臣者皆争于腠理者也，而二君不用也。然则叔瞻、宫之奇亦虞、郑之扁鹊也，而二君不听，故郑以破，虞以亡。故曰："其安易持也，其未兆易谋也。"

　　昔者纣为象箸而箕子怖，以为象箸必不加于土铏，必将犀玉之杯；象箸玉杯必不羹菽藿，必旄、象、豹胎；旄、象、豹胎必不衣短褐而食于茅屋之下，则锦衣九重，广室高台。吾畏其卒，故怖其始。居五年，纣为肉圃，设炮烙，登糟邱，临酒池，纣遂以亡。故箕子见象箸以知天下之祸。故曰："见小曰明。"

注　释

①突隙：烟囱的裂缝。
②腠理：皮肤之下。
③汤熨：药物薰敷。
④火齐：饮用热药汤。

译　文

　　有形的事物，大的一定由小的发展而来；久存的东西，众多一定由稀少积累而成。所以老子说："天下的难事一定开始于简易，天下的大事一定开始于细微。"因此要想控制事物，就必须在其微弱之时着手，故老子说："解决难题从易处着手，开创大业从小处起始。"千丈之堤会因蝼蚁之穴而崩溃，百尺之屋会因烟囱裂缝漏火而焚毁。所以说：白圭巡视堤坝，堵塞上面的小洞；老人谨防火灾，涂抹烟囱的缝隙。因此白圭没有水患，老人不受火灾。这都是谨慎易事而避免大难，谨慎小事而防止大祸的例子。扁鹊拜见蔡桓公，站立了一会儿，扁鹊说："您有病在皮肤之下，不医治恐怕会加深。"桓公说："我没有病。"扁鹊出去。桓公说："医生好给没有病的人医治，以此来作为自己的功劳。"过了十天，扁鹊再次拜见，说："你的病在肌肤，不治恐怕将更深。"桓公没有回答。扁鹊出去了。桓公又不高兴。过了十天，扁鹊再次拜见，说："你的病到了肠胃，不治恐怕会更深。"桓公又不回应。扁鹊出去。桓公再次不高兴。过了十天，扁鹊远远望见蔡桓公就转身跑掉了。蔡桓公派人询问扁鹊缘由，扁鹊说："疾病在皮肤下，药物薰敷便可治疗；在肌肤中，进行针灸可以治疗；在肠胃中，清热汤药可以治疗；在骨髓中，就是神灵管辖范围了，医生已经无可奈何了。如今桓公的病到了骨髓中，我就不再求见了。"过了五天，蔡桓公身体疼痛，派人寻找扁鹊，扁鹊已经逃到秦国去了，桓公于是死掉了。所以，良医治病，趁其还在表皮就加以治疗，这都是争取在事物细小的时候及时处理。事情的祸福也有在表皮的时候，所以老子说："圣人能够及早对事情加以处理。"

　　晋国公子重耳流亡在外，经过郑国，郑文公不以礼相待，叔瞻劝谏他说："这是贤能的公子，您厚待他，可以积德。"郑文公不听。叔瞻又劝谏说："若不厚待他，不如杀了，不要为自己留下后患。"郑文公又不听。等到重耳返回晋国，便起兵攻打郑国，大破郑军，夺取了八座城池。晋献公用垂棘的美玉向虞国借道攻打虢国，虞国大夫宫之奇劝谏说："不可以。唇亡则齿寒，虢国、虞国相互救援，并不是在相互施恩。今日晋国灭亡了虢国，明日虞国也必定随之灭亡。"虞公不听，接受晋国的美玉而借给他们道路。晋国攻取虢国以后，返回途中，就灭掉了虞国。叔瞻、宫之奇这两位贤臣都于祸患在皮肤之时争谏君主，而两个君主却不采用。叔瞻、宫之奇也就是郑国、虞国的扁鹊，而两个君主却不听从，故郑国破军，虞国灭亡。所以老子说："事情安定时容易维持，事情未露苗头时容易谋划。"

从前殷纣制作了象牙筷子，箕子感到十分忧心。认为象牙筷子一定不会在陶制器皿里使用，一定要配合犀角、美玉的杯子。象牙筷子、美玉杯子一定不会盛着普通的饭食，一定要吃珍禽异兽。吃珍禽异兽一定不会穿着粗布短衣、坐在茅屋之下，必然要穿多层锦衣，住在高台大屋之中。箕子害怕严重的结果，所以开始就担忧不已。过了五年，纣王摆设肉林，创制炮烙之刑，登上酒糟山，俯临酒池，于是身死国亡。箕子看到象牙筷子，就预知到天下的祸患。所以老子说："能够看到事物的萌芽状态，就叫作明。"

经典解读

古人云："荧荧不灭，炎炎奈何；涓涓不壅，将成江河；绵绵不绝，将成网罗；青青不伐，将寻斧柯。"任何大祸无不是从微末的小事发展而来的，智者思虑深远，所以看到端倪的时候就想到结果，事情刚刚露出一些苗头，就加以匡正、防备，故能避免大灾；而愚者却安于现状，不做远谋，即便灾祸已经显现出来还不以为意，这样本能避免的灾祸也就不可逃避了。所以，人一定要有远虑，做事情，下决定，多为长远计划，不要只盯着眼前的痛快。

人的智虑有限，有的人的确远见不足，这无可厚非。但自己远见不足，一定要有自知之明，此时，就要想智者请教，多听从别人的劝谏、教诲。智慧高低很大程度上决定于天资，但能否虚心听取劝谏就决定于个人了。智慧不够而犯错误是确实能力有限，而刚愎自用、自以为是，以至养成祸患就是"自作孽"了。这样的人是最为愚蠢的，他们的遭遇也让人无法同情。如讳疾忌医的蔡桓公，不听叔瞻劝谏的郑文公，不采纳箕子忠谏的纣王，都可以说是自取祸患。所以说，能够了解事物的萌芽状态是明，能够了解自己的不足而虚心听取劝谏也是明，每个人都可以做到、并且应该做到明。

原文4

勾践入宦于吴，身执干戈为吴王洗马，故能杀夫差于姑苏。文王见詈①于王门，颜色不变，而武王擒纣于牧野。故曰："守柔曰强。"越王之霸也不病宦，武王之王也不病詈。故曰："圣人之不病也，以其不病，是以无病也。"

宋之鄙人得璞玉而献之子罕，子罕不受。鄙人曰："此宝也，宜为君子器，不宜为细人用。"子罕曰："尔以玉为宝，我以不受子玉为宝。"是鄙人欲玉，而子罕不欲玉。故曰："欲不欲，而不贵难得之货。"

王寿负书而行，见徐冯于周涂，冯曰："事者，为也；为生于时，知者无常事。书者，言也；言生于知，知者不藏书。今子何独负之而行？"于是王寿因焚其书而舞之。故知者不以言谈教，而慧者不以藏书箧。此世之所过也，而王寿复之，是学不学也。故曰："学不学，复归众人之所过也。"

夫物有常容②，因乘以导之。因随物之容，故静则建乎德，动则顺乎道。宋人有为其君以象③为楮叶者，三年而成。丰杀茎柯，毫芒繁泽，乱之楮叶之中而不可别也。此人遂以功食禄于宋邦。列子闻之曰："使天地三年而成一叶，则物之有叶者寡矣。"故不乘天地之资，而载一人之身，不随道理之数，而学一人之智，此皆一叶之行也。故冬耕之稼，后稷不能美也；丰年大禾，臧获不能恶也。以一人力，则后稷不足；随自然，则臧获有余。故曰："恃万物之自然而不敢为也。"

注 释

①詈：辱骂、侮辱。
②常容：常态。
③象：象牙。

译 文

勾践到吴国服役，亲执兵器为吴王夫差前驱，故能在姑苏将夫差杀死。

文王在玉门受到辱骂，神色不变，故武王能在牧野擒杀纣王。所以老子说："能够保持柔弱，即为刚强。"越王之所以能称霸，是因为不因服贱役而苦恼，武王之所以能成王，是因为（文王）不因被人辱骂而困恼。所以老子说："圣人之所以不受殃祸，是因为他们不以殃祸为苦恼，所以便不受殃祸。"

宋国有个居住在郊野的人得到一块璞玉，将其献给子罕，子罕不接受。那人说："这是宝玉，应该作为君子的器物，不应该被卑贱之人使用。"子罕说："你将玉作为宝物，而我将不接受你的玉当成宝物。"这是因为那人看重玉，而子罕不想接受玉。所以老子说："将没有欲望作为欲望，不要将难得之物看得十分贵重。"

王寿背着书行路，在周地遇到了徐冯，徐冯说："事情是人做出来的。人的行为产生于当时的需要，智者没有固定不变的行事方法。书本是记载前人言论的。人的言论因各自认识而产生，智者不收藏书籍。如今您为何独独要背着书行路呢？"王寿于是焚烧了他的书，并高兴得手舞足蹈。所以说，智者不用空言说教，聪慧者不使用藏书箱子。不说教、不藏书都是世人认为不对的，而王寿重复了这样的做法，这就是以不学为学。所以老子说："以不学为学，重新走上众人认为不对的道路上。"

万物都有常态，应该对其因势利导，顺从它们的常态。所以，静止的时候就恪守德，行动的时候就顺应道。宋国有人为其君主用象牙雕刻了一片楮叶，三年才雕刻成功。它的宽狭、筋脉、毫毛、色泽，即便混在真的楮叶中也难以辨别出来。这个人因为这一功劳而在宋国当了官。列子听说这件事，说："假若天地也三年才生成一片树叶，那能够有叶子的东西就少了。"所以不依靠自然条件而仅凭一个人的本事，不顺应自然法则而仅恃一人的智慧，都是三年雕成一片树叶的行为。冬天种下庄稼，即便后稷也不能使其丰收；丰年旺盛的庄稼，即便平庸的奴仆也不会使其少收。凭恃一人的力量，就是后稷也难以成事；顺应自然的规律，即便奴仆也成事有余。所以老子说："凭恃万物的自然规律，而不敢强自妄为。"

经典解读

能够忍受他人所不能忍受的耻辱，才能最终成就大事，所以周可以灭商，越可以灭吴。能够抵御可欲之物的诱惑，不因欲望而丢掉原则，才能长久保有地位，不罹受祸患，所以子罕不接受他人的宝玉。世人都认为是对的，未必真对，世人都认为是错的，也未必真错，智者审察道理而不受他人的干扰，明白事理而不随波逐流，所以王寿听到好的道理就顺从。万物都有一定的规律，智者行事应该懂得顺应规律，而不是违逆规律。这几个个道理都是老子所提倡，世人应该了解的，韩非子反复提到它们，可见其对它们的重视。

原文 5

空窍①者，神明之户牖也。耳目竭于声色，精神竭于外貌，故中无主。中无主，则祸福虽如丘山无从识之，故曰："不出于户，可以知天下；不窥于牖，可以知天道。"此言神明之不离其实也。

赵襄主学御于王子于期，俄而与于期逐，三易马而三后。襄主曰："子之教我御，术未尽也。"对曰："术已尽，用之则过也。凡御之所贵，马体安于车，人心调于马，而后可以进速致远。今君后则欲逮臣，先则恐逮于臣。夫诱道争远，非先则后也。而先后心皆在于臣，上何以调于马，此君之所以后也。"白公胜②虑乱，罢朝，倒杖而策锐贯颐，血流至于地而不知。郑人闻之曰："颐之忘，将何为忘哉！"故曰："其出弥远者，其智弥少。"此言智周乎远，则所遗在近也，是以圣人无常行也。能并智，故曰："不行而知。"能并视，故曰："不见而明。"随时以举事，因资而立功，用万物之能而获利其上，故曰："不为而成。"

楚庄王莅政三年，无令发，无政为也。右司马御座而与王隐曰："有鸟止南方之阜，三年不翅，不飞不鸣，嘿然无声，此为何名？"王曰："三年不翅，将以长羽翼。不飞不鸣，将以观民则。虽无飞，飞必冲天；虽无鸣，鸣必惊人。子释之，不穀③知之矣。"处半年，乃自听政，所废者十，所起者九，诛大臣五，举处士六，而邦大治。举兵诛齐，败之徐州，胜晋于河雍，合诸侯于宋，遂霸天下。庄王不为小善，故有大名；不蚤见示，故有大功。故曰："大器晚成，大音希声。"

楚庄王欲伐越，杜子谏曰："王之伐越，何也?"曰："政乱兵弱。"杜子曰："臣愚患之。智如目也，能见百步之外而不能自见其睫。王之兵自败于秦、晋，丧地数百里，此兵之弱也。庄蹻为盗于境内而吏不能禁，此政之乱也。王之弱乱，非越之下也，而欲伐越，此智之如目也。"王乃止。故知之难，不在见人，在自见。故曰："自见之谓明。"

子夏见曾子，曾子曰："何肥也?"对曰："战胜，故肥也。"曾子曰："何谓也?"子夏曰："吾入见先王之义则荣之，出见富贵之乐又荣之，两者战于胸中，未知胜负，故臞。今先王之义胜，故肥。"是以志之难也，不在胜人，在自胜也。故曰："自胜之谓强。"

周有玉版，纣令胶鬲④索之，文王不予；费仲⑤来求，因予之。是胶鬲贤而费仲无道也。周恶贤者之得志也，故予费仲。文王举太公于渭滨者，贵之也；而资费仲玉版者，是爱之也。故曰："不贵其师，不爱其资，虽知大迷，是谓要妙。"

注 释

①空窍：人身体上与外界连通的孔窍，如九窍、汗窍等。

②白公胜：楚平王之孙，因为楚国执政者与杀害其父亲的郑国讲和而心怀怨恨，图谋作乱，杀死令尹子西、司马子期。

③不穀：王侯的谦称。

④胶鬲：殷周时的贤人。

⑤费仲：殷朝的佞臣。

译 文

孔窍，是精神进出身体的门窗。若使耳力、目力耗竭在声色上，使精神耗竭在外貌上，则内心就没有了主宰。内心没有主宰，祸福即便像山丘那样明显，也不能识察出来，所以老子说："（精神）不出门户，可以察知天下的事情；无须从窗口向外窥望，就能通晓天道。"这就是说：精神不要离开自身的形体。

赵襄子向王子于期学习驾驭马车，不久和于期进行比赛，三次换马而三次落后。赵襄子说："您教我驾驭马车，技巧没有全教给我吧。"于期说："技术已经全部教给您了，只不过您使用上还存在错误。驾驭马车最看重的是，让马的身体在车子中感到安适，人的注意力和马相互协调，然后才可以奔得快、跑得远。如今您落后时心中就想着赶上我，领先时心中就担忧被我赶上。御马远奔，不是领先就是落后，而无论领先还是落后，您的心思都放在了我身上，还怎么能够和马协调一致呢？这就是您总是落后的原因。"白公胜图谋作乱的时候，罢朝之后，倒拿着马鞭，鞭杆上的尖刺刺穿了脸颊，血流到地上都不察觉。郑人听到后说："脸颊都忘了，还有什么不会忘记啊！"所以老子说："想得越远的人，其智慧反而越少。"这就是说总是思虑太远的事情，反而会遗失近处的事情，所以圣人没有固定不变的行为。他们能够同时考虑远近事情，所以老子说："（圣人）不行动就能全部知道。"他们能够同时看到远近各处，所以老子说："（圣人）不去看就已经明白了。"他们根据时机来办事，凭恃条件来立功，利用万物的特性而以此获得利益，所以老子说："（圣人）不用做就能成功。"

　　楚庄王即位三年，没有发布过命令，也没有处理过政事。右司马侍坐，对楚庄王说隐语，道："有只鸟停留在南方的山丘之上，三年不展翅，不飞不鸣，默然无声，这是为什么呢？"楚庄王说："三年不展翅，是用来长羽翼的。不飞不鸣，是为了观察民众的习惯。虽然没有飞，必然一飞冲天；虽然没有鸣，必然一鸣惊人。您不用再说了，我知道了。"过了半年，于是亲自听政，废弃的政策有十条，兴办的实情有九件，诛杀五个大臣，起用六位贤士，于是国家大治。举兵伐齐，在徐州将齐国打败，又在河雍战胜晋国，在宋国会盟诸侯，于是称霸天下。楚庄王不做小善事，故能成就大功名；不过早显露志向，所以能建立大功业。所以老子说："大器晚成，大音希声。"

　　楚庄王打算攻打越国，杜子劝谏说："大王为何要攻打越国呢？"楚庄王说："越国政治混乱，军力微弱。"杜子说："愚臣为此事感到担心。智慧就如眼睛，能够看到百步之外的却不能看清自己的睫毛。大王的军队被秦国、晋国击败，丢掉了数百里土地，这就是军力微弱。庄蹻在境内为盗，而官吏不能禁止，这就是政治混乱。大王自己国家的混乱并不在越国之下，而想要攻打越国，这就是像眼睛一样的智慧（不能看清近处）。"楚庄王于是停止了攻打越国的计划。所以说了解事物的困难，不在于看不清别人，而在于看不清自己。所以老子说："认清自己就叫作明。"

子夏见到曾子，曾子问："你为何变胖了？"子夏回答："战胜了，所以变胖了。"曾子问："这话指什么？"子夏说："我在家中学习先王之道，感到非常向往；在外看到富贵的乐事，也会十分艳羡。这两种心绪在胸中作战，不分胜负，所以才会消瘦。如今对先王之道的向往战胜了对富贵之乐的艳羡，所以变胖了。"由此可知，立志的困难不在于胜过别人，而在于战胜自己。所以老子说："战胜自己，就叫作强。"

周国有一块玉版，纣王让胶鬲前去索要，文王不给；费仲前来索要，文王就给了他。这是因为胶鬲贤达而费仲无道。周人讨厌贤者在殷商得志，所以将玉版给了费仲。文王在为水之滨起用了太公，是因为尊重他；而将玉版交给费仲，是因为希望他得志而扰乱殷商。所以老子说："不尊重其老师，不爱惜可利用的条件，即便聪明也是大糊涂，这就叫作奥妙。"

经典解读

圣人之所以能够通晓天道，是因为他们专注于自身，不为外界那些缤纷繁杂的事情耗费精力。所以，于期赛马将注意力放在自己身上，能够取胜；而赵襄子将注意力放在别人身上，则屡次落后。所以说，真正能够在某一领域取得至高成就的人，一定是没有私心杂念，专心于自己的事业的人。一个人若立志于研究学问，却贪慕权位，那他的学问一定不坚实；一个人若从事艺术，却贪图财富，那他也定然不会达到最高的境界……这就告诉我们，无论从事什么事业，都要专心致志，不可轻耗精力。

一个人如果放纵思绪在远处驰骋，就会忘掉自身的安危。白公胜一心想着复仇，竟忘掉了尖刺贯穿脸颊；吴王夫差一心想着称霸天下，却忘记了后方的勾践；智伯一心想着吞并赵氏，却忘了韩、魏两家的忧患；在丽水中偷采金子的人，一心想着发财，却忘记了刑罚的严酷……这些都是想得太远，而忘掉自身的例子。智者应该思虑深远，又不遗漏近处的忧患；既有远大的追求，又不被欲望迷失心智。

人们容易认清别人，却不容易认清自己；善于发现他人的过失，却很少能认清自己的不足。"知人者智，自知者明"，只有能够清楚了解自己的人才是最明智的，才能看清最迫切的忧患。先贤们强调戒慎恐惧，强调日省其身，都是为了让人们能了解自己，及时发现自己的不足而加以改正。

发现自己的不足难，战胜自己的不足更加困难。很多人明明知道自己的过失，却不能改正，也就是"良知"不能战胜"私欲"，良知不能战胜私欲就不是真知，也就不能避免祸患。如齐桓公知道自己亲近很多小人，却不能坚持听从管仲的劝谏，最终身死国乱；子期知道自己存在好名的缺点，不能彻底改正，最后遭到杀害。历史上那些亡国之君，哪个没有听到过大臣的劝谏？他们的智慧都足以察知自己的缺点，但却没有改正的决心，理智不能战胜私心私欲，最终蒙受灾祸、羞辱也就是自然而然的了。所以，古人强调"自胜"，强调"存天理，去人欲"，强调"知行合一"，这些都是要人们战胜自己，战胜私欲。

说林上

原文1

汤以伐桀，而恐天下言己为贪也，因乃让天下于务光①。而恐务光之受之也，乃使人说务光曰："汤杀君而欲传恶声于子，故让天下于子。"务光因自投于河。

秦武王令甘茂择所欲为于仆与行事，孟卯曰："公不如为仆。公所长者、使也，公虽为仆，王犹使之于公也。公佩仆玺而为行事，是兼官②也。"

子圉见孔子于商太宰，孔子出，子圉入，请问客，太宰曰："吾已见孔子，则视子犹蚤虱之细者也。吾今见之于君。"子圉恐孔子贵于君也，因谓太宰曰："君已见孔子，亦将视子犹蚤虱也。"太宰因弗复见也。

魏惠王为臼里之盟，将复立于天子，彭喜谓郑君③曰："君勿听，大国恶有天子，小国利之。若君与大不听，魏焉能与小立之。"

晋人伐邢，齐桓公将救之，鲍叔曰："太蚤。邢不亡，晋不敝；晋不敝，齐不重。且夫持危之功，不如存亡之德大。君不如晚救之以敝晋，齐实利。待邢亡而复存之，其名实美。"桓公乃弗救。

子胥出走，边候④得之，子胥曰："上索我者，以我有美珠也。今我已亡之矣。我且曰：子取吞之。"候因释之。

庆封为乱于齐而欲走越，其族人曰："晋近，奚不之晋？"庆封曰："越远，利以避难。"族人曰："变是心也，居晋而可。不变是心也，虽远越，其可以安乎！"

　　智伯索地于魏宣子，魏宣子弗予。任章曰："何故不予？"宣子曰："无故请地，故弗予。"任章曰："无故索地，邻国必恐。彼重欲无厌，天下必惧，君予之地，智伯必骄而轻敌，邻邦必惧而相亲，以相亲之兵待轻敌之国，则智伯之命不长矣。《周书》曰：'将欲败之，必姑辅之；将欲取之，必姑予之。'君不如予之以骄智伯。且君何释以天下图智氏，而独以吾国为智氏质乎？"君曰："善。"乃与之万户之邑。智伯大悦。因索地于赵，弗与，因围晋阳，韩、魏反之外，赵氏应之内，智氏以亡。

注　释

①务光：商汤时的著名贤者。

②兼官：身兼多职。

③郑君：指韩君，战国时郑国被韩国吞并，所以称韩君为郑君。

④边候：边境守官。

译　文

　　商汤已经伐桀灭夏，而害怕天下人说自己贪心，于是将天下让给务光。又害怕务光真的接受下来，就派人对务光说："商汤杀死了君主而要将恶名转嫁给你，所以才将天下让给你。"务光于是投河自尽。

　　秦武王叫甘茂在仆官和行事之中选择一个自己想要做的职位。孟卯对甘茂说："您不如选择做仆官。您所擅长的是作为使臣，即便您选择了仆官，大王也会将出使的事物交给您。您佩着仆官的印绶，又做着行事的职事，这是身兼二职啊。"

　　子圉将孔子引荐给宋国太宰，孔子出去后，子圉进来，询问太宰对客人的看法。太宰说："我见过孔子后，再看你就如渺小的跳蚤虱子一样了。现在我就将其推荐给君上。"子圉害怕孔子被宋君看重，便对太宰说："君上见到了孔子，也将视您为跳蚤虱子啊！"太宰于是不再向宋君引荐孔子。

　　魏惠王主持臼里之盟，将要恢复周天子的地位，彭喜对韩王说："您不要支持，有天子被大国所讨厌，而对小国有利。若您和大国都不支持，魏国怎么能同小国一起恢复周天子的地位呢？"

晋国人攻打邢国，齐桓公准备救援，鲍叔说："现在救援太早。邢国不灭亡，晋国不疲弊；晋国不疲敝，齐国地位就不重要。且扶持危国的功绩，赶不上恢复亡国的功德。您不如晚些救邢以使晋国疲弊，齐国才能得到真正的好处。等到邢国灭亡后再帮助他们复国，那样名声才是真正的美好。"桓公于是不去救援邢国。

伍子胥出逃，守边官吏抓住了他，伍子胥说："君主追捕我，是因为我有宝珠。如今我丢失了，我将说你将其吞下去了。"边吏因此放走了伍子胥。

庆封在齐国作乱，想出奔到越国，其族人说："晋国路近，何不前往晋国？"庆封说："越国远，有利于避难。"族人说："改变作乱之心，居住在晋国就可。不改变作乱之心，越国虽然远，难道可以安居吗？"

智伯向魏宣子索求土地，魏宣子不给。任章问："为何不给？"魏宣子说："无故索要土地，所以不给。"任章说："无故索要土地，邻国一定恐惧。他贪求无厌，天下都会恐惧，您给他土地，智伯一定骄傲而轻视敌国，邻国一定恐惧而相互亲近，以相互亲近的军队来对付轻敌的国家，那么智伯的命就不长了。《周书》说：'将欲败之，必姑辅之，将欲取之，必姑予之。'您不如给智伯土地来让他骄傲。况且您为何要放弃用天下的力量来对付智氏，而独以我国作为智氏的靶子呢？"魏宣子说："好。"于是给了智伯有万户人家的城邑。智伯大悦。又向赵氏索要土地，赵氏不给，智伯便率军围困晋阳，韩氏、魏氏在外反击，赵氏在内接应，智伯因此灭亡。

经典解读

"说林"，顾名思义，就是游说资料的汇总；共有上、下两篇，都是韩非子收集的一些具有代表性的故事、寓言等，用以证明自己的观点，作为游说、著书的资料。"说林"中的资料内容广泛、可读性强，也为后人著书立说提供了丰富的论据。

务光好名而被人利用，这告诉人们，身不可为虚名所累，喜恶不可轻易被他人所知。

秦武王让甘茂自行选官，所以甘茂能身兼二职。这告诉君主，不能将任免大权放到下属手中，否则他们就会利用智巧图谋私利。

孔子贤能而被宋国权臣忌惮，不被推举。这说明若君主喜欢贤能，以贤名任官，权臣就会忌惮贤人，想尽办法壅闭君主，这样君主反而得不到贤者。

魏惠王主持臼里之盟，却不能实现恢复周天子地位的想法。这说明利害不同，不能主宰他人的意愿，就不能做成事情。则君主若与臣子利害关系相冲突，不能完全操控臣子，就无法取得功业。

齐桓公救邢国之事，则说明国与国之间没有真正的道义，彼此追求的都是自己的利益、名誉；也就是说国家不能将安危寄托在他国身上。

伍子胥出逃威胁官吏一事告诉了人们一种行事策略：通过陈述他人的利害关系，而使对方不得不按照自己的想法行事。君主若使臣子忠于自己获利，背叛自己受灾，臣子哪还敢背叛君主？君主若使臣子忠于职守受利，荒怠渎职受灾，臣子哪还敢不尽心为国？

庆封出逃一事，告诉人们改变处所，不如改变自身。自身端正守法，到哪里都受人尊敬；自身荒淫悖乱，到哪里都不会有好的结果。

智伯失败一事则体现了"将欲取之，必姑予之"的道理。

原文 2

秦康公筑台三年，荆人起兵，将欲以兵攻齐。任妄曰："饥召兵，疾召兵，劳召兵，乱召兵。君筑台三年，今荆人起兵将攻齐，臣恐其攻齐为声①，而以袭秦为实也，不如备之。"戍东边，荆人辍行。

齐攻宋，宋使臧孙子南求救于荆。荆大说，许救之，甚劝，臧孙子忧而反，其御曰："索救而得，今子有忧色，何也？"臧孙子曰："宋小而齐大，夫救小宋而恶于大齐，此人之所以忧也，而荆王说，必以坚我也。我坚而齐敝，荆之所利也。"臧孙子乃归，齐人拔五城于宋而荆救不至。

魏文侯借道于赵而攻中山，赵肃侯将不许，赵刻曰："君过矣。魏攻中山而弗能取，则魏必罢②，罢则魏轻，魏轻则赵重。魏拔中山，必不能越赵而有中山也，是用兵者魏也，而得地者赵也。君必许之。许之而大欢，彼将知君利之也，必将辍行。君不如借之道，示以不得巳也。"

鸱夷子皮③事田成子，田成子去齐，走而之燕，鸱夷子皮负传④而从，至望邑，子皮曰："子独不闻涸泽之蛇乎？泽涸，蛇将徙，有小蛇谓大蛇曰：'子行而我随之，人以为蛇之行者耳，必有杀子。不如相衔负我以行，人以我为神君也。'乃相衔负以越公道。人皆避之，曰：'神君也。'今子美而我恶，以子为我上客，千乘之君也；以子为我使者，万乘之卿也。子不如为我舍人。"田成子因负传而随之，至逆旅，逆旅之君待之甚敬，因献酒肉。

温人之周，周不纳客，问之曰："客耶？"对曰："主人。"问其巷人而不知也，吏因囚之。君使人问之曰："子非周人也，而自谓非客，何也？"对曰："臣少也诵《诗》曰：普天之下，莫非王土，率土之滨，莫非王臣。今君，天子，则我天子之臣也，岂有为人之臣而又为之客哉？故曰：主人也。"君使出之。

韩宣王谓樛留曰："吾欲两用公仲、公叔，其可乎？"对曰："不可。晋用六卿而国分，简公两用田成、阚止而简公杀，魏两用犀首、张仪而西河之外亡。今王两用之，其多力者树其党，寡力者借外权。群臣有内树党以骄主，有外为交以削地，则王之国危矣。"

绍绩昧醉寐而亡其裘，宋君曰："醉足以亡裘乎？"对曰："桀以醉亡天下，而《康诰》曰'毋彝酒'者；彝酒，常酒也。常酒者，天子失天下，匹夫失其身。"

注　释

①声：掩饰，口号。

②罢：疲弊。

③鸱夷子皮：即越国大夫范蠡，据史籍记载范蠡离开越国，号鸱夷子皮，曾侍奉齐国田氏。

④传：出关符牒。

译　文

秦康公连续三年建筑高台，楚国起兵，将要攻打齐国。任妄说："饥荒招致敌兵，疾疫招致敌兵，劳民招致敌兵，混乱招致敌兵。您建筑高台三年，如今楚国起兵说是要攻打齐国，我恐怕他们是打着攻齐的口号，实际上想要袭击秦国。不如进行防备。"于是，秦国派兵对东方边境进行戍守，楚国停止了行动。

齐国攻打宋国，宋国派臧孙子南下求救于楚国，楚国大悦，答应救援，并劝勉宋国继续防守。臧孙子忧心忡忡地返回宋国，他的车夫问："前来求救，楚国答应，如今您反而有忧色，这是为何呢？"臧孙子说："宋国小而齐国大，救援弱小的宋国而结怨于强大的齐国，这是令人担忧之事，而楚王却显得那么高兴，一定是想以此来坚定我们抵抗的决心。我们坚决抵抗使齐国军队疲弱，这才是楚国的利益所在。"臧孙子回到宋国，齐国人攻下了五座宋国城池，而楚国的救兵却没有到来。

魏文侯向赵国借道去攻打中山，赵肃侯准备拒绝，赵刻说："您错了。魏国攻打中山不能取胜，则魏军必然疲惫，魏军疲惫则魏国地位降低，魏国地位降低则赵国地位上升。魏国即便攻下了中山，也不能跨越赵国而长有中山，则用兵攻打中山的是魏国，而最终得到中山的是赵国。您一定要答应。答应他们而显得很高兴，他们就会知道您将从中获利，就会停止行动。您不如借给他们道路，并且表现出借路是迫不得已的样子。"

鸱夷子皮侍奉田成子，田成子逃离齐国，逃往燕国，鸱夷子皮背着出关的符牒跟着他。到了望邑，子皮说："您没有听说过枯涸沼泽中的蛇吗？沼泽干涸了，里面的蛇准备迁移，有小蛇对大蛇说：'你在前面走，我跟随着，人们都会认为这只是过路的蛇，一定会有人杀死你。不如相互衔着，你背着我走，这样人们就会将我看作神君。'于是两蛇相互衔着嘴，背负着穿过大路，人们都躲避开，说：'这是神君啊。'如今您漂亮而我貌丑。若以您为我的上客，人们就会将我看成千乘小国的君主；若以您为我的使者，人们就会将我看成万乘大国的卿相。您不如扮作我的侍从。"田成子于是背着出关的符牒跟着鸱夷子皮，到了旅社，旅社的主人非常恭敬地招待他们，并献上了酒肉。

有个温地的人到周地去，周人不接纳客人，问他说："你是客人吗？"温人回答："我是主人。"问他同巷的人，都不认识他，官吏因此将其囚禁起来。周君派人审问他说："你不是周人，却自称不是客人，这是为何呢？"温人回答："我小时就诵诗，说：普天之下，莫非王土；率土之滨，莫非王臣。如今您是天子，则我是天子的臣民，岂有作为人家的臣民而又自称为客人的？所以我才说自己是主人。"周君于是让他出了监狱。

韩宣王对樛留说："我打算同时任用公仲、公叔，可以吗？"樛留回答："不可。晋国同时任用六卿，而国家被瓜分；齐简公同时任用田成、阚止而被弑杀；魏国同时任用犀首、张仪而丢掉了西河之地。如今您同时任用两人，权势强大的就会树立私党，权势弱小的就会借重国外势力。臣子有的在内树立私党来傲视君主，有的在外勾结诸侯来削割国土，那样的话大王的国家就危险了。"

绍绩昧醉酒睡着后丢失了皮裘，宋君问："醉酒足以丢失皮裘吗？"绍绩昧回答："夏桀因为醉酒而丢失了天下。《康诰》中说：'不要彝酒。'彝酒就是常常喝酒。常常喝酒，天子就会失去天下，匹夫就会失去性命。"

经典解读

任妄劝秦康公加强防备之事，说明：自身存在缺点，不加明察，不加防备，就必然招致祸患；人要有自知之明，多反省自己的缺点，防患于未然。

臧孙子求援于楚国之事，说明：别人行事总会从其自身利益点出发，深思对方的利益，就能知道他会采取什么行动；不要将自己的命运寄托在他人身上。

赵刻劝赵肃侯借道之事，说明：自己的意图不可被他人所知，才能让他人为自己"火中取栗"，才可以从他人的行为中获利。君主统驭臣下也是如此，要想让臣下为自己"卖命"，就不可令他们清楚自己的意图。

子皮侍奉田成子逃亡之事，所说的道理与上相同，都是说：保持神秘感，不让他人了解自己的真实情况，他人便不敢不尊重自己，便会自然拥有一种威势；君主也不可使自己被他人看透。

温人在周君面前辩解之事，则告诉人们：给他人虚名虚誉，可以换取自己的利益；君主若在乎虚名虚誉，就会被他人的花言巧语所蒙骗。

韩宣王问樛留之事，说明：君主不可以令臣子相互平衡、争斗的方式维持自己的统治。这也是后面《内储说下》中所提到的"参疑之势，乱之所由生也，故明主慎之"。

绍绩昧说宋君之事，则说明：君主不可沉溺于口腹声色等欲望，否则便会丢掉自己的权柄。

原文 3

　　管仲、隰朋从于桓公而伐孤竹，春往冬反，迷惑失道，管仲曰："老马之智可用也。"乃放老马而随之，遂得道。行山中无水，隰朋曰："蚁冬居山之阳，夏居山之阴。蚁壤一寸而仞有水。"乃掘地，遂得水。以管仲之圣而隰朋之智，至其所不知，不难师于老马与蚁。今人不知以其愚心而师圣人之智，不亦过乎？

　　有献不死之药于荆王者，谒者操之以入。中射之士①问曰："可食乎？"曰："可。"因夺而食之。王大怒，使人杀中射之士，中射之士使人说王曰："臣问谒者，曰'可食'，臣故食之，是臣无罪，而罪在谒者也。且客献不死之药，臣食之而王杀臣，是死药也，是客欺王也。夫杀无罪之臣，而明人之欺王也，不如释臣。"王乃不杀。

　　田驷欺邹君，邹君将使人杀之，田驷恐，告惠子，惠子见邹君曰："今有人见君，则睐其一目，奚如？"君曰："我必杀之。"惠子曰："瞽，两目睐，君奚为不杀？"君曰："不能勿睐。"惠子曰："田驷东慢齐侯，南欺荆王，驷之于欺人，瞽也，君奚怨焉？"邹君乃不杀。

　　鲁穆公使众公子或宦于晋，或宦于荆。犁锄曰："假人于越而救溺子，越人虽善游，子必不生矣。失火而取水于海，海水虽多，火必不灭矣，远水不救近火也。今晋与荆虽强，而齐近，鲁患其不救乎？"

　　严遂不善周君，患之②。冯沮曰："严遂相，而韩傀贵于君，不如行贼于韩傀，则君必以为严氏也。"

　　张谴相韩，病将死。公乘无正怀三十金而问其疾。居一月，公自问张谴曰："若子死，将谁使代子？"答曰："无正重法而畏上，虽然，不如公子食我之得民也。"张谴死，因相公乘无正。

乐羊为魏将而攻中山，其子在中山。中山之君烹其子而遗之羹，乐羊坐于幕下而啜之，尽一杯。文侯谓堵师赞曰："乐羊以我故而食其子之肉。"答曰："其子而食之，且谁不食？"乐羊罢③中山，文侯赏其功而疑其心。孟孙猎得麑，使秦西巴持之归，其母随之而啼。秦西巴弗忍而与之，孟孙归，至而求麑，答曰："余弗忍而与其母。"孟孙大怒，逐之。居三月，复召以为其子傅。其御曰："曩将罪之，今召以为子傅，何也？"孟孙曰："夫不忍麑，又且忍吾子乎？"故曰："巧诈不如拙诚。"乐羊以有功见疑，秦西巴以有罪益信。

曾从子，善相剑者也。卫君怨吴王。曾从子曰："吴王好剑，臣相剑者也，臣请为吴王相剑，拔而示之，因为君刺之。"卫君曰："子为之是也，非缘义也，为利也。吴强而富，卫弱而贫，子必往，吾恐子为吴王用之于我也。"乃逐之。

注　释

①中射之士：侍从官。

②患之：应为"周君患之"。

③罢：归。

译　文

管仲、隰朋跟随齐桓公讨伐孤竹国，春天出征，冬季返回，途中迷失了道路。管仲说："老马的才智可以利用。"便放开老马，全军跟随着，于是找到了道路。行走在山中没有水，隰朋说："蚂蚁冬天居住在山北侧，夏天居住在山南侧。蚁垤若有一寸高，则下面一仞深的地方就会有水。"于是掘地，果然找到了水。凭借管仲、隰朋的聪明智慧，碰到他们所不知道的事情，还需要向老马、蚂蚁学习。如今的人不知道以他们愚蠢的心去学习圣人的智慧，不也是错了吗？

有人进献不死药给楚王，传达官员拿着药进来。侍从官问："可以吃吗？"回答："可以。"于是侍从官便抢过来吃了，楚王大怒，派人杀死侍从官，侍从官让人劝说楚王道："臣询问传达官，他说可以吃，我才吃的。我没有罪过，而罪在传达官。且客人进献不死药，臣吃了而大王杀死臣，这是致死的药啊，是客人欺骗大王。杀死无罪之臣，而表面有人欺骗了大王，还不如将臣释放。"楚王便没有杀他。

田驷欺骗邹君，邹君将派人杀死他，田驷害怕，就告诉了惠子，惠子拜见邹君说："如今有人见到您，就闭上一只眼睛，怎么样呢？"邹君说："我一定杀了他。"惠子说："盲人两只眼睛都闭着，您为何不杀了他呢？"邹君说："盲人不得不闭上眼睛。"惠子说："田驷东欺齐侯，南骗楚王。他对于欺骗人，就如瞎子闭眼一样（早就习以为常了），您为何还要怨恨他呢？"邹君于是没有杀死田驷。

鲁穆公让公子们有的去晋国为官，有的去楚国为官，犁锄说："从越国来借人来救溺水的孩子，越人虽然善于游泳，但孩子一定救不活。失火了而取水于大海，海水虽然多，火一定不能扑灭，因为远水解救不了近火。如今晋国、楚国虽然强大，而齐国离鲁国最近，若鲁国有了齐国之祸，恐怕晋国、楚国不能解救吧！"

韩相严遂与周君不和，周君为此忧虑，冯沮说："严遂为韩相，而韩傀受到韩君器重，不如行刺韩傀，这样韩君一定会认为是严遂派人刺杀的。"

张谴担任韩相，生病将要死去。公乘无正拿着三十金去探病，过了一个月韩君亲自询问张谴说："若您去世了，将以谁代替您呢？"张谴回答："公乘无正重视法治且敬畏君主，尽管如此，他不如公子食我更得民心。"张谴死后，韩君便任公乘无正为相。

乐羊为魏将攻打中山，他的儿子正在中山，中山君烹杀了他的儿子，并将肉羹送给乐羊，乐羊坐在帐幕下喝肉羹，将一杯都喝尽了。魏文侯对堵师赞说："乐羊因为我的缘故而吃了自己儿子的肉。"堵师赞回答："自己儿子的肉都吃，还有谁的肉不吃呢？"乐羊从中山归来，文侯奖赏了他的功劳，却怀疑他的用心。孟孙狩猎得到一头小鹿，让秦西巴拿着返回，母鹿跟在后面啼叫，秦西巴不忍心便将小鹿还给了它。孟孙回去以后，来要小鹿，秦西巴回答："我不忍心而将其还给了它的母亲。"孟孙大怒，赶走了他。过了三个月，又将秦西巴召回来，任命他做自己儿子的老师。他的车夫问："从前您要加罪他，如今又将其召回来作为儿子的老师，这是为何呢？"孟孙说："他对小鹿都不忍心伤害，更何况是对我的儿子呢？"所以说："巧诈比不上拙诚。"乐羊有功却更被怀疑，秦西巴有罪而更受信任。

曾从子，是个善于相剑的人。卫君怨恨吴王，曾从子说："吴王喜欢宝剑，臣能够相剑，我请求前往为吴王相剑，拔出剑向他展示，趁机为您刺杀他。"卫君说："你做这样的实情，并非是因为道义，而是为了利益。吴国强大富有，卫国弱小贫穷，你一定要去，我怕你会被吴王所用，反过来对付我啊！"于是将其逐走了。

经典解读

管仲以马识途，隰朋以蚁求水来告诉人们：一、要善于利用自然规律；二、智者也有才智不及人之处，愚者也有胜过他人的见识，不懂的地方就要虚心向别人请教。身居高位者不可刚愎自用，而要有询于刍荛、不耻下问的精神。

传达官、田驷明明有罪，楚王、邹君却不施行惩罚，听从了巧辩以后，便释放了他们。这说明：巧辩之辞往往能够颠倒是非，迷惑人心，则君主且不可听信那些善于颠倒是非的说客辩士的言辞。

犁钼劝谏鲁穆公之事说明了"远水不解近渴"的道理，智者行事一定要考虑当务之急，很多远大美好的事情只能拿来听听，却不能解决任何现实问题。这就如那些宣传上古王道善政的学者，他们的政治理想的确十分美好，但却不能解决现实社会中那些迫切的问题，所以只是空谈、空想。

严遂与韩傀相厌恶、争权，所以冯沮劝周君刺杀韩傀而陷害严遂，这说明：朝中大臣结党、争权，敌国就会以此来扰乱本国国政，操控本国大臣的废置，君主应该尽力避免这种状况在朝中出现。

君主最担心的就是臣下得民心，张谴十分明白这个道理，所以能够暗中帮助公乘无正取得相位。在大臣的角度上说，这告诉臣子们，不要因为得民心而威胁到君主；在君主的角度上，这告诉君主们，废置大臣要明察他们的德行、才干、功绩，而不能轻听别人的意见，别人可能会因为个人的利害关系、私恩私仇而乱定国家大事。

乐羊有功受疑，秦西巴有罪受赏，以及曾从子遭到卫君驱逐等事，都告诉臣子事奉君主要靠"拙诚"，而不靠"巧诈"。常怀仁心、善心，才能长久得到信任；凭借一时智巧，若为了功业而做出违背常情之事，终将受到君主的猜忌。

原文 4

　　纣为象箸①而箕子怖，以为象箸必不盛羹于土铏②，则必犀玉之杯，玉杯象箸必不盛菽藿，则必旄象豹胎，旄象豹胎必不衣短褐，而舍茅茨之下，则必锦衣九重，高台广室也。称此以求，则天下不足矣。圣人见微以知萌，见端以知末，故见象箸而怖，知天下不足也。

　　周公旦已胜殷，将攻商盖，辛公甲曰："大难攻，小易服，不如服众小以劫大。"乃攻九夷而商盖服矣。

　　纣为长夜之饮，惧以失日③，问其左右尽不知也，乃使人问箕子，箕子谓其徒曰："为天下主而一国皆失日，天下其危矣。一国皆不知而我独知之，吾其危矣。"辞以醉而不知。

　　鲁人身善织屦，妻善织缟，而欲徙于越，或谓之曰："子必穷矣。"鲁人曰："何也？"曰："屦为履之也，而越人跣行④；缟为冠之也，而越人被发。以子之所长，游于不用之国，欲使无穷，其可得乎？"

　　陈轸贵于魏王，惠子曰："必善事左右。夫杨，横树之即生，倒树之即生，折而树之又生。然使十人树之而一人拔之，则毋生杨矣。以十人之众，树易生之物，而不胜一人者，何也？树之难而去之易也。子虽工自树于王，而欲去子者众，子必危矣。"

　　鲁季孙新弑其君，吴起仕焉。或谓起曰："夫死者，始死而血，已血而衄⑤，已衄而灰，已灰而土，及其土也，无可为者矣。今季孙乃始血，其毋乃未可知也。"吴起因去之晋。

　　隰斯弥见田成子，田成子与登台四望，三面皆畅，南望，隰子家之树蔽之，田成子亦不言。隰子归，使人伐之，斧离数创，隰子止之。其相室曰："何变之数也？"隰子曰："古者有谚曰：'知渊中之鱼者不祥。'夫田子将有大事，而我示之知微，我必危矣。不伐树，未有罪也，知人之所不言，其罪大矣。"乃不伐也。

　　杨子过于宋东之逆旅。有妾二人，其恶者贵，美者贱。杨子问其故。逆旅之父答曰："美者自美，吾不知其美也；恶者自恶，吾不知其恶也。"杨子谓弟子曰："行贤而去自贤之心，焉往而不美？"

卫人嫁其子而教之曰：“必私积聚。为人妇而出，常也；其成居，幸也。”其子因私积聚，其姑⑥以为多私而出之，其子所以反者，倍其所以嫁。其父不自罪于教子非也，而自知其益富。今人臣之处官者，皆是类也。

鲁丹三说中山之君而不受也，因散五十金事其左右。复见，未语，而君与之食。鲁丹出，而不反舍，遂去中山。其御曰：“仅见，乃始善我，何故去之？”鲁丹曰：“夫以人言善我，必以人言罪我。”未出境，而公子恶之曰：“为赵来闲中山。”君因索而罪之。

田伯鼎好士而存其君，白公好士而乱荆。其好士则同，其所以为则异。公孙友自刖而尊百里，竖刁自宫而谄桓公。其自刑则同，其所以自刑之为则异。慧子曰：“狂者东走，逐者亦东走，其东走则同，其所以东走之为则异。故曰：同事之人，不可不审察也。”

注 释

①象箸：象牙筷子。

②土铏：陶制食器。

③惧，当作“懂”，狂欢。失日，忘记了日期。

④跣行：赤脚行走。

⑤皽：皮肤萎缩。

⑥姑：婆婆。

译 文

纣王制作了象牙筷子，箕子感到恐惧，认为使用了象牙筷子，就一定不会再用陶器盛羹，一定要使用犀角美玉的杯子；玉杯象箸一定不会盛放普通食物，一定要吃奇珍异兽；吃珍禽异兽一定不再穿粗布短衣而住在茅屋之下，一定会穿多层的锦衣，住在高台广室之中。按照这种方式追求下去，那么整个天下也不能满足他的欲望。圣人见到微小的变化就知道发展的趋势，见到事情的开端就知道结果，所以看到象牙筷子就恐惧，知道天下不足以满足纣王的欲望。

周公旦已经战胜殷商，将要攻打商盖，辛公甲说：“大国难以攻取，小国容易征服。不如先征服众多小国来胁迫大国。"于是攻取九夷地区，商盖便跟着服从了。

纣王日夜不停地饮酒，因狂欢而忘记了日期，询问左右都不知道，便派人询问箕子，箕子对其随从说："作为天下君主而令一国都不知道日期，天下危险了。一国都不知道日期，而我独独知道，我也就危险了。"于是推辞说喝醉了酒，也不知道日期。

有个鲁国人自己善于编草鞋，妻子善于织缟，他们打算搬到越国去，有人对他说："你一定会贫穷。"这个鲁国人问："为什么呢？"回答："草鞋是脚上穿的，而越人都光脚行走；缟是做帽子的，而越国人都披着散头发。带着你的长处，去不能使用它们的国家，想要不贫困，能够做到吗？"

陈轸受到魏王重视，惠子对他说："一定要好好结交君主身边的人。杨树横着栽能活，倒着栽也能活，折断了再栽还能活。然而，令十个人栽种，而一个人来拔，那就没有能存活的杨树了。以十人之众，栽种极易成活的杨树，却经不起一人来拔，这是为何呢？栽种困难而拔出简单啊。你虽然善于在君王面前树立自己的威信，但若想要赶走你的人很多，你就危险了。"

鲁国季孙刚刚弑杀了他的君主，吴起在鲁国做官，有人对吴起说："死去的人，刚死时流血，血流尽了皮肤就枯缩，枯缩之后就腐朽，腐朽之后就化为土，等到化土，就不能为祟了。如今季孙刚刚流血，往后的变化恐怕尚未可知呢。"吴起于是离开鲁国前往晋国。

隰斯弥拜见田成子，田成子与他登上高台四望，三面都没有遮蔽，只在向南望时，隰斯弥家的树挡住了视线，田成子也没有说什么。隰斯弥回去后，便叫人砍树，斧子刚砍了几个口子，隰斯弥便制止了。他的管家问："为何变化得这么快呢？"隰斯弥说："古有谚语说：'察知深渊中的鱼，不祥。'田成子正要做大事，而我却显示已经知道他的隐秘，我必定危险了。不砍树没有什么罪过，知道别人没有说出的话，罪过就大了。"于是便不再砍树。

杨子路过宋国东边的旅店。店主人有妾二人，长得丑的地位高，而长得美的地位低。杨子询问其中缘由，旅店主人回答："长得美的自以为很美，我不觉得她美；长得丑的自以为很丑，我不觉得她丑。"杨子对弟子说："追求贤德而除去自以为贤德之心，到了哪里不受到赞美呢？"

卫国有人嫁女儿，教育她说："一定要私下积聚财物。做人家的妻子而被休回娘家，是常有的事情。能够终身在一起，则是侥幸。"他的女儿因此私下积聚财物，她婆婆认为她私心太多而将其休回家，她返回娘家时带的财物比出嫁时带去的多一倍。她的父亲不归罪于自己教育女儿不对，而自以为增加了财富是明智的。如今处在官位上的臣子，大多都与此类似。

鲁丹三次游说中山君，都不被接受，于是散发了五十金贿赂中山君左右之人，再次谒见，还没有说话，中山君就款待他吃饭。鲁丹出去以后，没有返回住所，就离开了中山。他的车夫问："受到召见，才开始善待我们，为何要离开呢？"鲁丹说："因为别人的话而善待我，也一定会因为别人的话而怪罪我。"还未出境，就有公子中伤他说："他是为赵国来刺探中山的。"中山君于是搜捕鲁丹要治他的罪。

田伯鼎喜欢士人，而拯救过他的国君；白公胜喜欢士人，却扰乱了楚国。他们好士这点相同，但利用士人所做的事情却不同。公孙支自己接受刖刑而使百里奚受到重用，竖刁自宫而谄媚齐桓公，他们自我用刑的行为相同，但之所以自我用刑的目的却不同。惠子说："疯子向东跑，追逐他的人也向东跑，他们向东跑的行为是相同的，但向东跑的原因则不同。所以说，对做相同事情的人，不可不详察谨辨。"

经典解读

纣王用象箸，箕子感到恐惧，告诉人们：祸患莫不成于微末，只有智虑深远的智者才能见微知著。

辛公甲劝周公，说明：做事一定要懂得方法，与其强取，不如先营造出必胜之势。

箕子推辞不知道日期、隰斯弥拜见田成子等事，阐述了藏愚守拙，不敢自为聪明的道理。

鲁人搬家的故事，说明：所学的技术一定要切合社会现实需求；一定要善于寻找能发挥自己才智的地方。则儒者一定要寻找看重仁德的君主，法术之士一定要选择看重法律制度的君主，纵横之士一定要寻找容易被说服的君主，强谏之臣一定要选择宽容大度的君主……

惠子教诲陈轸之事，说明臣子要想发挥自己的才能、实现自己的政治主张，就必须善于树立自己的威望，不可不结交一些君主亲贵；过于清高自负的人，即便有才能也是很难大展宏图的。

吴起离开鲁国，鲁丹逃离中山，都阐述了智者要有远见，能防患于未然，即"君子不立于岩墙之下"的道理。

杨子的经历，告诉人们，不可自矜自傲，也就是"自伐者无功，自矜者不长"的道理。

卫人嫁女儿的故事主要是告诉臣子要尽心国事，不可心怀二心。很多臣子就是因为忠诚不够，总想着为自己留后路，所以才会引来灾祸，被国君所驱逐。这还是说"巧智不如拙诚"的道理。

最后一段则告诉人们：观察事情不能只看表面现象，一定要深入察明原因，这样才不会将似是而非的事情混淆。

说林下

原　文

　　伯乐教二人相踶马①，相与之简子厩观马。一人举踶马，其一人从后而循之，三抚其尻而马不踶。此自以为失相。其一人曰："子非失相也。此其为马也，踦肩而肿膝。夫踶马也者，举后而任前，肿膝不可任也，故后不举。子巧于相踶马而拙于任肿膝。"夫事有所必归，而以有所，肿膝而不任，智者之所独知也。惠子曰："置猿于柙中，则与豚同。"故势不便，非所以逞能也。

　　卫将军文子见曾子，曾子不起而延于坐席，正身于奥②。文子谓其御曰："曾子，愚人也哉！以我为君子也，君子安可毋敬也？以我为暴人也，暴人安可侮也？曾子不僇，命也。"

　　鸟有翢翢者，重首而屈尾，将欲饮于河，则必颠，乃衔其羽而饮之。人之所有饮不足者，不可不索其羽也。

　　鳣③似蛇，蚕似蠋④。人见蛇则惊骇，见蠋则毛起。渔者持鳣，妇人拾蚕，利之所在，皆为贲、诸。

　　伯乐教其所憎者相千里之马，教其所爱者相驽马。千里之马时一，其利缓；驽马日售，其利急。此《周书》所谓"下言而上用者，惑也。"

　　桓赫曰："刻削之道，鼻莫如大，目莫如小。鼻大可小，小不可大也。目小可大，大不可小也。"举事亦然，为其后可复者也，则事寡败矣。

167

崇侯、恶来知不适纣之诛也，而不见武王之灭之也。比干、子胥知其君之必亡也，而不知身之死也。故曰："崇侯、恶来知心而不知事，比干、子胥知事而不知心。"圣人其备矣。

宋太宰贵而主断。季子将见宋君，梁子闻之曰："语必可与太宰三坐乎，不然，将不免。"季子因说以贵主而轻国。

杨朱之弟杨布衣素衣而出。天雨，解素衣，衣缁衣而反，其狗不知而吠之。杨布怒，将击之。杨朱曰："子毋击也，子亦犹是。曩者使女狗白而往，黑而来，子岂能毋怪哉！"

惠子曰："羿执鞅持扞，操弓关机，越人争为持的。弱子扞弓，慈母入室闭户。故曰：可必，则越人不疑羿；不可必，则慈母逃弱子。"

注　释

①蹃马：烈马。
②奥：尊位。
③鳝：鳝鱼。
④蠋：毛虫。

译　文

伯乐教二人识别踢人的烈马，这两个人一起到赵简子的马厩中去观察马。一个人选出了一匹烈马，另一个人从后面去抚摸它，三次抚摸马屁股，马都没有踢人。这个选马的人认为自己识别错了。另一个人说："并非是你识别错了。这匹马前肩骨折，膝部肿大；踢人的烈马，抬起后退踢人时，就要用前腿支撑身体的重量；前膝肿大则不能支持全身，所以它不能抬起后腿踢人。你善于识别烈马，却没察别前膝肿大这事。"事情的发生都是有一定原因的，然而像前膝肿大，便不能承担全身重量这样的道理，只有智者才能了解。惠子说："将猿猴放入笼子中，就和小猪没有什么区别。"所以形势不利，就不能尽情展现自己的能力。

卫国将军文子拜见曾子，曾子没有起身就邀请文子入座，自己却坐于尊位之上。文子对他的车夫说："曾子，是个愚人啊！若将我作为君子，君子怎

168

么能够不尊敬呢？若认为我是残暴的人，残暴的人怎么可以羞辱呢？曾子没有遭受杀戮，也算他命大。"

有一种叫翾翾的鸟，头大尾秃，要到河中饮水时，一定会跌入水中。于是就衔着自己的羽毛汲水喝。人要想饮水却不能实现的，不可不求索能助自己饮水的"羽毛"。

黄鳝类似蛇，蚕类似毛虫。人们看到蛇就惊骇，看到毛虫就恐惧。然而渔夫捕捉黄鳝，妇女拾蚕喂养，因为利益所在，都能如孟贲、专诸一样勇敢。

伯乐教他所憎恶的人识别千里马，教他所喜爱的人识别驽马。千里马偶尔才有一个，识别这种马获利缓慢；驽马每天都出售，设别这种马获利迅速。这就是《周书》上说的："将特殊情况下的话当作普遍法则来引用，是一种迷惑。"

桓赫说："雕刻之道，鼻子不如先刻大些，眼睛不如先刻小些。鼻子大了可以再修小，而刻小了就不能再加大了。眼睛小了可以再加大，而刻大了就不能变小了。"做事也是如此。做日后尚可补救的事情，那么失败就很少了。

崇侯、恶来知道不阿顺纣王就会遭到诛杀，却看不到武王会消灭纣王。比干、伍子胥知道其君主必定灭亡，而不知道自身会遭受杀害。所以说："崇侯、恶来懂得君主心理，却不知兴亡之事；比干、伍子胥知道兴旺之事，却不懂君主的心理。"圣人则兼备二者，既懂得君心，又知道兴亡。

宋太宰地位尊贵而行事专断。季子将要谒见宋君，梁子听到后说："您和君主说话时，一定要像太宰也在座一样。不然的话，难免遭殃。"季子于是进谏了一些尊重君主和少操劳国事的意见。

杨朱的弟弟杨布穿着白衣服出门，天下雨，解下白衣服，穿着黑衣服返回家中，家里的狗不知道，向他吠叫。杨布大怒，将要打狗。杨朱说："你不要打它，你自己也是这样。若让你的狗白颜色出去，变成黑颜色返回，你能不奇怪吗？"

惠子说："羿带着指套、皮袖，拉弓射箭之时，关系疏远的越人也争着为他举靶；小孩子拉弓射箭时，连他的母亲都会躲入屋中，关闭窗户。所以说：

事情一定没有危险时，关系疏远的越人也不会有所怀疑；事情不确定有无危险时，连母亲也会避开儿子。"

经典解读

二人相马的事，说明很多行为都是因为形势而做出的，并非完全展示人的意愿。烈马不踢人，并非他不想踢人，而是身体形势不允许；同样，很多臣子不弄权、背叛，并非他们不希望窃取更多、更大的权势，而是形势不允许。则君主驾驭臣下，要营造出令他们不敢、不能背叛的形势，而不是依赖他们不愿背叛的忠心。

曾子是个忠厚有仁德的人，所以待人朴实、简单，没想到那么多利害关系；而文子却想到了，认为若自己是个心胸狭隘的人一定会加害曾子。这就告诉人们，不要用自己的性格、心胸去揣测别人，那样就可能因为一些自己并没在意的小事而招来大祸。古人说："一人三失，怨岂在明，不见则图。"就是这个道理。

翾翾不能正常饮水，必须衔着自己的羽毛；同理，君主手握大权，受人窥测，比翾翾站在河边更加危险，必须善于利于自己的地位、威势，运用权术，才能不跌入水中，饮到自己的水。

渔夫、妇女能够看到利益，所以不畏惧黄鳝、蚕。君主役使臣下、百姓，也要让他们看到利益，这样他们才会如孟贲、夏育一样勇敢，为自己建立功业。

识千里马获利满，而识驽马获利快。这说明：太公、管仲那样的贤人是很难求得的，君主若一味要追求这样的贤人，是很难如愿的；与其依靠贤人治理国家，不如依靠好的政治制度，使平常的人才也能建功立业。

桓赫的雕刻之道告诉人们做事要留下补救之地；崇侯、恶来、比干、伍子胥的遭遇，则告诉人们既要察知兴亡之道，又要懂得君主心理——即天道、人事，必须兼察。

梁子劝告季子之事，则说明：一、权臣在位，臣下就不敢大胆进言；二、说话时一定要想到，这话总会被别人知道的，不要心存侥幸而在背后议论别人。

衣服多变，狗就无法认识主人，就不知道该不该叫；法令多变，民众就无法顺从君主，就不知道该如何行事。所以，为政者对于更改法令不可不慎重。

后羿射箭，不会伤及他人，所以人人争着帮助他；小孩子射箭，往往误伤他人，所以连他母亲都避开。这说明要想别人顺从自己、帮助自己，必须让别人看到有利无害；也就是为政者要以利害关系驾驭他人，而不是通过亲疏关系。

原文 2

桓公问管仲："富有涯①乎？"答曰："水之以涯，其无水者也；富之以涯，其富已足者也。人不能自止于足，而亡其富之涯乎。"

宋之富贾有监止子者，与人争买百金之璞玉，因佯失而毁之，负其百金，而理其毁瑕，得千溢焉。事有举之而有败，而贤其毋举之者，负之时也。

有欲以御见荆王者，众驸②妒之，因曰："臣能撅鹿。"见王。王为御，不及鹿，自御，及之。王善其御也，乃言众驸妒之。

荆令公子将伐陈。丈人送之曰："晋强，不可不慎也。"公子曰："丈人奚忧，吾为丈人破晋。"丈人曰："可。吾方庐陈南门之外。"公子曰："是何也？"曰："我笑勾践也，为人之如是其易也，己独何为密密十年难乎？"

尧以天下让许由，许由逃之，舍于家人，家人藏其皮冠。夫弃天下而家人藏其皮冠，是不知许由者也。

三虱相与讼，一虱过之，曰："讼者奚说？"三虱曰："争肥饶之地。"一虱曰："若亦不患腊之至而茅之燥耳，若又奚患？"乃相与聚嘬其母而食之。彘臞③，人乃弗杀。

虫有虺者，一身两口，争食相龁也。遂相杀，因自杀。人臣之争事而亡其国者，皆虺类也。

宫有垩，器有涤，则洁矣。行身亦然，无涤垩之地则寡非矣。

公子纠将为乱，桓公使使者视之。使者报曰："笑不乐，视不见，必为乱。"乃使鲁人杀之。

公孙弘断发而为越王骑，公孙喜使人绝之，曰："吾不与子为昆弟矣。"公孙弘曰："我断发，子断颈而为人用兵，我将谓子何？"周南之战，公孙喜死焉。

有与悍者邻，欲卖宅而避之。人曰："是其贯将满矣，子姑待之。"答曰："吾恐其以我满贯也。"遂去之。故曰："物之几者，非所靡也。"

注 释

①涯：边际。

②骑：马夫。

③臞：消瘦。

译 文

齐桓公问管仲："富贵有边际吗？"管仲回答："水的边际，就在没有水的地方。富贵的边际，就在富贵已经满足的时候。然而人不能在富足的时候就停止奢求，所以也就忘记了富贵的边际吧！"

宋国有被称为监止子的富商，与人争着买一块价值百金的玉璞，就假装失手而摔破了玉璞，赔了百金。回去后他修理了摔坏的痕迹，转手卖得千金。事情有做了而失败，因而认为不做为好的，那就是只看到了赔钱的时候。

有个人想凭借驾车技术进见楚王，众多马夫都忌妒他。于是他说："我能追击奔鹿。"见到楚王以后，楚王亲自驾车，没有赶上奔鹿；这人自己驾车，便赶上了奔鹿。楚王称赞他的驾车技术，他才说明有众多马夫忌妒自己。

楚国令公子攻打陈国，有位老丈送他，说："晋国强大，不可不谨慎。"公子说："老丈何必忧愁，我为您攻破晋国。"老丈说："可以。我将在陈国南门之外结庐等待。"公子说："这是为何呢？"老丈说："我这是笑勾践啊。战胜敌人若这样容易的话，他为何还要苦苦忍受十年的艰难呢？"

尧将天下让给许由，许由逃开了，住在别人家中。那家人将皮帽收藏了起来。许由弃天下而不取，那家人却藏起皮帽（害怕许由偷窃），这是不了解许由的缘故啊！

三只虱子相互争吵，另一个虱子从旁经过，问道："为何争吵？"三个虱子说："为了争猪身上肥饶的地方。"路过的虱子说："你们也不担心腊祭到时，人们用茅草烧烤猪身，还担心其他的事情干嘛？"这些虱子便聚在一起，吸食猪身上的血肉。猪消瘦了，人们就没有将其杀死祭祀。

虫类中有一种叫虺的毒蛇，一个身体上长着两张嘴巴，因为争食而相互噬咬。于是相互残杀，就这样杀死了自己。臣子争权夺势而导致国家灭亡的，都是虺一类的啊。

宫墙涂上白色，器具用水冲洗，就洁净了。修身处世也是如此，没有再需要涂刷、洗涤的地方，过错也就少了。

公子纠将要作乱，齐桓公派遣使者前往察看。使者回报说："公子纠笑得不快乐，视若不见，一定是要作乱了。"于是桓公让鲁国杀死了他。

公孙弘剪断头发做了越王的骑士，公孙喜派人宣布和他绝交，说："我和你不再是兄弟了。"公孙弘说："我不过剪断了头发，而你却要断掉脖子去为人打仗，我该说你些什么呢？"周南之战时，公孙喜战死了。

有与蛮横的人做邻居的，想卖掉住宅躲避。有人劝他说："这个人恶贯满盈了，你姑且等待一下。"那人说："我怕他会用我来填满罪恶哩！"于是就离开了。所以说："事情到了危急的关头，就再也不能拖延了。"

经典解读

人的欲望没有止境，对富贵的追求也是没有止境的。智者要善于遏止过度的欲望；而君主则要防备他人为了追求无止的欲望而伤害自己。

就如监止子购买美玉一样，很多事情看似失败了，其实却是成功。智者行事当知以退为进的原则。如晋文公退避三舍而战胜楚军；勾践屈身仕吴而最终灭掉夫差。

隐藏自己的想法，才不会受到别人的忌妒，最终实现自己的目的。臣子要想得到君主的赏识，也应该收敛自己的光芒、隐藏自己的才智，以免遭受群臣猜忌而不能见到君主。懂得这个道理，所以善于驾车的人能够见到楚王；不懂得因此自己的想法，所以公子纠被桓公杀死。

丈人讽刺荆公子，是为了告诉他功业难以取得，不可骄傲自大。许由遭

173

到猜忌，是因为不被他人所了解，这告诉人们：不可以小人之心，度君子之腹；否则必会因浅陋无知而遭到嘲笑。

蚖相互噬咬而死亡，三个虱子同心协力而免祸，这告诉同朝为官的臣子要齐心协力，维护自己的国家，而不可相互斗争，自取灭亡。

公孙喜看到别人的小过，却看不到自己的大过，这就是能够知人却不能够知己，所以作战而死。

在危急的关头毫不犹豫，所以卖宅子的人能免除祸患。而世人之所以经常蒙受祸患，就是因为没有这种决心，常常心怀侥幸。这说明：一、要想避免祸患，就不可心怀侥幸，行事必须果断、避免拖延致祸；二、为政者禁止人们做某事，就应该消除他们的侥幸之心，使他们感到事情的危急性。

原文 3

孔子谓弟子曰："孰能导子西①之钓名也？"子贡曰："赐也能。"乃导之，不复疑也。孔子曰："宽哉！不被于利，絜②哉！民性有恒，曲为曲，直为直。"孔子曰："子西不免。"白公之难，子西死焉。故曰："直于行者，曲于欲。"

晋中行文子出亡，过于县邑，从者曰："此啬夫，公之故人，公奚不休舍，且待后车？"文子曰："吾尝好音，此人遗我鸣琴；吾好珮，此人遗我玉环：是振我过者也。以求容于我者，吾恐其以我求容于人也。"乃去之。果收文子后车二乘而献之其君矣。

周趮谓宫他曰："为我谓齐王曰：以齐资我于魏，请以魏事王。"宫他曰："不可，是示之无魏也。齐王必不资于无魏者，而以怨有魏者。公不如曰：以王之所欲，臣请以魏听王。齐王必以公为有魏也，必因公。是公有齐也，因以有齐、魏矣。"

白圭谓宋令尹曰："君长自知政，公无事矣。今君少主也而务名，不如令荆贺君之孝也，则君不夺公位，而大敬重公，则公常用宋矣。"

管仲、鲍叔相谓曰："君乱甚矣，必失国。齐国之诸公子其可辅者，非公子纠，则小白也。与子人事一人焉，先达者相收③。"管仲乃从公子纠，鲍叔从小白。国人果弑君，小白先入为君，鲁人拘管仲而效之，鲍叔言而相之。故谚曰："巫咸虽善祝，不能自祓也；秦医④虽善除，不能自弹⑤也。"以管仲之圣而待鲍叔之助，此鄙谚所谓"虏自卖裘而不售，士自誉辩而不信"者也。

荆王伐吴，吴使沮卫、蹶融犒于荆师，而将军曰"缚之，杀以衅鼓。"问之曰："女来，卜乎？"答曰："卜。""卜吉乎？"曰："吉。"荆人曰："今荆将与女衅鼓其，何也？"答曰："是故其所以吉也。吴使人来也，固视将军怒。将军怒，将深沟高垒；将军不怒，将懈怠。今也将军杀臣，则吴必警守矣。且国之卜，非为一臣卜。夫杀一臣而存一国，其不言吉，何也？且死者无知，则以臣衅鼓无益也；死者有知也，臣将当战之时，臣使鼓不鸣。"荆人因不杀也。

知伯将伐仇由，而道难不通。乃铸大钟遗仇由之君，仇由之君大说，除道将内之。赤章曼枝曰："不可。此小之所以事大也，而今也大以来，卒必随之，不可内也。"仇由之君不听，遂内之。赤章曼枝因断毂⑥而驱，至于齐，七月而仇由亡矣。

注 释

①子西：楚平王之子，时为楚国司马。

②絜：廉洁。

③收：收留、提携。

④秦医：指扁鹊。

⑤自弹：针灸好自己。

⑥断毂：截短车轴。

译 文

孔子对弟子们说："有谁能够劝止楚国令尹子西沽名钓誉的行为？"子贡说："我能。"于是前往劝导子西，子西改正错误，无须再怀疑什么了。（后来子西不接受楚国，而拥立了年幼的楚惠王）孔子说："宽厚啊！不被利益所诱惑，表现得真是廉直啊！然而人性是恒定不变的，曲的就是曲的，直的就是直的。"又说："子西难以免除灾祸。"（后来子西为了获得名声而将白公胜召回楚国）白公作乱，子西被杀。所以说："在行为上表现廉直的人，内心或许依旧存在恶的欲望。"

晋国中行文子出逃，路过一个县城，随从说："这里的官员，是您的故人，您为何不在此停下休息呢？且暂时等待一下后面的车子。"文子说："我曾经喜好音乐，这人就送给我鸣琴；我曾经喜好饰品，这人就送给我玉环。这些都是助长我的过失啊！以此求得我的好感，我怕现在他也会用我来求得别人的好感。"于是便离开了。那个官员果然扣留了中行文子随行在后面的两辆车，将其献给他新的主子。

周䕸对宫他说："为我对齐王说：假若齐国助我在魏国掌权，我就会以魏国侍奉齐王。"宫他说："不可。这样就暴露了你在魏国无势力。齐王一定不资助在魏国没有势力的人，而结怨于魏国。您不如说：按照大王的要求，臣请以魏国听从于大王。齐王一定会认为您在魏国掌权，一定会依从您。这样您有了齐国的资助，所以在齐国、魏国就都有了地位。"

白圭对宋国令尹说："君主长大后自己掌握政事，您就没有事做了。如今君主年幼而追求名声，不如令楚国来祝贺君主的孝顺，那么君主以后就不会剥夺您的地位了，反而会大大敬重您，这样你就能长期在宋国掌权了。"

管仲、鲍叔相互议论说："君上淫乱至极，一定会失去国家。齐国诸公子值得辅佐的，不是公子纠就是小白。我和你每人侍奉一个，先成功的就收留另一个人。"管仲于是随从公子纠，鲍叔辅佐小白。齐国人果然弑杀了襄公，小白率先进入鲁国，继承了君位，鲁国人拘捕了管仲，鲍叔进言小白使他任命管仲为相。所以谚语说："巫咸虽然善于祷告，却不能被除自己的灾祸；扁鹊虽然善于治病，却不能针灸好自己。"以管仲的圣明，还需要鲍叔的帮助，这就是俗语所说的"奴仆自己出卖皮裘是卖不出的，寒士自称善辩是没人相信的"。

楚王攻打吴国，吴国派遣沮卫、蹷融犒劳楚军，楚军将军说："将他们捆起来，杀了祭鼓！"楚人问沮卫、蹷融："你们来时占卜了吗？"回答："占卜了。"问:"占卜吉利吗?"回答:"吉利。"楚人说:"如今楚军要将你们祭鼓,怎么说呢?"回答:"这就是吉利的所在。吴国派人前来,正是要察知将军愤怒与否。将军愤怒,就会深沟高垒加强防守;将军不愤怒,就将懈怠。如今将军杀死我们,则吴国一定警戒防守。且国家占卜,并非为臣子一人占卜。杀死了一个臣子而保全一国,不是吉利是什么呢?况且,假若死者无知,则用我们来祭鼓也毫无益处;假若死者有知,我们将在作战之时,使楚军战鼓敲不响。"楚人因此没有杀死他们。

智伯将要攻打仇由,而道路艰险不通。于是铸造了大钟赠送给仇由君,仇由君大喜,修正道路将要把大钟接受下来。赤章曼枝劝谏说:"不可以。赠送厚礼本是小国侍奉大国的事情,如今大国反而送给我们,他们的军队一定会紧跟其后,不可以接受。"仇由君不听,于是接受了大钟。赤章曼枝于是截短车毂,驱车逃离。他逃到齐国,七个月以后,仇由国就灭亡了。

经典解读

子西知道自己的毛病,却不能彻底改正,这就是"知之易,行之难",也说明了"胜己"是十分困难的事。

中行文子是个知人的智者,可惜他知道得太晚了,若其能在危难之前就认清下属的本质,亲贤臣、远小人,也许就不会落得逃亡的下场了。

周趮与宫他的对话则告诉人们,要想别人看重自己,就必须让他们了解自己的价值。白圭劝令尹的话,则告诉人们,要想别人按照自己的意图做事,就必须让他们知道这样做的好处。沮卫、蹙融避免被杀之事,则告诉人们,要想别人不做某事,必须让他们知道这样做的坏处。智伯攻打仇由之事则告诉人们,别人无端讨好自己,一定是有所需求,须知"君子甚患无故之利"的道理。

管仲依靠鲍叔牙的事则告诉人们:一定要善于借助他人的势力,只依靠自己的才智要想取得成功是极为困难的。

原文 4

　　越已胜吴，又索卒于荆而攻晋，左史倚相谓荆王曰："夫越破吴，豪士死，锐卒尽，大甲伤，今又索卒以攻晋，示我不病也。不如起师与分吴。"荆王曰："善。"因起师而从越①，越王怒，将击之。大夫种曰："不可。吾豪士尽，大甲伤。我与战，必不克，不如赂之。"乃割露山之阴五百里以赂之。

　　荆伐陈，吴救之，军间三十里，雨十日，夜星。左史倚相谓子期曰："雨十日，甲辑而兵聚，吴人必至，不如备之。"乃为陈②。陈未成也而吴人至，见荆陈而反。左史曰："吴反复六十里，其君子必休，小人必食，我行三十里击之，必可败也。"乃从之，遂破吴军。

　　韩、赵相与为难。韩子索兵于魏，曰："愿借师以伐赵。"魏文侯曰："寡人与赵兄弟，不可以从。"赵又索兵以攻韩，文侯曰："寡人与韩兄弟，不敢从。"二国不得兵，怒而反。已乃知文侯以构③于己，乃皆朝魏。

　　齐伐鲁，索谗鼎，鲁以其雁④往，齐人曰："雁也。"鲁人曰："真也。"齐曰："使乐正子春来，吾将听了。"鲁君请乐正子春，乐正子春曰："胡不以其真往也？"君曰："我爱之。"答曰："臣亦爱臣之信。"

　　韩咎立为君，未定也。弟在周，周欲重之，而恐韩咎不立也。綦毋恢曰："不若以车百乘送之。得立，因曰为戒；不立，则曰来效贼也。"

　　靖郭君将城薛，客多以谏者。靖郭君谓谒者曰："毋为客通。"齐人有请见者曰："臣请三言而已，过三言，臣请烹。"靖郭君因见之，客趋进曰："海大鱼。"因反走。靖郭君曰："请闻其说。"客曰："臣不敢以死为戏。"靖郭君曰："愿为寡人言之。"答曰："君闻大鱼乎？网不能止，缴不能绁也，荡而失水，蝼蚁得意焉。今夫齐亦君之海也，君长有齐，奚以薛为？君失齐，虽隆薛城至于天，犹无益也。"靖郭君曰："善。"乃辍，不城薛。

　　荆王弟在秦，秦不出也。中射之士曰："资臣百金，臣能出之。"因载百金之晋，见叔向，曰："荆王弟在秦，秦不出也。"请以百金委叔向。叔向受金，而以见之晋平公曰："可以城壶丘矣。"平公曰："何也？"对曰：

"荆王弟在秦，秦不出也，是秦恶荆也，必不敢禁我城壶丘。若禁之，我曰：'为我出荆王之弟，吾不城也。'彼如出之，可以德荆；彼不出，是卒恶也，必不敢禁我城壶丘矣。"公曰："善。"乃城壶丘，谓秦公曰："为我出荆王之弟，吾不城也。"秦因出之，荆王大说，以炼金百镒遗晋。

阖庐攻郢，战三胜，问子胥曰："可以退乎？"子胥对曰："溺人者一饮而止，则无逆者，以其不休也，不如乘之以沈之。"

郑人有一子，将宦，谓其家曰："必筑坏墙，是不善，人将窃。"其巷人亦云。不时筑，而人果窃之。以其子为智，以巷人告者为盗。

注 释

①从越：跟踪越军。

②陈：通"阵"。

③构：讲，谈论。

④雁：通"赝"，赝品。

译 文

越国已经战胜吴国，又向楚国借兵去攻打晋国，左史倚相对楚王说："越国击破吴国，壮士战死，精锐之卒耗尽，铠甲毁坏，如今又向我国借兵说是要攻打晋国，这是故意向我们表示没有受损。楚国不如起兵与越国一起瓜分吴地。"楚王说："好。"就起兵跟踪越军，越王大怒，将要攻打楚军。大夫文种劝止说："不可以。我国壮士耗尽，铠甲破损，与楚国交战必然不能取胜，还不如贿赂他们。"于是便将露山北面五百里的土地割让给了楚国。

楚国攻打陈国，吴国出兵救援，吴楚两军相距三十里，下了十天雨后，夜里放晴了。左史倚相对楚国司马子期说："下了十天雨，盔甲和兵器都收起来存放着，吴军一定会来袭击，不如防备。"于是设阵防备，战阵还未摆好吴军就到了，看到楚军列阵就返了回去。倚相说："吴军反复六十里，将领一定会休息，士兵一定会吃饭，我们行军三十里前去袭击，一定可以击败他们。"于是追随过去，将吴军打败。

韩氏、赵氏相互为敌。韩君向魏氏借兵，说："希望借兵去攻打赵氏。"

魏文侯说："我和赵氏是兄弟，无法听命。"赵氏也向魏氏借兵攻打韩氏，魏文侯说："我和韩氏是兄弟，不能听命。"韩、赵借不到兵，都愤怒地回去了。过后才知道魏文侯谈论自己的话，为了使两国和解于是都去前往朝见魏氏。

齐国攻打鲁国，索要鲁国的谗鼎，鲁国将赝品送过去了，齐人说："这是赝品。"鲁人说："是真的。"齐人说："派遣乐正子春来送，我们就相信你们。"鲁君于是请求乐正子春，乐正子春说："为何不将真的送给他们呢？"鲁君说："我爱惜谗鼎。"乐正子春回答："我也爱惜我的信用。"

韩咎立为国君，尚未完全确定。他的弟弟在周，周人想让他回国居于要位，又担心韩咎最终不能被立为国君。綦毋恢说："不如以兵车百乘送他回韩国。若韩咎能立为国君，就说这是护送他的弟弟；若不能立为国君，就说是前往韩国来献贼。"

靖郭君打算在薛地筑城，很多门客都劝阻。靖郭君对负责通报的谒者说："不要为门客们通报了。"齐人有请求谒见的说："我只要求说三个字，超过三个字，就请将我烹死。"靖郭君于是接见了他，客人快步上前说："海大鱼。"随后转身就走。靖郭君说："请说明这是什么意思。"客人说："我不敢将死作为儿戏。"靖郭君说："希望您能为我说说。"客人说："您听说过大鱼吗？围网不能捕住它，拖网不能拖住它，但若是随意妄游离开了水，蝼蚁都能在其身上为所欲为。如今齐国就是您的大海，您若常有齐国大权，还要薛城做什么？您若失去了在齐国的地位，即便将薛城建得如天一样高也没有益处了。"靖郭君说："说得好啊！"于是便停止了建筑薛城的计划。

楚王的弟弟在秦国，秦王不放他回去。侍卫官说："给我百金，我能让他回国。"于是载着百金前往晋国，拜见叔向，说："楚王的弟弟在秦国，秦国不放他回去。"并将百金赠给叔向。叔向接受了金子，就将其拿给晋平公说："可以在壶丘筑城了。"晋平公问："为什么呢？"叔向回答："楚王的弟弟在秦国，秦国不放他回去，这是说明秦国与楚国交恶，一定不敢阻拦我们在壶丘筑城。若他们阻拦我们，我们就说：看在我国的面子上，放了楚王的弟弟，我们就不筑城。若秦国放了人，则能让楚国对我国感恩；若秦国不放人，则他们始终与楚国交恶，必然不敢阻拦我们在壶丘筑城。"晋平公说："好。"于是晋国在壶丘筑城，对秦景公说："看在我国的面子上，放了楚王的弟弟，我们便不再筑城。"秦国于是放了楚王的弟弟，楚王很高兴，将一百镒精金赠给晋国。

吴王阖庐攻打郢都，连胜三战，问伍子胥说："可以退兵了吗?"伍子胥回答："想淹死人，让他喝一口水就住手，那是不会成功的，因为中途停止了，不如趁机将其沉入水底。"

郑人有个儿子，将要去做官，告诉他家里人说："一定要将坏了的墙修补好，不修好别人就会前来偷窃。"他的邻居也这样说。结果没有按时修好，而果然有人来偷窃。郑人认为自己的儿子聪明，而怀疑说要修墙的邻居为盗贼。

经典解读

看起来强大的，反而可能十分虚弱；看起来不堪一击的，实际上却往往很顽强。只有透过表面现象，才能察明本质，从而制定最利于自己的措施。左史倚相劝说楚王跟踪越军就是如此。

依据客观利弊条件，揣测出别人的想法，就能在行动之上占得上风，所以左史倚相能帮助子期战胜吴军。在别人不知道的时候，采取有利于别人的措施，则更容易赢得对方的信任，所以魏文侯能取信于韩、赵，成为三晋领袖。

贪财者看重珍宝重器，而君子则看重自己的美德，所以乐正子春不愿去欺骗齐国。对于国君来说，诚信也远远比宝鼎重要，如晋文公恪守诚信而取得城濮之战的胜利；晋惠公不守诚信而遭到韩原之战的惨败。乐正子春说看重自己的诚信，也是在劝说鲁君能以诚待人。

行事之前要考虑多种结果，提前对各种变化做好准备，便不会陷入进退两难的窘迫境地。綦毋恢的建议就体现了这种智慧。凡事都有小大之别，利益也是如此，公家的利益是大利，个人的利益是小利，谋取小利不应损害公利。靖郭君的门客正是以此道理，成功劝阻了其筑城的计划。

楚国通过晋国使秦国放回人质，还是在说为了达成目的要善于借助他人的势力。

伍子胥劝说吴王，是阐述"有始有终"、不可半途而废的道理。

智子疑邻的故事告诉人们观念看法往往要受到彼此关系的影响，与人交谈要懂得深浅，即交浅不可言深。

观 行

原 文

古之人目短于自见，故以镜观面；智短于自知，故以道正己。故镜无见疵①之罪，道无明过之怨。目失镜，则无以正须眉；身失道，则无以知迷惑。西门豹之性急，故佩韦以自缓；董安于之心缓，故佩弦以自急。故以有余补不足、以长续短之谓明主。

天下有信数三：一曰智有所不能立，二曰力有所不能举，三曰强有所不能胜。故虽有尧之智而无众人之助，大功不立；有乌获之劲而不得人助，不能自举，有贲、育②之强而无法术，不得长胜。故势有不可得，事有不可成。故乌获轻千钧而重其身，非其身重于千钧也，势不便也。离朱③易百步而难眉睫，非百步近而眉睫远也，道不可也。故明主不穷乌获，以其不能自举，不困离朱，以其不能自见。因可势，求易道，故用力寡而功名立。时有满虚，事有利害，物有生死，人主为三者发喜怒之色，则金石之士离心焉。圣贤之扑浅深④矣。故明主观人，不使人观己。明于尧不能独成，乌获不能自举，贲、育之不能自胜，以法术则观行之道毕矣。

注 释

①见疵：照见毛病。

②贲、育：指孟贲、夏育，都是古代有名的勇士。

③离朱：眼睛敏锐，能够远视的人。

④扑浅深：指窥探出君主的深浅。

经典解读

古代人们眼睛不足以看到自己，便用镜子来观察面容；才智不足以认清自己，便用道来端正自己。所以，镜子没有照出毛病的罪过，道没有显露过失的怨恨。眼睛失去镜子，就不能修整自己的眉毛、胡子，人们失去道就不能知道自己的迷失、昏惑。西门豹性子急，于是佩戴柔韧的皮带来提醒自己从容行事；董安于性子迟缓，于是佩戴绷紧的弓弦来敦促自己果断。所以能够用多余补充不足，用长的接续短的就叫作明主。

天下有三种定数：一是有智慧也不能做成的，二是有力量也不能举起的，三是有勇力也不能战胜的。即便有尧的智慧，而没有众人的辅助，大功也不能建成。即便有乌获的力量，而没有众人协助，也不能将自己举起来。即便有孟贲、夏育的勇猛，而没有法术，也不能永远胜利。所以，形势总有不具备的，事情总有做不成的。所以，乌获易于举起千钧却难以举起自身，并非他自身比千钧还要重，而是没有举起自身的形势；离朱易于看清百步之外的东西，却看不清自己的眉睫，并非百步近而眉睫远，只是没有看清眉睫的条件。所以明君不因为乌获不能举起自己而为难他，不因为离朱不能看清自己而刁难他。顺应可用的形势，寻求容易成功的条件，故能够用力少而建立功名。时节有盈虚，事情有利害，万物有死生，君主若对这三种变化表现出喜怒之色，那么忠贞之士就会生出离心。那么聪明人就能窥知君主的深浅了。所以明主观察别人，不让别人窥见自己。明白尧不能单独成功，乌获不能举起自己，孟贲、夏育不能胜过自我，运用法术来观察臣下行为的道理就尽在其中了。

经典解读

人要懂得以有余补不足、以长续短。君主所有余的是权势，而其不足的是个人的智慧、见识。明君认识自己智慧、见识上的不足，利用手中的权势驾驭下属、任用贤才，让他们来帮助自己、弥补自己的不足。齐桓公任用管仲、鲍叔牙、隰朋等人；晋文公任用狐偃、赵衰、先轸等人；楚庄王任用孙叔敖、沈尹巫等人；吴王阖闾任用伍子胥、孙武等人……都是以手中权势驾驭群臣，来以长补短，从而建立霸主之业的。愚蠢的统治者则不同，他们刚愎自用，妄图以一人的才智去管理天下，这就是以短攻长，遭到失败也是必然的了。夏桀、殷纣、夫差、智伯等人都是如此，凭恃自己有限的聪明才智而不懂得利用手中至高无上的权势，最终智穷谋尽，国破身死，为天下所耻笑。

一个人的智慧、力量、勇力再出众，也是有限的，个人要懂得顺应形势，不要总认为自己凭借智慧、力量就能克服所有困难，取得成功。孟子说过："虽有智慧，不如乘势；虽有镃錤，不如待时。"懂得顺应形势，远远要比自身拥有才智更加重要。

再者，既然人的智慧、力量有限，就难免有逢时不利而遭受挫折的时候。君主要考虑到这一点，对臣子宽容而有耐心，不要因为他们暂时受挫就否定他们的能力，不要因为他们没有取得理想的功绩，就废弃甚至羞辱他们。姜太公七十岁还不得志，管仲经商赔钱、从军战败，韩信年轻时也贫穷得吃不起饭，这些并不能说明他们的能力不足，只是时势未至罢了。从前，孟明视三战三败，秦穆公继续任用他，最终击败晋国、建立霸业。为君者要有秦穆公的这种耐心、胸怀，臣子才能充分发挥其才智，最终为他建功立业。

功 名

　　明君之所以立功成名者四：一曰天时，二曰人心，三曰技能，四曰势位。非天时，虽十尧不能冬生一穗；逆人心，虽贲、育不能尽人力。故得天时，则不务而自生；得人心，则不趣而自劝；因技能，则不急而自疾；得势位，则不进而名成。若水之流，若船之浮。守自然之道，行毋穷之令，故曰明主。

　　夫有材而无势，虽贤不能制不肖。故立尺材于高山之上，则临千仞之谿①，材非长也，位高也。桀为天子，能制天下，非贤也，势重也；尧为匹夫，不能正三家，非不肖也，位卑也。千钧得船则浮，锱铢失船则沈，非千钧轻锱铢重也，有势之与无势也。故短之临高也以位，不肖之制贤也以势。人主者，天下一力以共载之，故安；众同心以共立之，故尊；人臣守所长，尽所能，故忠。以尊主②御忠臣，则长乐生而功名成。名实相持而成，形影相应而立，故臣主同欲而异使。人主之患在莫之应，故曰：一手独拍，虽疾无声。人臣之忧在不得一③，故曰：右手画圆，左手画方，不能两成。故曰：至治之国，君若桴，臣若鼓，技若车，事若马。故人有余力易于应，而技有余巧便于事。立功者不足于力，亲近者不足于信，成名者不足于势。近者已亲，而远者不结，则名不称实者也。圣人德若尧、舜，行若伯夷，而位不载于世，则功不立，名不遂。故古之能致功名者，众人助之以力，近者结之以成，远者誉之以名，尊者载之以势。如此，故太山之功长立于国家，而日月之名久着于天地。此尧之所以南面而守名，舜之所以北面而效功也。

注　释

①豀：深谷。

②主：君主。

③不得一：不能专职。

译　文

明君之所以能够建立功名，有四种要素：一是天时，二是人心，三是技能，四是势位。不具天时，虽然有十倍尧帝的才能，也不能使冬天生出一个麦穗；违逆人心，虽然有孟贲、夏育的勇力，也不能尽用人力。所以说，得到天时，不用烦劳，万物就自然生成；得到人心，不用驱使，世人就自行劝勉；利用技能，不用着急，事情就自动成功；得到势位，不用推进，功名就自然取得。就如水的流动，就如船的漂浮，谨守自然之道，顺行无穷的法令，所以被称为明主。

有材而无势，虽然贤能也不能制约不肖者。所以，将一尺的木材立于高山之上，就能俯临千仞深谷，并非木材自己高大，而是所处的地势高。桀身为天子，便能控制天下，并非他本人贤能，而是其所处的势位重要；尧身为匹夫，不能匡正几户人家，并非他不贤，而是其所处的势位卑微。千钧重物，处在船中，就能漂浮于水上；锱铢轻物，没有船载，就会沉到水下，这就是有势位和无势位的区别。所以，以短临高，凭借的是所处的位置；以不肖制约贤能，凭借的是所据的威势。作为君主，天下一心辅佐他，所以其地位能安稳；众人同心共拥戴他，所以其地位能尊崇；臣子谨守自己的长处，竭尽所能，就是忠心。以势位尊崇的君主，竭力尽忠的臣子，所以能够长生久乐而成就功名。名与实，相互对应而成；形与影，相互对应而立，所以臣子、君主目的相同而行为相异。君主的忧患在于没有呼应，所以说：一只手独拍，即便再快也发不出声音。臣子的忧患在于不能专职，所以说：右手画圆，左手画方，难以同时成功。所以说：极度治理的国家，君主就如鼓槌，臣子就如鼓，技能就如车，事务就如马。所以，人有余力则易于应对事务，技巧有余则便于处理事情。要树立功名的人，能力不足；要亲近身边的人，信用不足；要成就功名的人，威势不足，那么，即便身边的人已经亲附了，远者也不能信服，这就是名不符实。即便是德如尧舜，行如伯夷的圣人，若没有被世人拥护的势位，也不能成功、不能立名。所以，古代能够树立功名的人，众人竭尽才力帮助他，身边的人亲附他使他成功，远者赞誉他给他美名，尊者推崇他给他威势。如此，像泰山一般崇高的功绩才能长久树立于国家之中，像日月一般美好的名声才能长久遍布于天地之间。这就是尧之所以能为君而保守美名，舜之所以能为臣而建立功绩的原因。

经典解读

本文中韩非子论述了明君成就功名的四要素：天时、人心、技能、势位。

天时，即顺应自然规律；人心，即顺应他人之心而行事，趋利避害就是人之常情，顺应人心，就是用利害引诱驱使别人，而不是一味用强力压迫、威逼；技能，就是运用权术，行事讲求策略；势位，就是对自己手中的权势善加利用，使它称为建立功名的基础。只有善于运用这四种要素，才能取得崇高的功绩、成就不朽的名声。

内储说上七术

主之所用也七术，所察也六微。七术：一曰，众端参观①；二曰，必罚明威；三曰，信赏尽能；四曰，一听责下②；五曰，疑诏诡使；六曰，挟知而问；七曰，倒言反事③。此七者，主之所用也。

经一　参观

观听不参则诚不闻，听有门户则臣壅塞。其说在侏儒之梦见灶，哀公之称"莫众而迷"。故齐人见河伯，与惠子之言"亡其半"也。其患在竖牛之饿叔孙，而江乙之说荆俗也。嗣公欲治不知，故使有敌，是以明主推积铁之类，而察一市之患。

经二　必罚

爱多者则法不立，威寡者则下侵上。是以刑罚不必则禁令不行。其说在董子之行石邑，与子产之教游吉也。故仲尼说陨霜，而殷法刑弃灰；将行去乐池，而公孙鞅重轻罪。是以丽水之金不守，而积泽之火不救。成欢以太仁弱齐国，卜皮以慈惠亡魏王。管仲知之，故断死人；嗣公知之，故买胥靡。

经三　赏誉

赏誉薄而谩者，下不用也，赏誉厚而信者下轻死。其说在文子称"若兽鹿"。故越王焚宫室，而吴起倚车辕，李悝断讼以射，宋崇门以毁死。勾践知之，故式怒蛙；昭侯知之，故藏弊裤。厚赏之使人为贲、诸也，妇人之拾蚕，渔者之握鳣，是以效之。

经四　一听

一听则智愚不分，责下则人臣不参。其说在"索郑"与"吹竽"。其患在申子之以赵绍、韩沓为尝试。故公子氾议割河东，而应侯谋弛上党。

经五　诡使

数见久待而不任，奸则鹿散。使人问他则不鬻私。是以庞敬还公大夫，而戴讙诏视辒车。周主亡玉簪，商太宰论牛矢。

经六　挟智

挟智而问，则不智者至；深智一物，众隐皆变。其说在昭侯之握一爪也。故必南门而三乡得。周主索曲杖而群臣惧，卜皮事庶子，西门豹详遗辖。

经七　倒言

倒言反事以尝所疑则奸情得。故阳山谩樛竖，淖齿为秦使，齐人欲为乱，子之以白马，子产离讼者，嗣公过关市。

注　释

①众端参观：即从多方参详、观察事情。

②一听责下：——听取臣下意，并在事后考核他们的功绩。

③倒言反事：故意说倒话，故意做反事。

译　文

君主所用来统御群臣的方法有七种，称为七术；所需要察明的隐情有六种，称为六微。七术：第一种，从多方面参详、观察事情；第二种，惩罚必定实施，以彰明君主的威严；第三种，奖赏信实，以使臣下竭尽才能；第四种，逐一听取臣下意见，考核每个人的功绩；第五种，传出存疑的诏令，诡诈地役使臣下，以考察他们的忠奸；第六种，用自己掌握的事实来询问臣子，以考察他是否诚实；第七种，故意说反话，做逆理的事，来考察臣子是否正直、忠诚。

经一　参观

君主观察、听取臣子的言行，若不谨加验证，就无法听到实情；若偏听偏信，就会被某些臣子所蒙蔽。有关的解说在后文侏儒梦见灶，哀公称引"莫众而迷"部分。正因为君主不加参详，所以有齐人妄称见到河伯，惠子称君主失去了一半人的意见。由此而导致的祸患，体现在竖牛饿死叔孙，江乙论说楚国风俗等部分中。卫嗣君想要治理国家，而不知方法，结果使臣下和妃子树立起相抗衡的对手，因此明君要类推积铁防箭的道理，明察三人成虎的祸患。

经二　必罚

仁慈过度，法治就确立不起来；威严不足，臣下就会侵犯君上。所以，刑罚不能彻底执行，禁令就无法推行。有关的解说在后文董子巡视石邑，以及子产教导游吉部分。所以孔子对鲁哀公谈论降霜，殷朝的刑罚严厉到惩罚在街上倒灰的人；将行官向乐池辞职，而公孙鞅重罚轻罪。就是因为刑罚不坚定，所以丽水的金子会守不住，而积泽之火会没有人救。所以，成欢认为齐王太仁慈而一定削弱齐国，卜皮认为魏王慈惠而亡身。管仲懂得这个道理，所以用严法禁止厚丧；卫嗣君懂得这个道理，所以用一城来换取死囚。

经三　赏誉

赏誉轻薄而不兑现，臣下就不为所用，赏誉厚重而守信，臣下就勇于为君主献身。有关的解说在文子称臣下如兽鹿部分。正因为懂得这个道理，所以越王焚烧宫室、吴起重赏移车辕的人来树立信用；李悝用断狱来劝勉民众学习射箭，宋国封赏官职使崇门的人哀悼死者。勾践懂得这个道理，所以对怒蛙致礼；韩昭侯懂得这个道理，所以将破衣裤收藏起来。丰厚的赏赐能让人称为孟贲、夏育一样的勇者，妇人敢于拾捡像毛虫一样的蚕，渔夫敢于握着像蛇一样的鳝鱼，都表明了这点。

经四　一听

只听一理，不加参详、分辨，就会智愚不分；对臣下的才能一一责察，臣下就不敢蒙混、掺杂其中。有关的解说在后文魏王索求合并韩国与"滥竽充数"的故事中。犯相关过错的危患体现在申子通过赵绍、韩沓去刺探韩昭侯等事中。君主不懂得这个道理，所以公子汜使韩国割让了河东，应侯使秦国撤回了上党之兵。

经五　诡使

君主频繁接见，或长期留住与权臣有异议的人，即便不任用他，奸臣也会像惊鹿一样四散，不敢聚合谋乱。君主责问臣下，要佯装不知，更用他事旁敲侧击，则群臣不敢隐瞒不报。正因为懂得这个道理，所以庞敬要召回公大夫，戴欢要下令侦察辒车，周君要假装丢失玉簪，宋太宰要责问牛屎。

经六　挟智

拿自己知道的事情去问，那么自己所不知道的也都能知道了；深入了解一件实情，那么众多隐秘的事情就都能辨明了。有关的解说在后文韩昭侯"握一爪"等部分中。所以，韩昭侯肯定知道南门的情况，而其他三个门外面的情况也能搞清楚了；周君下令搜查弯曲的手杖，而群臣都恐惧。所以，卜皮指派少庶子刺探御使的隐情，西门豹要假装丢失了车辖。

经七　倒言

故意说反话、做反事，以测试自己所怀疑的事情，就会了解奸情。阳山假装诽谤樛竖，淖齿派人冒充秦使，齐人作乱前派人刺探君主，子之用白马测试左右，子产隔离诉讼双方，卫嗣公派人过关市等，都是这样的例子。

经典解读

"储说"与前面的说林类似，都是韩非子为证明自己的观点而收集起来的各种故事、寓言，及其他论证资料，且韩非子对他们进行了详细的分类。"内储说"，就是针对内部存在问题说法的汇编；"外储说"则是针对外部存在各种问题相关说法的汇编。

"内储说上"主要是讲"七术"，也就是君主驾驭臣下应该懂得的七种手段。它们分别是：众端参观、必罚明威、信赏尽能、一听责下、疑诏诡使、挟知而问和倒言反事。

原文 2

说一

卫灵公之时，弥子瑕有宠，专于卫国。侏儒有见公者曰："臣之梦践①矣。"公曰："何梦？"对曰："梦见灶，为见公也。"公怒曰："吾闻见人主者梦见日，奚为见寡人而梦见灶？"对曰："夫日兼烛②天下，一物不能当也；人君兼烛一国，一人不能拥也。故将见人主者梦见日。夫灶，一人炀③焉，则后人无从见矣。今或者一人、有炀君者乎？则臣虽梦见灶，不亦可乎！"

　　鲁哀公问于孔子曰："鄙谚曰：'莫众而迷④。'今寡人举事，与群臣虑之，而国愈乱，其故何也？"孔子对曰："明主之问臣，一人知之，一人不知也；如是者，明主在上，群臣直议于下。今群臣无不一辞同轨乎季孙者，举鲁国尽化为一，君虽问境内之人，犹不免于乱也。"

　　一曰：晏子聘鲁，哀公问曰："语曰：'莫三人而迷。'今寡人与一国虑之，鲁不免于乱何也？"晏子曰："古之所谓'莫三人而迷'者，一人失之，二人得之，三人足以为众矣，故曰'莫三人而迷'。今鲁国之群臣以千百数，一言于季氏之私，人数非不众，所言者一人也，安得三哉？"

　　齐人有谓齐王曰："河伯，大神也。王何不试与之遇乎？臣请使王遇之。"乃为坛场大水之上，而与王立之焉。有间，大鱼动，因曰："此河伯。"

　　张仪欲以秦、韩与魏之势伐齐、荆，而惠施欲以齐、荆偃兵。二人争之，群臣左右皆为张子言，而以攻齐、荆为利，而莫为惠子言，王果听张子，而以惠子言为不可。攻齐、荆事已定，惠子入见，王言曰："先生毋言矣。攻齐、荆之事果利矣，一国尽以为然。"惠子因说："不可不察也。夫齐、荆之事也诚利，一国尽以为利，是何智者之众也？攻齐、荆之事诚不利，一国尽以为利，何愚者之众也？凡谋者，疑也。疑也者，诚疑：以为可者半，以为不可者半。今一国尽以为可，是王亡半也。劫主者固亡其半者也。"

　　叔孙⑤相鲁，贵而主断。其所爱者曰竖牛⑥，亦擅用叔孙之令。叔孙有子曰壬，竖牛妒而欲杀之。因与壬游于鲁君所，鲁君赐之玉环，壬拜受之而不敢佩，使竖牛请之叔孙。竖牛欺之曰："吾已为尔请之矣，使尔佩之。"壬因佩之，竖牛因谓叔孙："何不见壬于君乎？"叔孙曰："孺子何足见也。"竖牛曰："壬固已数见于君矣。君赐之玉环，壬已佩之矣。"叔孙召壬见之，而果佩之，叔孙怒而杀壬。壬兄曰丙，竖牛又妒而欲杀之，叔孙为丙铸钟，钟成，丙不敢击，使竖牛请之叔孙，竖牛不为请，又欺之曰："吾已为尔请之矣。使尔击之。"丙因击之，叔孙闻之曰："丙不请而擅击钟。"怒而逐之。丙出走齐，居一年，竖牛为谢叔孙，叔孙使竖牛召之，又不召而报之曰："吾已召之矣，丙怒甚，不肯来。"叔孙大怒，使人杀之。二子已死，叔孙有病，竖牛因独养之而去左右，不内人，曰："叔孙不欲闻人声。"因不食而饿杀。叔孙已死，竖牛因不发丧也，徙其府库重宝空之而奔齐。夫听所信之言，而子父为人僇，此不参之患也。

江乙为魏王使荆，谓荆王曰："臣入王之境内，闻王之国俗曰：'君子不蔽人之美，不言人之恶。'诚有之乎？"王曰："有之。""然则若白公之乱，得庶无危乎！诚得如此，臣免死罪矣。"

卫嗣君重如耳，爱世姬，而恐其皆因其爱重以壅己也，乃贵薄疑以敌如耳，尊魏姬以耦⑦世姬，曰："以是相参也。"嗣君知欲无壅，而未得其术也。夫不使贱议贵，下必坐上，而必待势重之钧也，而后敢相议，则是益树壅塞之臣也。嗣君之壅乃始。

夫矢来有乡，则积铁以备一乡；矢来无乡，则为铁室以尽备之。备之则体不伤。故彼以尽备之不伤，此以尽敌之无奸也。

庞恭与太子质于邯郸，谓魏王曰："今一人言市有虎，王信之乎？"曰："不信。""二人言市有虎，王信之乎？"曰："不信。""三人言市有虎，王信之乎？"王曰："寡人信之。"庞恭曰："夫市之无虎也明矣，然而三人言而成虎。今邯郸之去魏也远于市，议臣者过于三人，愿王察之。"庞恭从邯郸反，竟不得见。

注　释

①践：应验。

②烛：照。

③炀：烤火。

④莫众而迷：不同众人共同谋事，就会迷乱。

⑤叔孙：指鲁国大夫叔孙豹。

⑥竖牛：名牛，为叔孙豹私生子，叔孙豹令其管理家务，所以被称为竖牛。

⑦耦：对应、平衡。

译　文

说一

卫灵公的时候，弥子瑕有宠，专权于卫国。有个侏儒拜见，对卫灵公说："我的梦应验了。"灵公问："什么梦呢？"侏儒回答："梦见灶，结果见到了您。"灵公发怒，说："我听说见到君主的都梦见太阳，你见到我为何会梦到灶呢？"侏儒回答："太阳普照天下，一件东西不能遮蔽它；君主普照一国，一个人不能壅塞他；所以将要见到君主的人，才会梦见太阳。而灶，一个人在前面烤火，后面的人都看不到火光。现在或许就有一个人挡住了您的光芒了吧？那么即便我梦见了灶，不也是可以的吗？"

鲁哀公请教孔子说："民间谚语说：'不与众人共谋就会迷乱。'如今我做事都和群臣一起考虑，而国家却越来越乱，这是什么原因呢？"孔子回答："明主询问臣下，有人知道，有人不知道。像这样，则明君在上，群臣都能在下面直率地议论。如今群臣没有不合季孙统一口径的，全鲁国都变成了一个人，您虽然问遍国内之人，也难免会更加混乱。"

又有一种说法：晏子访问鲁国，鲁哀公询问道："俗话说：'没有三个人共同谋事，就会迷乱。'如今我和鲁国全国人一起谋事，而鲁国不免于乱，这是为何呢？"晏子说："古语所说的'不与三人共同谋事，就会迷乱'，是指一个人意见错误，另外两人意见正确，三人中正确的就会占多数，所以说不与三人共同谋事，就会迷乱。如今鲁国群臣成百上千，言辞却都统一于季氏的私利，人数并非不多，可所说的话都出自一人之口，那里称得上三人呢？"

齐国有人对齐王说："河伯，是大神。大王为何不试着与河伯相会呢？请允许我让您和他相会。"于是在黄河边上建立起祭神的坛场，那人和齐王站立在坛场上。过了一会儿，有大鱼游动，那人便说："这就是河伯。"

张仪想凭借秦国、韩国与魏国交好的形势去攻打齐国、楚国，而惠施希望同齐国、楚国息兵言和。两人争论，魏王的群臣左右都帮张仪说话，认为攻打齐国、楚国有利，而没有帮惠施说话的。魏王最终听从了张仪的主张，而认为惠施的主张不可用。攻打齐国、楚国的事已经定下后，惠施入见，魏王说："先生不要再说了。攻打齐国、楚国之事确实有利，全国人都是这么认为的。"惠施于是说:"不可不慎察啊。若攻打齐国、楚国之事有利,全国人都认为有利,智者为何如此之多呢?若攻打齐国、楚国之事不利,全国人都认为有利,愚者为何如此之多呢?但凡谋事,是因为存在疑惑。存在疑惑之事,果然有疑的话,认为可以的就该有一半,认为不可以的也该有一半。如今全国之人都认为可以,这是大王失去了一半人的意见。被挟持的君主也正是失去了一半意见的君主啊。"

叔孙豹做鲁相,地位尊贵而独断专权。他所宠爱的是竖牛,竖牛也擅用叔孙豹的号令。叔孙豹有嫡子叫壬,竖牛忌妒而想杀死他,于是和壬一起到鲁国国君那里去游玩,鲁君赏赐了壬玉环,壬接受了玉环不敢佩戴,让竖牛向叔孙豹请示,竖牛欺骗他说:"我已经为你请示过了,父亲允许你佩戴。"壬于是佩戴了玉环,竖牛便对叔孙豹说:"为什么不带着壬去见国君?"叔孙豹说:"小孩子何足见君主。"竖牛说:"壬早就多次拜见国君。国君赏赐的玉环,壬都已经佩戴上了。"叔孙豹召见壬察看,果然看到他佩戴着玉环,于是发怒而杀死了壬。壬的哥哥叫作丙,竖牛又忌妒而想将其杀死。叔孙豹为丙铸造了一口钟,钟铸成了,丙不敢敲击,让竖牛向叔孙豹请示。竖牛不为他请示,又欺骗他说:"我已经为你请示了,父亲让你敲击它。"丙于是敲了钟,叔孙豹听到后说:"丙不请示就擅自敲钟。"愤怒地驱逐了他。丙出走齐国,过了一年,竖牛假装替他向叔孙豹谢罪,叔孙豹让竖牛召丙回来,竖牛又不派人去召,而回报叔孙豹说:"我已经召过丙了,他很生气,不肯回来。"叔孙豹大怒,派人将丙杀死。壬和丙都死了,叔孙豹有病,竖牛就独自侍养他而摒去左右,不让别人进入,对人说:"叔孙不愿听到人声。"于是不给食物而将叔孙豹饿死。叔孙豹死后,竖牛不发丧,将叔孙豹府库中的珍贵宝物搬之一空,而逃往齐国。听了自己偏信之人的话,而父子都被人杀害,这就是对人言不加以参详验证的祸患。

江乙为魏王出使楚国,对楚王说:"我进入大王的境内,听说贵国的风俗是:君子不隐人之美,不言人之恶。果然是这样吗?"楚王说:"是的。""既然这样,就会有白公之乱的事发生,国家能不危险吗?果然如此,奸臣都能免于死罪了。"

卫嗣君看重如耳,宠爱世姬,而又害怕他们因为自己的爱重而蒙蔽自己,于是就使薄疑尊贵来和如耳匹敌，尊宠魏姬来和世姬并列，说："用这种方法使他们相互平衡。"卫嗣君懂得要不受蒙蔽，却没有掌握相应的方法。假若不令贱者敢议论贵者，不令下级可以与上司相互揭发，而一定要他们权势相等才敢相互议论，那就是树立起更多的壅塞之臣。卫嗣君所受的壅闭就是从此开始的。

箭射来有一定的方向，就积聚铁器来防备这个方向；箭射来没有一定的方向，就建造铁屋来防备各个方向。各个方向都防备到了，身体就不会受伤。所以说，人们防备各个方向就不会受到箭伤，君主警惕任何事情就不会产生奸邪。

庞恭将与太子到赵国邯郸做人质，对魏王说："如今有一个人称集市上有老虎，大王相信吗？"魏王回答："不信。""那两个人称集市上有老虎，大王相信吗？"魏王回答："不信。""那三个人称集市上有老虎，大王相信吗？"魏王回答："我相信。"庞恭说："集市上没有老虎，这是很清楚的，然而三个人的话就能让人相信集市上有老虎。如今邯郸距离魏国比集市要远得多，非议臣的人也比三个人多，希望大王能够察明真相。"庞恭从邯郸返回魏国后，终究还是不能再见到魏王了。

经典解读

本节中的典故都是为了论证君主应该"众端参观"，也就是听取多方言论，从多个角度观察事情。君主应该像太阳那样普照众人，而不是像灶台那样只照见一个人。偏听偏信，不能广开言路，君主就不能察知事情的真实情况，就会被亲信、权臣所蒙蔽。如此，君主的权柄就将丧事，君主自身就要受到侵犯。

原文 3

说二

董阏于为赵上地守，行石邑山中，涧深，峭如墙，深百仞，因问其旁乡左右曰："人尝有入此者乎？"对曰："无有。"曰："婴儿、痴聋、狂悖之人尝有入此者乎？"对曰："无有。""牛马犬彘尝有入此者乎？"对曰："无有。"董阏于喟然太息曰："吾能治矣。使吾法之无赦，犹入涧之必死也，则人莫之敢犯也，何为不治？"

　　子产相郑，病将死，谓游吉曰："我死后，子必用郑，必以严莅①人。夫火形严，故人鲜灼；水形懦，人多溺。子必严子之形，无令溺子之懦。"子产死。游吉不肯严形，郑少年相率为盗，处于萑泽，将遂以为郑祸。游吉率车骑与战，一日一夜，仅能克之。游吉喟然叹曰："吾蚤行夫子之教，必不悔至于此矣。"

　　鲁哀公问于仲尼曰："《春秋》之记曰：'冬十二月陨霜不杀菽。'何为记此？"仲尼对曰："此言可以杀而不杀也。夫宜杀而不杀，桃李冬实。天失道，草木犹犯干之，而况于人君乎？"

　　殷之法，刑弃灰于街者，子贡以为重，问之仲尼，仲尼曰："知治之道也。夫弃灰于街必掩人②，掩人，人必怒，怒则斗，斗必三族相残也。此残三族之道也，虽刑之可也。且夫重罚者，人之所恶也；而无弃灰，人之所易也。使人行之所易，而无离所恶，此治之道。"

　　一曰：殷之法，弃灰于公道者断其手，子贡曰："弃灰之罪轻，断手之罚重，古人何太毅也？"曰："无弃灰所易也；断手所恶也，行所易不关所恶，古人以为易，故行之。"

　　中山之相乐池以车百乘使赵，选其客之有智能者以为将行③，中道而乱。乐池曰："吾以公为有智，而使公为将行，今中道而乱，何也？"客因辞而去曰："公不知治。有威足以服人，而利足以劝之，故能治之。今臣，君之少客也。夫从少正长，从贱治贵，而不得操其利害之柄以制之，此所以乱也。尝试使臣：彼之善者我能以为卿相，彼不善者我得以斩其首，何故而不治！"

　　公孙鞅之法也重轻罪。重罪者，人之所难犯也，而小过者，人之所易去也。使人去其所易，无离其所难，此治之道。夫小过不生，大罪不至，是人无罪而乱不生也。

　　一曰：公孙鞅曰："行刑重其轻者，轻者不至，重者不来，是谓以刑去刑。"

　　荆南之地、丽水之中生金，人多窃采金，采金之禁：得而辄辜磔④于市。甚众，壅离其水也，而人窃金不止。夫罪莫重辜磔于市，犹不止者，不必得也。故令有于此，曰："予汝天下而杀汝身"，庸人不为也。夫有天下，大利也，犹不为者，知必死。故不必得也，则虽辜磔，窃金不止；知必死，则天下不为也。

　　鲁人烧积泽。天北风，火南倚，恐烧国。哀公惧，自将众趣救火。左右无人，尽逐兽而火不救，乃召问仲尼。仲尼曰："夫逐兽者乐而无罚，救火者苦而无赏，此火之所以无救也。"哀公曰："善。"仲尼曰："事急，不及以赏；救火者尽赏之，则国不足以赏于人。请徒行罚。"哀公曰："善。"于是仲尼乃下令曰："不救火者，比降北之罪；逐兽者，比入禁之罪。"令下未遍而火已救矣。

　　成欢谓齐王曰："王太仁，太不忍人。"王曰："太仁，太不忍人，非善名邪？"对曰："此人臣之善也，非人主之所行也。夫人臣必仁而后可与谋，不忍人而后可近也；不仁则不可与谋，忍人则不可近也。"王曰："然则寡人安所太仁、安不忍人？"对曰："王太仁于薛公，而太不忍于诸田⑤。太仁薛公，则大臣无重；太不忍诸田，则父兄犯法。大臣无重，则兵弱于外；父兄犯法，则政乱于内。兵弱于外，政乱于内，此亡国之本也。"

　　魏惠王谓卜皮曰："子闻寡人之声闻亦何如焉？"对曰："臣闻王之慈惠也。"王欣然喜曰："然则功且安至？"对曰："王之功至于亡。"王曰："慈惠，行善也，行之而亡，何也？"卜皮对曰："夫慈者不忍，而惠者好与也。不忍则不诛有过，好予则不待有功而赏。有过不罪，无功受赏，虽亡，不亦可乎？"

　　齐国好厚葬，布帛尽于衣衾，材木尽于棺椁。桓公患之，以告管仲曰："布帛尽则无以为蔽，材木尽则无以为守备，而人厚葬之不休，禁之奈何？"管仲对曰："凡人之有为也，非名之，则利之也。"于是乃下令曰："棺椁过度者戮其尸，罪夫当丧者。"夫戮，死无名；罪当丧者，无利：人何故为之也？

　　卫嗣君之时，有胥靡⑥逃之魏，因为襄王之后治病，卫嗣君闻之，使人请以五十金买之，五反而魏王不予，乃以左氏⑦易之。群臣左右谏曰："夫以一都买胥靡，可乎？"王曰："非子之所知也。夫治无小而乱无大。法不立而诛不必，虽有十左氏无益也；法立而诛必，虽失十左氏无害也。"魏王闻之曰："主欲治而不听之，不祥。"因载而往，徒献之。

注　释

①莅：治理。

②掩人：指灰烟飞腾，侵犯他人。

③将行：官名，负责行进秩序。

④辜磔：分裂肢体的酷刑。

⑤诸田：指齐国的王室宗亲。

⑥胥靡：罪犯。

⑦左氏：卫国城邑。

译　文

说二

董阏于担任赵国上地守，巡行石邑山中，涧谷深邃，陡峭如墙，深达数百尺，于是问居住在附近村舍的人说："曾经有人进入其中吗？"回答："没有。"问："婴儿、痴、聋、狂悖之人曾经有误入其中的吗？"回答："没有。""牛马猪狗曾经有进入其中的吗？"回答："没有。"董阏于喟然叹息道："我能够治理好上地了。假若我的法令对罪犯不加宽赦，使触犯法令者如同进入深涧必死一样，那么就没人敢触犯法令了，怎么会治理不好呢？"

子产担任郑相，病重将死之时，对游吉说："我死之后，你一定会在郑国执政，一定要用严法治理民众。火的样子是严厉的，所以被烧伤的人很少；水的样子是柔弱的，所以溺死的人很多。你一定要严厉执行刑罚，不要让民众因为你的柔弱而'溺死'。"然而子产死后，游吉不肯施行严刑，郑国的少年结伙成为强盗，盘踞在萑泽之中，即将成为郑国的祸害。游吉率领车骑与其作战，经历了一天一夜，才勉强打败了他们。游吉喟然叹息道："我若是早执行子产的教诲，一定不会懊悔到这个地步了。"

鲁哀公请教孔子说："《春秋》记载说：'冬季十二月份降霜，没有将豆类作物冻死。'为什么记录这么一条呢？"孔子回答："这是说可以杀死而没有杀死。应该杀死而不杀死，那桃李就会在冬季结果了。天道失去常规，草木尚且要违抗它，更何况君主呢？"

殷商的法律规定，对在街上倒灰的人施以刑罚，子贡认为过重了，向孔子请教。孔子说："制订这样的刑法，是因为他们懂得治理的方法啊。在街上倒灰，一定会掩迷到别人；掩迷到别人，别人一定会发怒；发怒就会相互斗争，斗争一定引起家族相互伤害。这是引起家族相互残杀之事，即便处以刑罚也是可以的。且受到重罚是人人都厌恶的，不在街上倒灰是人人都能轻易做到的。让人们做好容易做到的事情，而不去触犯他们所厌恶的刑罚，这就是治理的方法。"

另一种说法：殷商的法律规定，将灰倒在公道上的人，斩断其手，子贡问："倒灰的罪过很轻，而断手的刑罚很重，古人为何如此严酷呢？"孔子说："不倒灰是很容易的，斩断手是人们所厌恶的；做容易的事，不触及厌恶的事，古人认为很容易做到，所以要加以施行。"

中山相乐池带领百乘车马出使赵国，选择其门客之中有智慧者作为将行官，中途车马乱了，乐池说："我以为您有才智，而令您担任将行官，如今走到途中车马乱了，这是为何呢？"门客于是向他辞别说："您不懂得治理的方法，有威严足以令人慑服，利益足以使人劝勉，所以能够治理。如今我是您年少卑微的门客。以年少管理年长，以卑贱官吏尊贵，又不能掌握利害权柄来制约他们，所以才导致队伍混乱。假若使我有权，让听从我指挥的成为卿相，不听从我智慧的将其斩首，又怎么会管理不好呢？"

公孙鞅的法令对轻罪的人施以重罚。重罪是人们很难犯的，而小过是人们容易改正的，令人改正容易犯的小过，而不去触犯重刑，这就是治理的原则。小过不犯，大罪也就没有了，因此人们不会犯罪而祸乱不会发生。

另一种说法：公孙鞅说："对触犯轻罪的人施以重刑，轻罪没有，重罪也就消失了，这就是'以刑去刑'。"

楚国南部地区，丽水之中蕴含金矿，很多人偷偷采金。楚国关于采金的禁令，抓到的人都在市场上斩首，斩首的人很多，尸体丢入水中都使河水分流了，然而前往偷采金子的行为还是没有停止。如今若对人说："给你天下而杀死你。"庸人都不会接受。得到天下，这是最大的利益，他们都不肯接受，是因为知道一定会死亡。所以说，不一定受到惩罚，虽然被抓住就会砍头，偷采金子的行为也能不停止；知道一定死亡，即便给人天下人们也不会接受。

鲁国人焚烧积满柴草的沼泽，天刮起北风，大火向南蔓延，恐怕会烧到国都，鲁哀公恐惧，将亲自带领众人前去救火。到了火场以后，身边就没了人，大家都去追逐野兽也不救火。哀公于是召见孔子请教，孔子说："追逐野兽既快乐又没有惩罚，救火既劳苦又没有奖励，所以没有人前来救火。"哀公说："对啊！"孔子说："事情紧急，来不及行赏了，若救火的人都给赏赐，那倾尽国库也不够奖赏众人。请只用刑罚吧。"哀公说："好的。"于是孔子下令说："不救火的，与战败投降同罪；追逐野兽的，与擅入禁地同罪。"命令下达还没有传遍，火就已经被扑灭了。

成欢对齐王说："大王太仁慈，对人太不狠心。"齐王说："太仁慈，对人太不狠心，难道不是美名吗？"成欢回答："这是臣子的优点，并非君主所应施行的。臣子一定要仁慈，然后才能与他谋事；对人心存不忍，然后才能与他接近。不仁则不可与他谋事，对人心狠则不能与他接近。"齐王说："那么我什么地方太仁慈，什么地方对人不狠心？"成欢说："大王对薛公太仁慈，对田氏宗族太不狠心。对薛公太仁慈，大臣难道不是权势太重了吗？对田氏宗族太不狠心，那大王的叔伯兄弟就会肆意触犯法令。大臣权势太重，在外军队就会削弱；叔伯兄弟犯法，在内政治就会混乱。军队在外削弱、政治在内混乱，这就是亡国的根源啊！"

魏惠王对卜皮说："您听到我的声望究竟怎么样呢？"卜皮回答："我听说大王很慈惠。"魏惠王欣然欢喜地说："既然这样，那么功效将如何到来呢？"卜皮回答："大王的功效是走向灭亡。"魏惠王问："慈惠，是行善，行善却将走向灭亡，这是为何呢？"卜皮回答说："仁慈的人不狠心，宽惠的人喜欢施赏。不狠心就不诛杀有过之人，好施赏就会奖赏无功之辈，有过不罚，无功而赏，即使灭亡，不也是应该的吗？"

齐国风俗喜欢厚葬，布帛都做了死者下葬的衣被，木材都做了棺椁，齐桓公感到忧虑，告诉管仲说："布帛用完了，就没用东西用来做衣服遮蔽身体，木材用尽了，就没有东西建造守备器械，而民众还是不停止厚葬，该如何禁止呢？"管仲回答："大凡人的行为，不是图名，就是图利。"于是下令说："棺椁过度奢华的就刑戮尸体，治罪主丧的人。"死者遭受刑戮，就没有名声；主丧者受到惩罚，就没有利益。人们干嘛还要厚葬呢？

卫嗣君的时候，有囚犯逃到了魏国，替魏襄王的王后治病。卫嗣君听到了这个消息，就派人请求魏襄王用五十金赎回囚犯，使者往返五次而魏王不答应，卫嗣君于是就用左氏城来交换。左右群臣都劝谏说："用一座城市来换回一个囚犯，可行吗？"卫嗣君说："这是你们所不知道的。治不在小，乱不在大，法令不确立，诛罚不兑现，即便有十个左氏城也毫无益处。法令确立，诛罚兑现，虽然失去十个左氏城也没有损害。"魏王听闻以后，说："卫君想治理好国家，而我却不答应他的要求，不祥。"于是用车子装了囚犯送到卫国，不要任何代价就交给了卫国。

经典解读

此节的事例都是为了阐述"必罚明威"的道理。君主若过度仁慈，该惩罚的不惩罚，法制就确立不起来，君主的威严就会丧失，臣民对君主的敬畏之心也就没有了，那么臣下必然会侵凌君主。历史上贤明的君主没有不重视法度的，他们不会为了一时的仁慈之心而放过本该受到惩罚的人，不会让自己的法度遭到轻视、破坏。文中所列子产嘱咐游吉、卫嗣君用城池换囚犯的典故都说明了这一点，历史上其他如汉武帝忍痛杀死自己的外甥昭平君，曹操割发代首而彰明法令的威严等，也都是相关的例子。

原文 4

说三

齐王问于文子曰："治国何如？"对曰："夫赏罚之为道，利器也。君固握之，不可以示人。若如臣者，犹兽鹿也，唯荐草而就。"

越王问于大夫文种曰："吾欲伐吴，可乎？"对曰："可矣。吾赏厚而信，罚严而必。君欲知之，何不试焚宫室？"于是遂焚宫室，人莫救之，乃下令曰："人之救火者死，比死敌之赏。救火而不死者，比胜敌之赏。不救火者，比降北之罪。"人涂其体、被濡衣而走火者，左三千人，右三千人。此知必胜之势也。

吴起为魏武侯西河之守，秦有小亭临境，吴起欲攻之。不去，则甚害田者；去之，则不足以征甲兵。于是乃倚一车辕于北门之外而令之曰："有能徙此南门之外者赐之上田、上宅。"人莫之徙也。及有徙之者，还赐之如令。俄又置一石赤菽东门之外而令之曰："有能徙此于西门之外者，赐之如初。"人争徙之。乃下令曰："明日且攻亭，有能先登者，仕之国大夫，赐之上田宅。"人争趋之，于是攻亭，一朝而拔之。

　　李悝为魏文侯上地之守，而欲人之善射也，乃下令曰："人之有狐疑之讼者，令之射的，中之者胜，不中者负。"令下而人皆疾习射，日夜不休。及与秦人战，大败之，以人之善射也。

　　宋崇门之巷人服丧，而毁甚瘠①，上以为慈爱于亲，举以为官师。明年，人之所以毁死者岁十余人。子之服亲丧者，为爱之也，而尚可以赏劝也，况君上之于民乎？

　　越王虑伐吴，欲人之轻死也，出见怒蛙，乃为之式②，从者曰："奚敬于此？"王曰："为其有气故也。"明年之请以头献王者岁十余人。由此观之，誉之足以杀人矣。

　　一曰：越王勾践见怒蛙而式之。御者曰："何为式？"王曰："蛙有气如此，可无为式乎？"士人闻之曰："蛙有气，王犹为式，况士人之有勇者乎！"是岁，人有自到死以其头献者。故越王将复吴而试其教，燔台而鼓之，使民赴火者，赏在火也；临江而鼓之，使人赴水者，赏在水也；临战而使人绝头刳腹而无顾心者，赏在兵也。又况据法而进贤，其助甚此矣。

　　韩昭侯使人藏弊裤，侍者曰："君亦不仁矣，弊裤不以赐左右而藏之。"昭侯曰："非子之所知也，吾闻明主之爱，一嚬一笑，嚬有为嚬，而笑有为笑。今夫裤，岂特嚬笑哉！裤之与嚬笑相去远矣，吾必待有功者，故藏之未有予也。"

　　鳝似蛇，蚕似蠋。人见蛇则惊骇，见蠋则毛起。然而妇人拾蚕，渔者握鳝，利之所在，则忘其所恶，皆为孟贲。

注　释

①毁甚瘠：哀毁过度而消瘦。

②式：行轼礼。

译　文

说三

　　齐王请教文子："治理国家应该如何？"文子回答："赏罚作为治理方法，是治国的利器。君主要牢握赏罚权柄，不可将其向人展示。至于臣子，就如兽鹿一样，有肥美的草地，就会自动跑过去。"

越王询问大夫文种说："我想攻打吴国可以吗？"回答："可以。我们赏赐优厚而信实，刑罚严厉而坚决。您若想了解清楚，为何不焚烧宫室来测试一下呢？"于是便放火焚烧宫室，没有人救火，越王便下令说："人有为救火而死的，和战斗牺牲的同赏。救火而不死的，与战胜敌人同赏。不救火的，与战败投降同罪。"人们身涂泥土，穿着湿衣奔走救火的，左面三千人，右面三千人。越王由此知道伐吴已有必胜之势。

吴起担任魏武侯的西河守，秦国有个哨亭临近魏国边境，吴起想要攻下它。不攻下它，对魏国耕种的人威胁很大；要攻下它，有不值得专门征集军队。于是便将一根车辕依靠在北门之外，下令说："又能将这个车辕搬到南门之外的，赏赐上等田地、住宅。"没有人去搬。等到有人搬了，返回之后，立刻按照法令行赏。不久，吴起又将一石赤豆放置在东门之外，下令说："有能将其搬到西门之外的赏赐从前。"人们争着去搬。于是下令说："明日攻打秦国哨亭，能够先攻上去的，任命他做国中大夫，赏赐上等田宅。"人们争先恐后，于是攻打哨亭，一个早上就攻下了。

李悝为魏文侯的上地守，而希望民众都善于射箭，于是下令说："人们若是遇到难断是非的诉讼案件，就让他们用箭射靶，射中的胜诉，射不中的败诉。"命令下达以后，人们都忙着学习射箭，日夜不休。等到和秦国作战的时候，大败秦军，就是因为民众都善于射箭。

宋国崇门有个平民服丧时过度哀伤，以至形体消瘦，宋君认为他慈爱父母，就提拔他做了官长。第二年，在服丧之中因为过度悲伤而死的一年就是十余人。儿子为父母服丧，是因为爱父母，这种情形尚且可以用奖赏来加以劝勉，更何况君主对于民众呢？

越王计划攻打吴国，希望人民都勇于献身，外出时见到了一只发怒的青蛙，便对其凭轼致礼。侍从问："为何要对它致敬呢？"越王说："因为它有充足的勇气的缘故。"第二年，请求将头颅献给越王的人，一年之中就有十余人。由此看来，赏誉足以让人舍生赴死啊！

另一种说法：越王勾践看到发怒的青蛙，便对其凭轼致敬，驾车的人询问："为何要凭轼致敬呢？"越王回答："青蛙有如此的勇气，怎能不凭轼致敬呢？"士人听闻以后，说："青蛙有勇气，大王都凭轼致敬，更何况士人有勇力的呢？"当年就有自杀而死、献上头颅的人。所以越王将要报复吴国的时候，就测试自己的教化：放火焚烧高台以后，击鼓令人前进，使人们冲入火中的原因，是对在火中的人进行奖赏；又靠近江边，击鼓令人前进，使人们冲入水中的原因，是对在水中的人进行奖赏。所以在战争中，越王使人断头剖腹而义无反顾的原因，就是对作战的人进行奖赏。更何况他又根据法令，任用贤人，使奖赏的鼓舞作用更进一步了呢。

韩昭侯派人将破旧的裤子收藏起来，侍者说："君上太不仁爱了，破旧的裤子不用来赏赐左右，却还要收藏起来。"韩昭侯说："这不是你能理解的，我听说明君连自己的一颦一笑都会加以珍惜，颦有颦的目的，笑有笑的目的。如今的裤子岂止是一颦一笑啊！裤子和颦笑虽然相差甚大，但我也一定要等到有功者才赏赐给他，所以收藏起来而没有赐予他人。"

黄鳝类似蛇，蚕类似毛虫。人们见到蛇就惊骇，见到毛虫就汗毛竖起。然而妇人拾蚕，渔夫抓鳝，都是因为利益所在而忘记了害怕的东西，他们都成了孟贲那样的勇士。

经典解读

此节内容阐述的都是"信赏尽能"的道理，即为政者进行奖赏一定要信实。人民追逐奖赏，就如牛马追逐野草一样，哪里有奖赏他们就会奔向哪里，君主善于利用奖赏来诱导臣民从事有利于自己、有利于国家的事情。施行奖赏一定要信实，奖赏信实臣下报效君主、国家的热情就会高涨；反之，若奖赏不信实，臣下取得了功绩，本该得道奖赏，君主却不给奖赏，他们就会懈怠，甚至心怀怨恨。

原文 5

说四

魏王谓郑王[①]曰："始郑、梁一国也，已而别，今愿复得郑而合之梁。"郑君患之，召群臣而与之谋所以对魏，郑公子谓郑君曰："此甚易应也。君对魏曰：以郑为故魏而可合也，则弊邑亦愿得梁而合之郑。"魏王乃止。

齐宣王使人吹竽，必三百人，南郭处士请为王吹竽，宣王说之，廪食以数百人。宣王死，湣王立，好一一听之，处士逃。

一曰：韩昭侯曰："吹竽者众，吾无以知其善者。"田严对曰："一一而听之。"

赵令人因申子于韩请兵，将以攻魏。申子欲言之君，而恐君之疑己外市②也，不则恐恶于赵，乃令赵绍、韩沓尝试君之动貌而后言之。内则知昭侯之意，外则有得赵之功。

三国兵至韩，秦王谓楼缓曰："三国之兵深矣，寡人欲割河东而讲，何如？"对曰："夫割河东，大费也；免国于患，大功也。此父兄之任也，王何不召公子汜而问焉？"王召公子汜而告之，对曰："讲亦悔，不讲亦悔。王今割河东而讲，三国归，王必曰：'三国固且去矣，吾特以三城送之。'不讲，三国也入韩，则国必大举矣，王必大悔，王曰：'不献三城也。'臣故曰：王讲亦悔，不讲亦悔。"王曰："为我悔也，宁亡三城而悔，无危乃悔。寡人断讲矣。"

应侯谓秦王曰："王得宛、叶、蓝田、阳夏，断河内，因梁、郑，所以未王者，赵未服也。弛上党在一而已，以临东阳，则邯郸口中虱也。王拱③而朝天下，后者以兵中之。然上党之安乐，其处甚剧④，臣恐弛之而不听，奈何？"王曰："必弛易之矣。"

注　释

①郑王：指韩王。

②外市：结好外国以取利。

③拱：拱手，指毫不费力。

④剧：重要。

经典解读

说四

魏王对韩王说："最初韩国、魏国是一个国家，后来才分开的，如今希望重新将韩国合并入魏国。"韩王为此感到担忧，召集群臣和他们商讨如何回复魏国，韩国公子对韩王说："这很容易回应。您不妨对魏王说：假若认为韩国、魏国原属一国而可以合并，那么敝国也希望重新将魏国并入韩国。"魏王于是停止了合并两国的想法。

齐宣王令人吹竽，一定要有三百个人一起演奏，南郭处士请求为齐王吹竽，齐宣王很高兴，给他的伙食待遇同那数百人相同。宣王死，愍王即位，喜欢一个个地听他们吹竽，南郭处士便逃走了。

另一种说法。韩昭侯问："吹竽的人众多，我无法知道其中吹得最好的。"田严回答说："一个一个地听他们演奏。"

赵国派人通过申不害向韩国请兵，将攻打魏国。申不害想要对韩君说这件事，又害怕韩君怀疑自己勾结外国以谋利，不说又害怕得罪赵国，于是就让赵绍、韩沓试探韩君的态度，然后才讲了这件事。于是他在内知晓了韩昭侯的心意，在外得到了拉拢赵国的功效。

齐、魏、韩三国的军队集结到了函谷关下，秦王对楼缓说："三国的军队，就要深入我国了，我想割让河东之地和他们讲和，怎么样？"楼缓回答："割让河东，是大代价；免除国家的危难，是大功劳。这是王室宗族的责任，大王为何不召见公子氾寻求意见呢？"秦王于是召见公子氾，告知了有关情况，公子氾说："讲和也会后悔，不讲和也会后悔。大王如今割让河东而讲和，三国军队归去，大王一定会说：'三国军队本来就要撤走了，我白白将三座城送给他们。'不讲和，三国军队攻入函谷关，秦国一定会大动干戈，大王一定会非常后悔，说：'这都是不割让河东三城的后果啊！'所以臣说：大王讲和也会后悔，不讲和也会后悔。"秦王说："既然我都会后悔，宁可失去三城而后悔，也不能让国家危险以后再后悔。我决定讲和了。"

应侯对秦王说："大王得到宛、叶、蓝田、阳夏等城池，切断了河内诸地，挟持韩国、魏国的势力，之所以到现在还没有称王于天下，就是因为赵国还没有归服。放弃上党，只不过丢掉一个郡罢了；用撤出来的军队逼近东阳的话，则邯郸就成了口中的虮子。大王拱手就可以使天下前来朝见，迟到的就用兵力将其征服。然而上党如今已经安定，其地位又很紧要，我恐怕劝您放弃您也不会接受，怎么办呢？"秦王说："我一定放弃上党，移兵逼近东阳。"

经典解读

一听，就是要一一听取臣下的不同言论，使臣子之间互不了解别人的言论。只有这样，臣子才不会随声附和、滥竽充数，才不得不展示他们心中的真实想法，君主能够了解臣下们的真实心意，也就能做出明智的决断了。

责下，就是人臣提出主张以后，要根据其实施的效果进行赏罚，有功则赏，有过则罚。有赏，臣子们就会忠心谋事，提出最能收得功绩的主张；有罚，臣子就不敢轻怠政事，不敢损害公利。

南郭先生不会吹竽，却混在吹竽的队伍中，骗取君王的奉养、赏赐，就是因为君王没有一一听他们吹奏竽。而国家最大的忧患，就是朝廷里都是南郭先生这样的大臣，他们尸位素餐，毫无见识，每日只会人云亦云，君主若不一一审察他们的本领、才智，就无法察知他们的无能，就不能将他们从朝廷里逐出去，那么真正的贤人就没有位置，国家就会被一些酒囊饭袋所把持，衰败也就是必然的了。

应侯之所以敢于劝谏秦王采取不利于国家的措施，就是因为他知道秦王信任自己，自己的主张即便以后被证明是错误的也不会受到惩罚。也就是说，君主若不在事后严格责求大臣的责任，他们就会不忠心，就会为了个人当前的私利而提出有损国家的主张。

一听、责下都是君主考核大臣必须采取的手段，只有这样，臣下才不敢欺骗自己，对于国事才不敢不尽心。

原文 6

说五

庞敬，县令也，遣市者行，而召公大夫①而还之，立有间，无以诏之，卒遣行。市者以为令与公大夫有言，不相信，以至无奸。

戴欢，宋太宰，夜使人曰："吾闻数夜有乘辒车至李史门者，谨为我伺之。"使人报曰："不见辒车，见有奉笥②而与李史语者，有间，李史受笥。"

周主亡玉簪，令吏求之，三日不能得也。周主令人求而得之家人之屋间，周主曰："吾知吏之不事事也。求簪，三日不得之，吾令人求之，不移日③而得之。"于是吏皆耸惧，以为君神明也。

商太宰使少庶子之市，顾反而问之曰："何见于市？"对曰："无见也。"太宰曰："虽然，何见也？"对曰："市南门之外甚众牛车，仅可以行耳。"太宰因诫使者："无敢告人吾所问于女。"因召市吏而诮之曰："市门之外何多牛矢？"市吏甚怪太宰知之疾也，乃悚惧其所也。

注　释

①公大夫：也是管理市场的官员。

②笥：盛东西的竹器。

③不移日：不到一天。

译　文

说五

庞敬，是个县令，派遣管理市场的官吏出发，又召回另一个管理市场的官吏公大夫来相见，站了一会儿，没有什么可告诫的，就让他走了。先前那个管理市场的官吏认为县令对公大夫交代了什么，而不相信自己，所以不敢作奸犯科。

戴欢，是宋国太宰，夜里遣人说："我听说这几天夜里有人乘坐辒车到李史家门口，你替我监视一下。"派出去的人回来报告说："没有看到辒车，只看到有人捧着竹器和李史说话，过了一会儿，李史收下了竹器。"

周君（故意）丢失了玉簪，派遣官吏寻找，三日未能找到。周君又派别人寻找，结果在居民的房子中找到了，周君说："我就知道官吏们不做事。找玉簪，三天都找不到，我派别人寻找，不到一天就找到了。"于是官吏们都震恐不已，认为君主神明。

宋国太宰派年轻的侍从到市场上去，等他回来后问："在市场上见到了什么？"侍从说："没有见到什么。"太宰说："虽说如此，究竟见到了些什么呢？"回答说："市场南门之外牛车很多，只能勉强同行。"太宰于是告诫侍从："不要告诉别人我向你问的话。"于是召见市场官吏，责备他们说："市门之外，为何有很多牛屎呢？"市场官吏很奇怪太宰知道得这么快，于是都恐惧小心地对待职守了。

经典解读

疑诏诡使，就是不按常理役使臣下，通过诡秘的手段，让他们看不透自己，疑心自己对他们十分了解，或是抓住了他们的把柄，这样他们就不敢对自己撒谎，不得不呈上实情，尽心做事。

庞敬召见公大夫而不召见市吏，市吏就一定会怀疑县令不相信自己，召见别人来询问有关自己的事情，则不敢作奸犯科。戴欢若直接遣人让他去监视李史，那人一定不会尽心，甚至什么也不看，然后回来敷衍他。于是他假言有人乘坐辒车的事，那样派遣的人就害怕自己错过了辒车，且觉得戴欢还派了别人察看，就不敢不用心了。其他两条也都是类似的道理，就是对人旁敲侧击，使他们看不透自己的手段，不敢欺骗、敷衍自己。

需要注意：这种使用诈谋、权术，让人不敢欺骗自己，虽然在役使、管理他人上有不错的效果，但终非光明正道，不能让人心悦诚服。当这种权谋被人看透的时候，也就毫无意义了，反而会让自己受到他人的鄙视、轻蔑。现实中就有很多这样的例子，领导故意装出一副高深莫测的样子，其实下属都已经看透了，不仅不会敬畏他，反而会有不受信任的感觉，更不用心做事。所以说，以诈术服人，终究不如以德服人。治人者对此不可不深思。

原文 7

说六

韩昭侯握爪，而佯亡一爪①，求之甚急，左右因割其爪而效之。昭侯以此察左右之诚不。

韩昭侯使骑于县。使者报，昭侯问曰："何见也？"对曰："无所见也。"昭侯曰："虽然，何见？"曰："南门之外，有黄犊食苗道左者。"昭侯谓使者"毋敢泄吾所问于女"。乃下令曰："当苗时，禁牛马入人田中固有令，而吏不以为事，牛马甚多入人田中，亟举其数上之；不得，将重其罪。"于是三乡举而上之。昭侯曰："未尽也。"复往审之，乃得南门之外黄犊。吏以昭侯为明察，皆悚惧其所而不敢为非。

周主下令索曲杖，吏求之数日不能得。周主私使人求之，不移日而得之。乃谓吏曰："吾知吏不事事也。曲杖甚易也，而吏不能得，我令人求之，不移日而得之，岂可谓忠哉？"吏乃皆悚惧其所，以君为神明。

卜皮为县令，其御史污秽②而有爱妾，卜皮乃使少庶子佯爱之，以知御史阴情。

西门豹为邺令，佯亡其车辖，令吏求之不能得；使人求之而得之家人屋间。

注　释

①爪：指甲。

②污秽：贪赃枉法。

译　文

说六

韩昭侯握住指甲，然后假装丢失了一片指甲，寻找得十分着急，于是左右近侍就割掉自己的指甲献给他。韩昭侯以此察知左右诚实与否。

韩昭侯派人骑马到县里巡视，使者回报，昭侯问："见到些什么呢？"使者回答："没有见到什么。"昭侯说："即便如此，究竟见到些什么？"使者回答："南门之外，有黄色的牛犊在大路左边吃禾苗。"昭侯吩咐使者："不要泄露我问你的话。"于是下令说："禾苗生长时，禁止牛马进入农田里边，这本来就有命令，而官吏却不将其当回事，有很多牛马进入农田之中的，立刻将这个数目报上来；遗漏的，将治其重罪。"于是，东、西、北三面报了上来。昭侯说："还没有报全。"官吏重新再去检查，才发现南门之外的黄牛犊。官吏以此都认为昭侯明察，于是都惶恐地谨守职责，不敢为非作歹。

周君下令寻找曲杖，官吏找了数日未能找到，周君私下派人寻找，没过一日就找到了，于是对官吏说："我知道官吏都不好好做事。曲杖十分好找，而官吏不能找到，我私下让人寻找，没过一日就找到了，你们这样，难道可以称为忠诚吗？"官吏都惶恐地谨守职责，认为周君神明。

卜皮担任县令，手下的御使贪污，御使有宠妾，卜皮就派遣年轻的侍从假装喜欢御史的妾，而探知了御使的隐情。

西门豹担任邺令，假装丢失了车辖，让官吏寻找不能找到，私下派人在居民的房间中找到了。

经典解读

挟知而问，就是自己明明知道，然后再去询问下属。它有两个功效：一、自己知道，然后再去问别人，通过别人的回应，就可以知道对方是否诚实，是否会欺骗自己；二、在询问中向他人展示自己知道实情，让他人对自己产生敬畏之心，从而不敢欺骗自己。这在管理下属之时有一定的功效，但未免有违诚信待人的原则，可以说是"逞小聪明而丢弃诚信"，是否当用，是否有利，还需使用者慎重思量。

原文8

> ### 说七
>
> 阳山君相卫，闻王之疑己也，乃伪谤樛竖以知之。
>
> 淖齿①闻齐王之恶己也，乃矫为秦使以知之。
>
> 齐人有欲为乱者，恐王知之，因诈逐所爱者，令走王知之。
>
> 子之相燕，坐而佯言曰："走出门者何，白马也？"左右皆言不见。有一人走追之，报曰："有。"子之以此知左右之诚信不。
>
> 有相与讼者，子产离之而无使得通辞②，倒其言以告而知之。
>
> 卫嗣公使人为客过关市，关市苛难之，因事关市以金，关吏乃舍之。嗣公为关吏曰："某时有客过而所，与汝金，而汝因遣之。"关市乃大恐，而以嗣公为明察。

注　释

①淖齿：楚将，在乐毅率领诸侯联军攻破齐国时，受命前往救齐，担任了齐相，后来弑杀齐愍王，旋即被齐人所杀。

②通辞：通话，知道对方讲什么话。

译　文

说七

阳山君担任卫相，听说卫君怀疑自己，就假装诽谤卫君近侍樛竖来探知实情。

淖齿听说齐王厌恶自己，就派人假装秦国使臣来探知实情。

齐人有想作乱的，害怕齐王知道，就假装驱逐自己所喜欢的人，让他跑到齐王那里探知实情。

子之为燕相，坐在屋中谎称："刚才跑出门外的是白色的马吗？"左右侍从都说没有看到。有一个人跑着出去追赶，回来报告说："有白马。"子之因此知道了左右侍从诚实与否。

有相互诉讼的，子产使他们分开，以便他们无法相互通话，然后将他们的话反过来说给对方，以察明真相。

卫嗣君派人装扮成客商，通过关市，关吏苦难他，于是用金子贿赂，关吏才让他通过。卫嗣君对关吏说："某时有客商路过你的地方，给了你金子，你才放他走。"关吏于是非常害怕，认为卫嗣君明察。

经典解读

倒言反事，就是故意说反话、做反事来蒙蔽别人以窥察实情。很多时候，直接询问什么情况，臣下不会诚实回答，他们会窥测君主的心意，然后投其所好，君主就分不清谁的真实想法和自己一样、谁真正的忠诚了。既然这样，君主不妨反着说话，说出与自己真实想法相反的话，那样阿谀奉承之辈就会继续阿附自己的话语，君主也就可以得知谁在见风使舵，谁是正直忠诚的人了。

内储说下六微

原文1

六微：一曰权借在下，二曰利异外借，三曰托于似类，四曰利害有反，五曰参疑内争，六曰，敌国废置。此六者，主之所察也。

经一 权借

权势不可以借人。上失其一，臣以为百。故臣得借则力多，力多则内外为用，内外为用则人主壅。其说在老聃之言失鱼也。是以人主久语，而左右鬻怀刷①。其患在胥僮之谏厉公，与州侯之一言，而燕人浴矢也。

经二 利异

君臣之利异，故人臣莫忠，故臣利立而主利灭。是以奸臣者，召敌兵以内除，举外事以眩②主，苟成其私利，不顾国患。其说在卫人之妻祷祝也。故戴歇议子弟，而三桓攻昭公；公叔内齐军，而翟黄召韩兵；太宰嚭说大夫种，大成牛教申不害；司马喜告赵王，吕仓规秦、楚；宋石遗卫君书，白圭教暴谴。

经三 似类

似类之事，人主之所以失诛，而大臣之所以成私也。是以门人捐水而夷射诛，济阳自矫而二人罪，司马喜杀爰骞而季辛诛，郑袖言恶臭而新人劓，费无忌教郤宛而令尹诛，陈需杀张寿而犀首走。故烧刍廥而中山罪，杀老儒而济阳赏也。

经四 有反

事起而有所利，其尸③主之；有所害，必反察之。是以明主之论也，国害则省其利者，臣害则察其反者。其说在楚兵至而陈需相，黍种贵而廪吏覆。是以昭奚恤执贩茅，而僖侯谯其次，文公发绕炙，而穰侯请立帝。

经五 参疑

参疑之势，乱之所由生也，故明主慎之。是以晋骊姬杀太子申生，而郑夫人用毒药，卫州吁杀其君完，公子根取东周，王子职甚有宠，而商臣果作乱，严遂、韩廆争而哀侯果遇贼，田常、阚止、戴欢、皇喜敌而宋君、简公杀。其说在狐突之称"二好"，与郑昭之对"未生"也。

经六 废置

敌之所务，在淫察而就靡④，人主不察，则敌废置矣。故文王资费仲，而秦王患楚使，黎且去仲尼，而干象沮甘茂。是以子胥宣言而子常用，内美人而虞、虢亡，佯遗书而苌宏死，用鸡猳而邻桀尽。

经七 庙攻

"参疑""废置"之事，明主绝之于内而施之于外。资其轻者，辅其弱者，此谓"庙攻"。参伍既用于内，观听又行于外，则敌伪得。其说在秦侏儒之告惠文君也。故襄疵言袭邺，而嗣公赐令席。

注　释

①人主久语，而左右鬻怀刷：指君主同臣下长久谈话，臣下地位就被太高；君主赏赐左右小物件，左右就能卖掉它们而致富。

②眩：迷惑。

③尸：主人、君主。

④淫察，观察混乱；就靡，行事荒谬。

译　文

有六种危害君权的隐蔽情况：一是，君主将权势借予臣下；二是，君臣利益不同，而臣子借外部势力谋私；三是，臣子假托类似的事情欺骗君主；四是，君臣之间利害关系相反；五是，臣子势力相当而引起内部争斗；六是，敌国势力操纵本国的废置。这六种情况都是君主必须明察的。

经一 权借

君主的权势不可以借予他人，君主失去了一点权柄，臣子就会用它发挥百倍的作用。所以，臣子若能借用君主的权势，势力就会强大起来，势力强大起来，内外都会为其所用，内外都为其所用，那么臣子就会壅闭君主。有关的解说在老聃谈论"鱼不可脱于渊"等部分中。所以君主同臣下长久谈话，臣下地位就被抬高；君主赏赐左右小物件，左右就能卖掉它们而致富。将权势借人的危患体现在胥童劝谏晋厉公，州侯手下之人异口同声为其开脱，以及燕人受骗用屎浴身等事上。

经二 利异

君臣的利益不一致，则臣子没有忠诚的，所以臣子的利益确立了，君主的利益就要损毁。因此，奸臣招引外兵来除掉国内的政敌，举用外事来迷惑君主，苟且求取自己的私利，而不顾国家的祸患。有关的解说在卫人之妻祝祷等部分。正因为君臣利益不一致，所以戴歇要议论诸公子，三桓要攻打鲁昭公，韩相公叔要引进齐军，魏臣翟黄要招引韩兵，太宰伯嚭要劝说大夫文种，大成牛要开导申不害，司马喜要私送情报给赵王，魏臣吕仓要劝秦、楚攻魏，宋石要写信给卫君，魏相白圭要劝导韩相暴谴相互支持。

经三 类似

似是而非的实情，是导致君主处罚不当，而大臣能够获得私利的原因。因此守门人洒水伪造尿迹而夷射受诛，济阳君矫诏谋划攻打自己而与自己不和的两人获罪，司马喜杀死爱謇而季辛诛，郑袖谎称新来的美人厌恶楚王的气味而使美人被割去鼻子，费无忌指导郤宛而使他被令尹诛杀，陈需杀死张寿而犀首受逐。所以，近侍烧掉草仓而中山公子获罪，门客因私怨杀死老儒而获得济阳君的奖赏。

经四 有反

事情发生，若有利可得，君主一定要牢牢掌握；若有所损害，一定要从反面加以考察。所以，明主考虑问题：国家受到损害，就察看谁会从中获利；臣下受到损害，就考察与其对立的人。有关的解说在楚兵到来而陈需相魏，黍种价高而廪吏受到审察等部分中。因为懂得这个道理，所以昭奚恤逮捕贩卖茅草的人，韩昭侯怒责厨师的副手，晋文公追查将头发缠在烤肉上的人，穰侯请求齐王称帝。

经五　参疑

参疑的形势，是祸乱产生的根源，所以明主应慎重地对待。正因为形势参疑，所以晋国骊姬杀死太子申生，郑夫人以毒药弑君，卫国州吁杀死其君主完，公子根占有东周，王子职有宠而商臣果然兴兵作乱，严遂、韩廆相争而韩哀侯被刺，田常、阚止、戴欢、皇喜相互斗争而齐简公、宋君被杀。相关的解说在狐突谈论君主好内、好外的危害，以及郑昭说"太子未生"部分。

经六　废置

敌国所力求做到的，就是使君主观察混乱而行事皆非。君主不能明察，本国的任免废置就都会被敌国所操控。所以，文王资助费仲，而秦王担忧楚使用事，黎且使孔子出走，干象阻止楚王让甘茂相秦。正因为君主不能明察，所以楚国听了伍子胥的宣言而任用子常，虞公接受晋国的美人而虞国、虢国灭亡，叔向伪作苌弘的书信而苌弘被杀，郑桓公佯用鸡、豚血盟誓而邻国杀尽良臣。

经七　庙攻

参疑、废置等情况，君主要在国内禁绝而作为策略施行于国外。资助敌国权势轻、能力弱的人，这就叫作庙攻。在内参详、验证，在外观察、探听，那么敌人的一切诈伪就都能识破。相关的解说在秦国佽儒告诉秦惠王探听得楚国计谋等内容中。正因为能如此运用，所以襄疵告诉魏王赵国想偷袭邺，卫嗣君赐给县令席子。

经典解读

本章主要讲解君主不可不明察的六种情况：权借在下、利异外借、托于似类、利害有反、参疑内争、敌国废置。这六种情况都是危害国家、君主的大事，若出现在自己国中，君主必然危险，国家一定衰弱，君主应该时刻观察、反省，努力消除这些隐患。

原文 2

说一

势重者，人主之渊也；臣者，势重之鱼也。鱼失于渊而不可复得也，人主失其势重于臣而不可复收也。古之人难正言，故托之于鱼。

赏罚者，利器也，君操之以制臣，臣得之以拥^①主。故君先见所赏，则臣鬻之以为德；君先见所罚，则臣鬻之以为威。故曰："国之利器，不可以示人。"

靖郭君相齐，与故人久语，则故人富；怀左右刷^②，则左右重。久语、怀刷，小资也，犹以成富，况于吏势乎？

晋厉公之时，六卿贵。胥僮、长鱼矫谏曰："大臣贵重，故主争事，外市树党，下乱国法，上以劫主，而国不危者，未尝有也。"公曰："善。"乃诛三卿^③。胥僮、长鱼矫又谏曰："夫同罪之人偏诛而不尽，是怀怨而借之闲也。"公曰："吾一朝而夷三卿，予不忍尽也。"长鱼矫对曰："公不忍之，彼将忍公。"公不听。居三月，诸卿作难，遂杀厉公而分其地。

州侯相荆，贵而主断，荆王疑之，因问左右，左右对曰"无有"，如出一口也。

燕人无惑，故浴狗矢。燕人，其妻有私通于士，其夫早自外而来，士适出。夫曰："何客也？"其妻曰："无客。"问左右，左右言"无有"，如出一口。其妻曰："公惑易也。"因浴之以狗矢。

一曰：燕人李季好远出，其妻私有通于士，季突至，士在内中，妻患之。其室妇曰："令公子裸而解发，直出门，吾属佯不见也。"于是公子从其计，疾走出门。季曰："是何人也？"家室皆曰："无有。"季曰："吾见鬼乎？"妇人曰："然。""为之奈何？"曰："取五牲之矢浴之。"季曰："诺。"乃浴以矢。一曰浴以兰汤。

注 释

①拥：通"壅"，壅塞。

②怀左右刷：指以巾帨等小物品馈赠左右。

③三卿：指三郤，郤锜、郤至、郤犨。

译　文

权势，如同君主的深渊；臣子，就如在权势这深渊中的鱼。鱼脱离了深渊便不可复得，君主将权势失落给臣子，也就不能将其收回了。古人难以直接言说此理，故用鱼来做比喻。

赏罚，是治理的利器。君主操持赏罚大权来制约臣子，臣子若得到赏罚权柄，就会壅闭君主。所以君主若先露出赏赐的苗头，臣子就会兜售它来树立私恩；君主若先露出惩罚的苗头，臣子就会兜售它来确立私威。所以老子说："国之利器，不可以示人。"

靖郭君相齐，与故人交谈时间久，则故人地位就变得重要；赏赐近侍小物品，则近侍就会富有。交谈时间长，赏赐小物件，这都是微小的资助，尚且可以凭此致富，更何况将权势让给官吏呢？

晋厉公之时，六卿贵重。胥僮、长鱼矫劝谏厉公说："大臣权势贵重，敌国君主争着侍奉他们。权臣在外各树党羽，在下扰乱国法，在上劫持君主，而国家不危险的，还未曾有过。"晋厉公说："讲得好。"于是诛杀了三郤。胥僮、长鱼矫又劝谏说："同罪之人，诛杀一部分，不全部除净，是让他们心怀怨恨而有机可乘啊。"晋厉公说："我一下就杀死三个卿，不忍心将他们杀尽。"长鱼矫回答："您不忍心杀人，别人将忍心来害您。"厉公不听。过了三个月，诸卿作乱，杀死了晋厉公而瓜分了晋国。

州侯相楚，地位尊贵，独断专行，楚王怀疑他专权，于是询问左右，左右之人都说"没有这样的事"，众人同声，如出一口。

燕人没有中邪惑，却用狗屎洗身。有个燕人，他的妻子与某士人私通。丈夫早上从外面回来，士人恰好出去。丈夫便问："这是什么客人？"妻子回答："没有客人。"询问左右之人，左右都说没有，众口一词。妻子说："您中了邪惑了。"于是用狗屎为他洗澡祛邪。

另一种说法。燕人李季好远出，他的妻子和某士人私通，李季忽然回家，士人还在屋内，妻子十分担忧。她的女仆说："让这位公子光着身子，解开发结，径直走出门外，我们都佯装看不见。"于是士人听从了她的计谋，快步跑出门外。李季问："这是什么人？"家里的人都说："没有人啊！"李季说："我见到鬼了吗？"妻子说："是的。"李季问："该怎么办呢？"回答："拿各种牲畜的屎来洗身。"李季说："好吧。"于是用屎洗身。一种说法是用兰草水洗身子。

经典解读

　　此节主要谈权借在下的危害。权势是君主用来统御下属的利器，君主的地位、威严都是靠它来保证的。若君主轻易将其借予臣下，臣下就会利用他谋取私利、危害国家，甚至反过来伤害君主。老子所说的"鱼不可脱于渊""国之利器，不可以示人"，都是在告诉人们权势不可外借。

　　权势外借，是很容易的事情。静郭君相齐时和别人长久交谈，别人就尊贵了；送给别人一些小物件，别人就富贵了。交谈赠送小物件都是小事，而别人却能由此获得尊贵，更何况君主长久亲昵某人、大肆封赏某人呢？卫灵公亲昵弥子瑕，弥子瑕便能专政；汉哀帝宠幸董贤，董贤便能掌握朝中大权；明世宗看重严嵩，严嵩便把持朝政……尤其是那些乱国的宦官，如刘瑾、魏忠贤等人，得到皇帝的一点儿信任，便能在朝中翻云覆雨，为非作歹，搅得天下怨声鼎沸，又反过来蒙蔽皇帝，将皇帝玩弄于股掌间，危害之大，流毒之远，不可胜言。所以，君主不可不牢牢把握自己的权势，不要让臣下窃取它而去危害国家。也就是说，君主亲信谁、馈赠赏赐什么东西，都要深思熟虑，避免亲信奸佞、胡乱赏赐。

原文 3

说二

　　卫人有夫妻祷者，而祝曰："使我无故，得百束布。"其夫曰："何少也？"对曰："益是，子将以买妾。"

　　荆王欲宦诸公子于四邻，戴歇曰："不可。""宦公子于四邻，四邻必重之"。曰："子出者重，重则必为所重之国党，则是教子于外市也，不便。"

鲁孟孙、叔孙、季孙相戮力劫昭公，遂夺其国而擅其制。鲁三桓公偪①，昭公攻季孙氏，而孟孙氏、叔孙氏相与谋曰："救之乎？"叔孙氏之御者曰："我，家臣也，安知公家？凡有季孙与无季孙于我孰利？"皆曰："无季孙必无叔孙。""然则救之。"于是撞西北隅而入。孟孙见叔孙之旗入，亦救之。三桓为一，昭公不胜，逐之，死于乾侯。

公叔相韩而有攻齐，公仲甚重于王，公叔恐王之相公仲也，使齐、韩约而攻魏，公叔因内齐军于郑，以劫其君，以固其位，而信②两国之约。

翟璜，魏王之臣也，而善于韩，乃召韩兵令之攻魏，因请为魏王构③之以自重也。

越王攻吴王，吴王谢而告服，越王欲许之，范蠡、大夫种曰："不可。昔天以越与吴，吴不受，今天反夫差，亦天祸也。以吴予越，再拜受之，不可许也。"太宰嚭遗大夫种书曰："狡兔尽则良犬烹，敌国灭则谋臣亡。大夫何不释吴而患越乎？"大夫种受书读之，太息而叹曰："杀之，越与吴同命。"

大成牛从赵谓申不害于韩曰："以韩重我于赵，请以赵重子于韩，是子有两韩，我有两赵。"

司马喜，中山君之臣也，而善于赵，尝以中山之谋微告赵王。

吕仓，魏王之臣也，而善于秦、荆。微讽秦、荆令之攻魏，因请行和以自重也。

宋石，魏将也；卫君，荆将也。两国构难，二子皆将。宋石遗卫君书曰："二军相当，两旗相望，唯毋一战，战必不两存。此乃两主之事也，与子无有私怨，善者相避也。"

白圭相魏，暴谴相韩。白圭谓暴谴曰："子以韩辅我于魏，我请以魏待子于韩，臣长用魏，子长用韩。"

注　释

①鲁三桓公偪：应为"鲁三桓偪"，指三桓权势侵逼昭公。
②信：坚定。

③构：讲合。

译 文

说二

卫国一对夫妻祈祷，妻子祷告说："让我没有灾难，得到一百束布。"丈夫问："为何要求的这么少呢？"妻子说："超过这个数目，你就会用它去买妾。"

楚王送诸公子到四周邻国为官，戴歇说："不可以。"楚王说："让公子到四周国家去做官，四周国家一定器重他们。"戴歇说："公子出国为官受到器重，则一定会成为器重他们的国家的党羽。这就是教育儿子与外国相勾结啊，不利于国家。"

鲁国孟孙、叔孙、季孙戮力合作挟制了鲁昭公，于是夺取了他的国家而专擅他的权柄。三桓威逼昭公过甚，昭公于是发兵攻打季孙氏，孟孙、叔孙相互商量说："去救援季孙氏吗？"叔孙的车夫说："我是个家臣，哪里懂得国家大事呢？但，有季孙氏和没有季孙氏哪一样对我们有利呢？"大家都说："没有季孙氏，也一定没有叔孙氏了。""那么就去救援吧！"于是撞开西北角，冲了进去，孟孙氏见叔孙氏的旗子都冲进来了，也进入相救，三桓合兵一处，昭公不能取胜，于是遭到驱逐，最终死在了晋国乾侯。

公叔伯婴相韩而又与齐国交好，公仲朋很受韩王器重，公叔担心韩王以公仲代替自己为相，便使韩国、齐国合约去攻打魏国，趁机将齐军引入韩国国都，以齐军的势力劫持韩君，来巩固自己的权位，并重申两国的盟约。

翟璜是魏王的臣子，而交好于韩国，便招引韩兵让其攻打魏国，接着请求为魏王去讲和，以此来抬高自己的地位。

越王勾践攻打吴王夫差，吴王谢罪并宣布屈服，越王准备答应，范蠡、文种劝说："不可以。从前，上天将越国赐予吴国，吴王不接受，如今上天不帮助夫差，这也是上天降下的祸患，将吴国赐予越国。应当拜而再拜，接受下来，不可答应吴国讲和。"吴太宰伯嚭写信给文种说："狡兔尽，良犬烹；敌国灭，谋臣亡。大夫何不放过吴国，使它成为越国的忧患呢？"文种接信读过后，叹息道："杀掉信使，越国和我是同命相连的。"

大成牛在赵国对韩国的申不害说："您利用韩国的力量，使我在赵国贵重，我则以赵国的力量，使您在韩国贵重。这样一来，就如您有两个韩国，我有两个赵国。"

司马喜是中山君的臣子，而交好于赵国，曾将中山国的密谋，私下告知赵王。

吕仓是魏王的臣子，而交好与秦国、楚国，曾暗示秦国、楚国攻打魏国，趁机请求前去议和来抬高自己的地位。

宋石，是魏国的将领；卫君是楚国的将领。两国交战，两人都作为将领，宋石写信给卫君说："两军实力相当，军旗相望，希望不要交战，交战之后必不能两存。交战是两国君主的事，我和您没有私怨，最好的办法是相互避开。"

白圭相魏，暴谴相韩。白圭对暴谴说："您用韩国的力量协助我在魏国任职，我则用魏国的力量扶助您在韩国得势，这样的话，我能长期在魏国掌权，您也能长期在韩国掌权。"

经典解读

本节主要讲利异外借的现象和危害。"利异"，就是双方的利益不同；若君主和臣子的利益不同，那臣子做事就不会忠于君主，而是为自己的私利考虑，他们就会为了自己的私利而借用外国的力量来威胁、欺骗君主。鲁昭公和三桓的利益不一致，所以被驱逐；韩君和公叔伯婴的利益不一致，所以遭到胁迫；大成牛、申不害与他们国君的利益不一致，所以相互勾结自重；司马喜、吕仓和君主的利益不一致，所以出卖国家、勾结外国……

君主都希望大臣忠于自己，忠于国家，要想达到这一点，就必须确保臣子的利益和自己、国家的利益一致。利益不一致而单单去从道义上要求他们忠心，是很难实现的。所以，君主应该明察"利异外借"的现象，及时驱逐那些图谋私利、勾结敌国的大臣。

原文 4

说三

齐中大夫有夷射者，御饮于王，醉甚而出，倚于郎门①，门者刖②跪请曰："足下无意赐之余沥乎？"夷射叱曰："去！刑余之人，何事乃敢乞饮长者？"刖跪走退。及夷射去，刖跪因捐水郎门霤下，类溺者之状。明日，王出而呵之曰："谁溺于是？"刖跪对曰："臣不见也。虽然，昨日中大夫夷射立于此。"王因诛夷射而杀之。

魏王臣二人不善济阳君，济阳君因伪令人矫王命而谋攻己。王使人问济阳君曰："谁与恨？"对曰："无敢与恨，虽然，尝与二人不善，不足以至于此。"王问左右，左右曰："固然。"王因诛二人者。

季辛与爰骞相怨。司马喜新与季辛恶，因微令人杀爰骞，中山之君以为季辛也，因诛之。

荆王所爱妾有郑袖者。荆王新得美女，郑袖因教之曰："王甚喜人之掩口也，为近王，必掩口。"美女入见，近王，因掩口，王问其故，郑袖曰："此固言恶王之臭。"及王与郑袖、美女三人坐，袖因先诫御者曰："王适有言，必亟听从。"王言美女前，近王甚，数掩口，王悖然怒曰："劓③之。"御因揄刀而劓美人。

一曰：魏王遗荆王美人，荆王甚悦之，夫人郑袖知王悦爱之也，亦悦爱之，甚于王。衣服玩好择其所欲为之，王曰："夫人知我爱新人也，其悦爱之甚于寡人，此孝子所以养亲，忠臣之所以事君也。"夫人知王之不以己为妒也，因为新人曰："王甚悦爱子，然恶子之鼻，子见王，常掩鼻。则王长幸子矣。"于是新人从之，每见王，常掩鼻，王谓夫人曰："新人见寡人常掩鼻，何也？"对曰："不已知也。"王强问之，对曰："顷尝言恶闻王臭。"王怒曰："劓之。"夫人先诫御者曰："王适有言，必可从命。"御者因揄刀而劓美人。

费无极，荆令尹之近者也。郤宛新事令尹，令尹甚爱之，无极因谓令尹曰："君爱宛甚，何不一为酒其家？"令尹曰："善。"因令之为具于郤宛之家。无极教宛曰："令尹甚傲而好兵④，子必谨敬，先亟陈兵堂下及门庭。"

宛因为之。令尹往而大惊曰:"此何也?"无极曰:"君殆,去之,事未可知也。"令尹大怒,举兵而诛郤宛,遂杀之。

犀首与张寿为怨,陈需新入,不善犀首,因使人微杀张寿,魏王以为犀首也,乃诛之。

中山有贱公子,马甚瘦,车甚弊。左右有私不善者,乃为之请王曰:"公子甚贫,马甚瘦,王何不益之马食?"王不许,左右因微令夜烧刍厩,王以为贱公子也,乃诛之。

魏有老儒而不善济阳君。客有与老儒私怨者,因攻老儒杀之,以德于济阳君,曰:"臣为其不善君也,故为君杀之。"济阳君因不察而赏之。

一曰:济阳君有少庶子,有不见知,欲入爱于君者。齐使老儒掘药于马梨之山,济阳少庶子欲以为功,入见于君曰:"齐使老儒掘药于马梨之山,名掘药也,实间⑤君之国,君杀之,是将以济阳君抵罪于齐矣。臣请刺之。"君曰:"可。"于是明日得之城阴而刺之,济阳君还益亲之。

注　释

①郎门:廊门。
②门者刖:遭受过刖刑的守门人。
③劓:割去鼻子。
④好兵:喜欢兵器。
⑤间:察探。

译　文

说三

齐国有个叫夷射的中大夫,陪齐王一起饮酒,酩酊大醉后出来,依靠在廊门上。受过刖刑的守门人跪请求道:"您无意于赏赐给我一点儿剩下的酒吗?"夷射呵斥道:"滚开!受过刑的人,怎么敢向尊长要酒喝!"刖跪退下了,等到夷射离开,刖跪便将水洒在廊门的檐沟下,像尿迹的样子。第二天,齐王出来看到了,怒问道:"谁在这里撒尿?"刖跪回答说:"臣没有看到。不过,昨日中大夫夷射曾立在这里。"齐王于是惩罚夷射,将其杀死。

魏王的臣子有两人与济阳君不和,济阳君于是让人伪造王命而谋划攻打自己。魏王派人问济阳君说："谁和你有怨？"济阳君回答："我不敢与谁有怨，不过，曾经有两人与我不和，但还不至于到这个地步。"魏王询问左右，左右之人都说："的确如此。"魏王于是诛杀了这两个人。

季辛与爰骞相互怨恨。司马喜刚刚与季辛交恶，便暗中派人刺杀了爰骞，中山君认为是季辛派人干的，便诛杀了季辛。

楚王有叫郑袖的爱妾。楚王新得到了美女，郑袖就告诉她说："大王很喜欢别人捂嘴的样子。若接近大王，一定要捂住嘴。"美女入见，接近楚王便捂住嘴，楚王询问原因，郑袖说："她本来就说过厌恶大王的气味。"等楚王、郑袖和美女三人坐着，郑袖事先告诫侍者说："大王若是有吩咐，一定要立即遵从。"楚王吩咐美女上前，美女靠近楚王，多次捂住嘴，楚王勃然大怒，说："割掉她的鼻子！"侍从于是拔出刀来割掉了美人的鼻子。

另一种说法：魏王送给楚王美人，楚王甚是喜爱，夫人郑袖知道楚王宠爱魏国美人，自己也佯装喜爱她，胜过了楚王。衣物、珍玩全部挑选美人喜欢的给她，楚王说："夫人知道我爱新来的美人，她比我还喜欢这位美人。这就是孝子奉养双亲、重臣侍奉君主的方式。"郑袖知道楚王不认为自己忌妒，便对新来的美人说："大王十分喜爱你，然而讨厌你的鼻子，你见到大王时，经常将鼻子捂住，则大王就会长久宠幸你了。"于是美人听从了她的劝告，每次见到楚王，经常捂住鼻子。楚王询问郑袖说："新来的美人见到我为何经常捂起鼻子呢？"郑袖回答："我不知道。"楚王硬追问，郑袖说："不久前，她曾说过厌恶大王的气味。"楚王愤怒地说："割了她的鼻子！"郑袖事先就告诫侍从说："大王若是有吩咐，一定要听从命令。"侍从于是拔刀割掉了美人的鼻子。

费无极是楚国令尹亲近的人。郤宛新侍奉令尹，令尹十分喜欢他，费无极于是对令尹说："您很喜欢郤宛，为什么不到他家中喝一次酒？"令尹说："好。"于是让费无极到郤宛家备置酒席。费无极教郤宛说："令尹非常高傲且喜欢兵器，你一定要尽力奉顺他，应快些将兵器陈列在厅堂下面和门口。"郤宛照办了。令尹前往，看到后吃惊地说："这是为何？"费无极说："您赶快离开吧！事情不知道会如何呢！"令尹大怒，发兵讨伐郤宛，将其杀死了。

犀首与张寿有怨，陈需刚到魏国，与犀首不合，便派人暗中杀死张寿，魏王认为是犀首干的，便驱逐了他。

中山国有个地位低下的公子，他的马很瘦，车子很破，国君身边有个和他关系不好的侍从就为他向国君请求说："公子十分贫穷，他的马很瘦，大王为何不增加他的马料？"中山王不同意，侍从于是暗中派人在夜里烧掉了马草库房，中山王认为是地位低下的公子干的，就处罚了他。

魏国有个老儒同济阳君不和。济阳君的门客有和老儒私下结仇的，便趁机攻杀老儒，以此讨好济阳君，说："我因为他与您不和，所以为您杀了他。"济阳君不加明察就奖赏了他。

另一种说法：济阳君家年轻的侍从，有未被赏识的，想得到主人的宠爱。齐国派老儒到马梨山掘草药，济阳君家那个年轻的侍从想要借此建功，便入见济阳君说："齐国派遣老儒到马梨山掘草药，名为掘药，其实是刺探您的封地。您若公然杀他，就会使济阳得罪于齐国，我请求为您私下刺杀他。"济阳君说："可以。"于是年轻侍从第二天在城北找到老儒，将其刺杀了，济阳君随即就加倍亲近这个侍从了。

经典解读

类似之事，就是似是而非的事情。君主要防备臣子用这样的事情来欺骗自己，归根到底还是要君主能明察明辨，不可偏听偏信。齐王不能明察，使夷射无辜受诛；楚王不能明察，使美人无辜被割去鼻子；令尹子常不能明察，使郤宛无辜被攻杀；魏王不能明察，使犀首无辜被驱逐……很多奸佞之臣，都是利用这些似是而非的事情打击异己、陷害忠良的。面对这些，君主应该明辨是非，深入调查实情，慎重地下达命令，不给奸佞之人以可乘之机，不让忠臣良臣无辜受诛。

原文 5

> 说四
>
> 陈需，魏王之臣也，善于荆王，而令荆攻魏。荆攻魏，陈需因请为魏王行解之，因以荆势相魏。
>
> 韩昭侯之时，黍种尝贵甚，昭侯令人覆①廪，吏果窃黍种而粜之甚多。
>
> 昭奚恤之用荆也，有烧仓廥②者，而不知其人。昭奚恤令吏执贩茅者而问之，果烧也。

昭僖侯之时，宰人上食而羹中有生肝焉，昭侯召宰人之次而诮之曰："若何为置生肝寡人羹中？"宰人顿首服死罪，曰："窃欲去尚宰人也。"

一曰：僖侯浴，汤中有砾。僖侯曰："尚浴免，则有当代者乎？"左右对曰："有。"僖侯曰："召而来。"谯之曰："何为置砾汤中？"对曰："尚浴免，则臣得代之，是以置砾汤中。"

文公之时，宰臣上炙而发绕之，文公召宰人而谯之曰："女欲寡人之哽邪？奚为以发绕炙。"宰人顿首再拜请曰："臣有死罪三：援砺砥刀，利犹干将也，切肉，肉断而发不断，臣之罪一也；援木而贯脔而不见发，臣之罪二也；奉炽炉，炭火尽赤红，而炙熟而发不烧，臣之罪三也。堂下得无微有疾臣者乎？"公曰："善。"乃召其堂下而谯之，果然，乃诛之。

一曰：晋平公觞客，少庶子进炙而发绕之，平公趣杀炮人，毋有反令，炮人呼天曰："嗟乎！臣有三罪，死而不自知乎？"平公曰："何谓也？"对曰："臣刀之利，风靡骨断而发不断，是臣之一死也；桑炭炙之，肉红白而发不焦，是臣之二死也；炙熟，又重睫而视之，发绕炙而目不见，是臣之三死也。意者堂下其有翳憎臣者乎？杀臣不亦蚤乎！"

穰侯相秦而齐强。穰侯欲立秦为帝而齐不听，因请立齐为东帝，而不能成也。

注 释

①覆：调查、查验。

②庈窌：茅草盖的库房。

译 文

说四

陈需是魏王的臣子，与楚王交好，于是令楚国攻打魏国。楚国攻打魏国，陈需趁机请求为魏王前往说和，于是借着楚国的势力担任了魏相。

韩昭侯的时候，黍种价格曾经很高，昭侯于是派人调查粮仓，仓吏果然盗窃黍种，并且卖掉了很多。

昭奚恤在楚国执政的时候，有人烧毁了茅草盖的仓库，但不知道是谁纵的火。昭奚恤派官吏抓住贩卖茅草的人前来询问，果然是他放火烧的。

韩昭侯的时候，厨师上饭，而羹中却有生肝，昭侯召来厨师的助手，责骂他说："你为何将生肝放在我的羹中？"厨师的助手叩头承认死罪，说："我私下想除去现在主管大王膳食的人。"

另一种说法：韩昭侯洗澡，水中有沙砾，昭侯问："主管洗澡的人被免职了，有人代替他吗？"左右回答："有。"韩昭侯说："将其召来。"责问他说："为何要在热水中放沙砾？"那人回答："若主管大王洗澡的人被免职，则我就代替他，所以将石子放入热水中。"

晋文公之事，厨师端上烤肉而有头发缠绕在上面，文公召来厨师责备他说："你想让我噎死吗？为何要用头发缠绕烤肉。"厨师叩头拜了又拜，说："臣有三条死罪：用磨刀石磨刀，使它锋利得如同干将一般，切肉，肉断了而头发不断，这是我的第一个罪过；拿起木签穿透肉片，而没有看到头发，这是我的第二个罪过；捧着烧得旺盛的炉子，炭火烧得赤红，肉烤熟了头发却没有烧断，这是我的第三个罪过。堂下的侍从中没有私下忌恨我的人吗？"文公说："说得对。"于是召集堂下侍从进行责问，果然这样，于是处罚了陷害厨师的人。

另一种说法：晋平公宴请客人，年轻的侍从端上烤肉，却有头发缠绕在上面，平公催促杀掉厨师，不得违令。厨师大声呼号着天说："啊呀！臣有三条罪过，死了也不知道犯的是哪一条？"晋平公问："指的是什么？"厨师回答："我的刀十分锋利，能够斩断骨头却斩不断头发，这是我的第一条死罪；用桑木木炭烤肉，肉烤熟了，红白分明，而头发没有烧焦，这是我的第二条死罪；肉烤好了，又仔细用眼去看，头发缠绕在烤肉上眼睛却看不到，这是我的第三条死罪。大概是堂下侍从中有憎恶我的吧？就这样杀了我岂不是太早吗？"

穰侯相秦之时，齐国强大。穰侯想立秦王为帝，而怕齐国不承认，于是请求立齐王为东帝，但事情没有成功。

经典解读

此节主要是告诉君主要善于根据利害关系明察臣下忠奸、对错。对那些难知缘由的事情，只需查验谁能从中获利；人们不会平白无故去做某些事情，要么是想通过这些事情获利，要么是想通过这些事情陷害对手，了解这些也就知道事情由谁而起了。

此外，君主还可以依据利害关系，对奸邪之事及早提防。如果担心某件事情发生，就该想想这事若发生，哪些人能够从中获利？对这些人就该及时控制，否则到了关键时刻，他们难免不会背叛自己而谋取私利。前秦的时候，苻坚打算南征东晋，王猛、苻融等大臣就劝谏他多防备慕容垂、姚苌等异族豪强，这些人虽然表面臣服，心里却都想趁着天下大乱、浑水摸鱼，巴不得苻坚南征失败。苻坚不听劝谏，反而听从慕容垂等人的怂恿，后来大败于淝水。慕容垂、姚苌等人果然趁乱造反，苻坚被杀。

总之，根据利害关系去察明事情的原委，往往能够轻易地获知真相；根据利害关系来防备灾难，则能够防患于未然。君主对于自己身边那些复杂的利害关系，必须洞悉明了。

原文 6

说五

晋献公之时，骊姬贵，拟于后妻①，而欲以其子奚齐代太子申生，因患②申生于君而杀之，遂立奚齐为太子。

郑君已立太子矣，而有所爱美女欲以其子为后，夫人恐，因用毒药贼君杀之。

卫州吁重于卫，拟于君，群臣百姓尽畏其势重，州吁果杀其君而夺之政。

公子朝，周太子也，弟公子根甚有宠于君。君死，遂以东周叛，分为两国。

楚成王以商臣为太子，既而又欲置公子职。商臣作乱，遂攻杀成王。

一曰：楚成王商臣为太子，既欲置公子职。商臣闻之，未察也，乃为其傅潘崇曰："奈何察之也？"潘崇曰："飨江芈③而勿敬也。"太子听之。江芈曰："呼役夫！宜君王之欲废女而立职也。"商臣曰："信矣。"潘崇曰："能事之乎？"曰："不能。""能为之诸侯乎？"曰："不能。""能举大事乎？"曰："能。"于是乃起宿营之甲而攻成王，成王请食熊蹯而死，不许，遂自杀。

韩廆相韩哀侯，严遂重于君，二人甚相害也。严遂乃令人刺韩廆于朝，韩廆走君而抱之，遂刺韩廆而兼哀侯。

田恒相齐，阚止重于简公，二人相憎而欲相贼也。田恒因行私惠以取其国，遂杀简公而夺之政。

戴欢为宋太宰，皇喜重于君，二人争事而相害也，皇喜遂杀宋君而夺其政。

狐突曰："国君好内则太子危，好外则相室危。"

郑君问郑昭曰："太子亦何如？"对曰："太子未生也。"君曰："太子已置而曰'未生'，何也？"对曰："太子虽置，然而君之好色不已，所爱有子，君必爱之，爱之则必欲以为后，臣故曰'太子未生'也。"

注 释

①后妻：正妻。

②患：诬谮。

③江芈：楚成王的妹妹。

译 文

说五

晋献公时，骊姬宠贵，地位与正妻匹敌。她希望用自己的儿子奚齐取代太子申生，于是在献公面前诬陷申生，使其被杀，于是晋献公立奚齐为太子。

郑君已经确立了太子，而有个受宠爱的美女想让自己的儿子为继承人，郑君夫人害怕，就用毒药弑杀了郑君。

卫国州吁在卫国地位很高，匹敌于君主，群臣百姓都畏惧他的权势，后来，州吁果然杀死了他的君主而夺取了政权。

公子朝是周太子，他的弟弟公子根很受周君宠爱，周君死后，公子根便凭借东周叛乱，将周地分为两国。

楚成王以商臣为太子，既而又想改立公子职。商臣于是作乱，攻杀了楚成王。

另一种说法：楚成王以商臣为太子，既而想改立公子职。商臣闻知，但还未查清，于是对其师傅潘崇说："该如何查清这件事呢？"潘崇说："宴请江芈而不恭敬地对待她。"商臣听从了。江芈大怒，叱责道："呸，贱奴！难怪君上想废掉你而改立职为太子!"商臣对潘崇说:"事情确信了。"潘崇问:"能侍奉公子职吗?"商臣说:"不能。"潘崇问:"能够流亡到其他诸侯国去吗?"商臣回答:"不能。"潘崇问:"能够举大事吗?"商臣回答:"能。"于是便发成卫宫殿的军队攻打楚成王,成王请求吃过熊掌再死,商臣不许,成王于是自杀。

韩傀担任韩哀侯相国,严遂受到韩君器重,两人甚是相仇恨,严遂于是令人当朝刺杀韩傀,韩傀跑到韩哀侯身边抱住哀侯,刺客于是刺杀韩傀,连哀侯也一起刺死了。

田常相齐,阚止受齐简公器重,两人相互憎恶而都想杀死对方,田常于是施私惠以夺取国内人心,最终杀死了齐简公而夺得政权。

戴欢为宋国太宰,皇喜受宋君器重,两人争权而相互伤害,结果皇喜杀死了宋君而夺得政权。

狐突说:"国君在内宠爱姬妾则太子危险,在外宠信近臣则国相危险。"

郑君询问郑昭说:"太子到底什么样?"郑昭回答:"太子还未生下来。"郑君说:"太子已经确立了,你却说太子还未生下了,这是为何呢?"郑昭回答:"他自虽然确立了,然而君主好色之心不止。若所宠爱的姬妾有了儿子,君主一定宠爱他;宠爱他则就会想立他为后,因此臣说太子还没有确立呢。"

经典解读

君主应该利用自己手中的权势使臣下不敢不服从自己,利用严明的法律规章,使他们不得不收敛气焰、按规矩行事;而不是用大臣来平衡大臣,使他们相互内斗。大臣相互内斗,个个拉帮结派,斗争胜利的势力越来也大,更会侵夺君主的权力,晋国君主放任六卿相互斗争,所以后来有韩、赵、魏瓜分晋国之事;齐简公放任田常、阚止相互斗争,所以有田氏代齐的结局。而在斗争中失利的,也会对君主心怀怨恨,从而产生不法的念头,甚至勾结外国来危害本国,如严遂刺杀韩傀,皇喜杀死宋君。参疑内争没有不危害国家的,骊姬害死申生,而骊姬在献公去世后也被申生的党羽里克等杀死;州吁杀害陈君,不久之后也被陈国大夫石碏等除掉……这些变乱都极大地危害了当事国。

所以,君主一定要靠法度来维护国家的安宁,不使多方相互斗争的情况出现在本国。

原文 7

说六

文王资费仲而游于纣之旁，令之谏纣而乱其心。

荆王使人之秦，秦王甚礼之。王曰："敌国有贤者，国之忧也。今荆王之使者甚贤，寡人患之。"群臣谏曰："以王之贤圣与国之资厚，愿荆王之贤人。王何不深知之而阴有之，荆以为外用也，则必诛之。"

仲尼为政于鲁，道不拾遗，齐景公患之，黎且谓景公曰："去仲尼犹吹毛耳。君何不迎之以重禄高位，遗哀公女乐以骄荣其意。哀公新乐之，必怠于政，仲尼必谏，谏必轻绝①于鲁。"景公曰："善。"乃令黎且以女乐六遗哀公，哀公乐之，果怠于政。仲尼谏，不听，去而之楚。

楚王谓干象曰："吾欲以楚扶甘茂而相之秦，可乎？"干象对曰："不可也。"王曰："何也？"曰："甘茂少而事史举先生，史举，上蔡之监门也，大不事君，小不事家，以苛刻闻天下，茂事之，顺焉。惠王之明，张仪之辨也，茂事之，取十官而免于罪，是茂贤也。"王曰："相人敌国而相贤，其不可何也？"干象曰："前时王使邵滑之越，五年而能亡越，所以然者，越乱而楚治也。日者知用之越，今亡之秦，不亦太亟忘乎！"王曰："然则为之奈何？"干象对曰："不如相共立。"王曰："共立可相，何也？"对曰："共立少见爱幸，长为贵卿，被王衣，含杜若，握玉环，以听于朝。且利以乱秦矣。"

吴攻荆，子胥使人宣言于荆曰："子期用，将击之；子常用，将去之。"荆人闻之，因用子常而退子期也。吴人击之，遂胜之。

晋献公伐虞、虢，乃遗之屈产之乘，垂棘之璧、女乐六，以荣其意②而乱其政。

叔向之谗苌弘也，为书曰："苌弘谓叔向曰：'子为我谓晋君，所与君期者，时可矣，何不亟以兵来？'"因佯遗其书周君之庭而急去行，周以苌弘为卖周也，乃诛苌弘而杀之。

郑桓公将欲袭郐，先问郐之豪杰、良臣、辩智果敢之士，尽与姓名，择郐之良田赂之，为官爵之名而书之。因为设坛场郭门之外而埋之，衅之以鸡豭，若盟状。郐君以为内难③也而尽杀其良臣，桓公袭郐，遂取之。

注　释

①轻绝：被轻视、被孤立。

②荣其意：增长其傲慢自负之气。

③内难：内乱将起。

译　文

说六

文王帮助费仲留在纣王身边，让他劝谏纣王而扰乱纣王的心。

楚王派人出使秦国，秦王对使者甚为礼敬。秦王对群臣说："敌国有贤者，是国家的忧患。如今楚王的使者很是贤能，我感到忧心。"群臣进谏说："凭借大王的圣贤和秦国的丰富资源，既然您羡慕楚王手下的贤人，为何不深深与其结交而暗中加以笼络呢？那样，楚国认为他被外国利用，一定会处罚他的。"

孔子在鲁国执政，治理得路不拾遗，齐景公感到担忧，黎且对景公说："除去孔丘就像吹掉毛发一样简单。您何不用高官厚禄邀请孔子，并赠送给鲁公女乐而助长他的虚荣和傲气？鲁公得到新乐，一定会怠慢政事，孔丘一定会劝谏，劝谏之后一定会受轻慢而与鲁国权贵关系破裂。"齐景公说："好。"于是让黎且将两组女乐送给鲁哀公，鲁哀公非常高兴，果然怠慢了政事，孔子劝谏，哀公不听，于是离开鲁国前往楚国去了。

楚王对干象说："我想以楚国的力量扶持甘茂，使他相秦可以吗？"干象回答："不可。"楚王问："为何呢？"干象说："甘茂年轻时师从史举先生，史举是上蔡的守门人，大不侍奉君主，小不照理家族，以苛刻而闻名天下，甘茂侍奉他十分恭敬。以秦惠王的精明，张仪的才辨，甘茂侍奉他们，得到了十种官职而免于获罪，这是甘茂的贤能啊。"楚王问："替邻国设立国相，而选择贤者，这有什么不可呢？"干象说："从前大王派邵滑到越国做官，五年之后能够灭亡越国，之所以能如此，就是因为越国混乱而楚国治理。昔日知道用不贤的人去灭亡越国，而今日在秦国这里却忘记了，不是忘得太快了吗？"楚王问："那该怎么办呢？"干象回答："不如扶助共立为秦相。"楚王问："共立可以作为秦相，这是为何呢？"干象回答："共立年少就受宠幸，年长被封为贵卿，穿着华美的衣服，含着香草，拿着玉环，立在朝廷上参与政事。他若为秦相将有利于扰乱秦国。"

吴国攻打楚国，伍子胥派人向楚国宣称："楚国用子期将兵，就将攻打它。楚国用子常将兵，就撤兵回去。"楚国听说以后，就让子常将兵而罢免了子期。吴人进攻，于是战胜了楚国。

晋献公攻打虞国、虢国，将屈地生产的骏马，垂棘出产的美玉，女乐两组送给他们，以迷惑他们的心意，扰乱他们国家的政事。

叔向陷害苌弘的时候，伪造书信："苌弘对叔向说：您代我告诉晋君，和他约定的时机已经到了，何不赶快发兵前来呢？"随后假装将书信遗落在周君的院子里而急忙离开，周人认为苌弘出卖周，便惩罚苌弘将其杀死了。

郑桓公将袭击郐国，先打听清楚了郐国的豪杰贤臣智谋之士，全部记下他们的姓名，选择郐国上好的田地贿赂他们，又在他们的名字下写上许予的官职，然后在城门外设立坛场将相关记录掩埋，并洒上鸡、猪的血，做成盟誓的样子。郐君认为这些人将在内部作乱，而将良士贤臣全部杀死。郑桓公偷袭郑国，便攻下了它。

经典解读

作为相互竞争的国家，最希望的就是敌国君主昏庸，大臣无能，最害怕的就是敌国君主英明，大臣贤能。所以会想尽办法操控他国君主、大臣的废立，从而使本国占得先机。君主一定要明察这点，不给敌国可乘之机。历史上，赵简子不听从智伯的劝谏，没有改立太子，所以后来赵襄子率领赵氏，击败了智伯；吴王夫差，受到越国的蛊惑，重用太宰嚭而杀害伍子胥，最终亡国……这些都说明了这点。

所以说，君主废置大臣，一定要仔细考察他贤能与否，看重用他是对本国有利，还是对敌国有利，而不受他的干扰、蛊惑，不做亲痛仇快的事情。

原文 8

说七

秦侏儒善于荆王，而阴有善荆王左右而内重于惠文君①。荆适有谋，侏儒常先闻之以告惠文君。

邺令襄疵，阴善赵王左右。赵王谋袭邺，襄疵常輒闻而先言之魏王。魏王备之，赵乃辄还。

卫嗣君之时，有人于县令之左右。县令发蓐②而席弊甚，嗣公还令人遗之席，曰："吾闻汝今者发蓐而席弊甚，赐汝席。"县令大惊，以君为神也。

注 释

①惠文君：应为惠文王，即秦惠王。
②蓐：草垫子。

译 文

秦国的侏儒受宠于楚王，而私下又和楚王左右侍从交好，且在国内受到秦惠文君的器重。楚国一有什么谋划，侏儒就常常事先闻知而通告给秦惠文君。

邺城守令襄疵，暗中于赵王左右侍从交好，赵王谋划袭击邺城，襄疵总是能够事先闻之而将其告诉魏王。魏王加以防备，赵军则无功而返。

卫嗣君时，有人受命在县令左右窥探。县令掀褥子时露出了破旧的席子，卫嗣君便派人送给他席子，说："我听说你今天掀起褥子时，席子十分破旧，赏赐给你席子。"县令大惊，认为卫嗣君神明。

经典解读

身边的人若与敌国勾通，那自己的行为就会被敌国所窥知，则己国利益受损，他国利益保全；反之，若他国身边有自己的耳目，那自己就能知道别人的私密之事，了解别人的图谋，这样就能早做对自己有利的准备。所以说，君主一定要确认自己身边没有他人耳目，同时尽力安排人去了解对手的消息。

原文1

经一

以罪受诛，人不怨上，跀危坐子皋；以功受赏，臣不德君，翟璜操右契而乘轩。襄王不知，故昭卯五乘而履驕。上不过任^①，臣不诬能，即臣将为失少室周。

经二

恃势而不恃信，故东郭牙议管仲；恃术而不恃信，故浑轩非文公。故有术之主，信赏以尽能，必罚以禁邪，虽有驳行^②，必得所利，简主之相阳虎，哀公问"一足"。

经三

失臣主之理，则文王自履而矜。不易朝燕之处，则季孙终身庄而遇贼。

经四

利所禁，禁所利，虽神不行；誉所罪，毁所赏，虽尧不治。夫为门而不使入，委利而不使进，乱之所以产也。齐侯不听左右，魏主不听誉者，而明察照群臣，则钜不费金钱，孱不用璧。西门豹请复治邺，足以知之。犹盗婴儿之矜裘，与跀危子荣衣。子绰左右画，去蚁驱蝇，安得无桓公之忧索官，与宣王之患臞马也。

经五

臣以卑俭为行，则爵不足以观赏；宠光无节，则臣下侵逼。说在苗贲皇非献伯，孔子议晏婴。故仲尼论管仲与孙叔敖。而出入之容变，阳虎之言见其臣也。而简主之应人臣也失主术。朋党相和，臣下得欲，则人主孤；群臣公举，下不相和，则人主明。阳虎将为赵武之贤、解狐之公，而简主以为积棘，非所以教国也。

经六

公室卑则忌直言，私行胜则少公功。说在文子之直言，武子之用杖；子产忠谏，子国谯怒③；梁车用法而成侯收玺；管仲以公而国人谤怨。

注　释

①过任：错误地任用。

②驳行：混乱不贞的行为。

③谯怒：怒斥。

译　文

经一

因为犯罪而受到惩罚，被惩罚者不会怨恨君上，所以被子皋施以刖刑的人，反而保护了子皋。因为立功而受到奖赏，获赏之臣也不用感激君主，所以翟璜拿着右契、乘坐轩车。魏襄王不懂这个道理，所以昭卯获得五乘的奉养以后，抱怨自己就如赚了大利的人还穿着草鞋一样。君主不错误地任用，重臣不隐瞒能者，那么臣子都将称为少室周那样的诚实之人。

经二

君主制约臣下，倚仗权势而不依赖臣子的诚实，所以东郭牙建议齐桓公不要将权势都交给管仲；君主统御臣下，倚仗法术而不依赖臣子的诚信，所以浑轩反对晋文公认为箕郑不会叛变的想法。所以懂得治国之术的君主，有功必赏以使臣子竭尽其力，有罪必罚以禁止臣下的奸邪，虽然臣子存在混乱不贞的行为，也一定有可以利用之处，赵简子以阳虎为管家，鲁哀公询问"一足"都说明了这个道理。

经三

失掉君臣之分，那么文王只能自己系鞋带，还要勉强解释一番。不分上朝、居家的礼仪，季孙一生追求庄重，却因此而被杀。

经四

所当禁止的，反而使其有利，所能获利的，反而加以禁止，即便是神也不能以此行事；所当降罪的，反而加以赞誉，所当奖赏的，反而加以贬毁，即便是尧也不能以此治国。建造了门却不让人们进入，放出了利却不让人们去取，祸乱就是如此产生的。若齐王不听信左右侍从，魏王不听信吹捧的人，而能明察群臣的一切，那么，钜就不会花费钱财、孱就不会耗费宝玉来贿赂求官了。以西门豹请求再次治理邺城这件事就足以明白这个道理。不恰当的赏赞，就如狗盗的儿子夸耀自己父亲的皮裘有尾巴，受刖刑之人的儿子夸耀自己父亲节省裤子一样可笑。就如子绰所说，人不能左手画方同时右手画圆，君主做着用肉驱赶蚂蚁，用于驱赶苍蝇这样的实情，怎么会没有齐桓公忧心讨官的人太多，而韩宣王忧心马太瘦的烦恼呢！

经五

臣子若将谦卑节俭作为行事原则，那么爵禄就不足以鼓励他们；尊宠表彰若没有节制，那臣下就会侵逼君主，有关的解释在苗贲皇非难献伯，孔子议论晏婴等部分，所以孔子要议论管仲和孙叔敖。举荐之人对自己的态度改变，阳虎的话是为了展现自己善于为臣，而赵简子以枳棘做譬喻的回答则失去了君主应当掌握的权术。朋党相互勾结，臣子的私欲得逞，则君主就会孤立无援；群臣公正守职，在下不相互拉拢，君主才能明察一切。阳虎是说自己会成为赵武那样贤能、解狐那样公正的人，而赵简子却认为那样举荐人是自树枳棘，这不是用来教化国家的方法。

经六

国家公室卑微，直言就遭忌讳；谋私之事盛行，公功就受妨害。有关的解释在范文子直言而遭到父亲范武子用手杖责打；子产忠谏，而遭到父亲子国的怒斥；梁车行法不避亲贵，而赵成侯收缴他的印绶；管仲秉公行事，而受到国人毁谤怨恨等内容中。

经典解读

"外储说"一共有左上、左下、右上、右下四篇，是讲除了"七术""六微"之外，其他一些君主应该了解的道理，应该采取的权术等等。相关内容繁多，所以本书中只选了左下一篇。

本节主要讲了六个道理：一、君主要按罪诛罚，按功赏誉，而不行私德；二、依靠权势、法术来维护自己的地位、威势，而不依靠信用。三、不以私恩私情而损害君臣、上下之分。四、禁赏毁誉当一致，不可自相矛盾。五、使臣子心怀公事，而不贪私名、不市私恩。六，过于耿直，反而危害自身。

原文 2

说一

孔子相卫，弟子子皋为狱吏，刖人足，所刖者守门，人有恶①孔子于卫君者，曰："尼欲作乱。"卫君欲执孔子，孔子走，弟子皆逃。子皋从出门，刖危引之而逃之门下室中，吏追不得。夜半，子皋问刖危曰："吾不能亏主之法令而亲刖子之足，是子报仇之时也，而子何故乃肯逃我？我何以得此于子？"刖危曰："吾断足也，固吾罪当之，不可奈何。然方公之狱治臣也，公倾侧②法令，先后臣以言，欲臣之免也甚，而臣知之。及狱决罪定，公慑然不悦，形于颜色，臣见又知之。非私臣而然也，夫天性仁心固然也，此臣之所以悦而德公也。"

孔子曰："善为吏者树德，不能为吏者树怨。概者，平量者也；吏者，平法者也。治国者，不可失平也。"

田子方从齐之魏，望翟黄乘轩骑驾出，方以为文侯也，移车异路而避之，则徒翟黄也，方问曰："子奚乘是车也？"曰："君谋欲伐中山，臣荐翟角而谋得果；且伐之，臣荐乐羊而中山拔；得中山，忧欲治之，臣荐李克而中山治：是以君赐此车。"方曰："宠之称功尚薄。"

秦、韩攻魏，昭卯西说而秦、韩罢；齐、荆攻魏，卯东说而齐、荆罢。魏襄王养之以五乘③，卯曰："伯夷以将军葬于首阳山之下，而天下曰：'夫以伯夷之贤与其称仁，而以将军葬，是手足不掩也。'今臣罢四国之兵，而王乃与臣五乘，此其称功，犹赢胜而履蹻。"

少室周者，古之贞廉洁悫者也，为赵襄主力士。与中牟徐子角力，不若也，入言之襄主以自代也。襄主曰："子之处，人之所欲也，何为言徐子以自代？"曰："臣以力事君者也，今徐子力多臣，臣不以自代，恐他人言之而为罪也。"

一曰：少室周为襄主骖乘，至晋阳，有力士牛子耕，与角力而不胜。周言于主曰："主之所以使臣骖乘者，以臣多力也。今有多力于臣者，愿进之。"

注 释

①恶：诬谮。

②倾侧：反复推敲。

③五乘：乘：方圆六里为一乘。韩非这里所说的"乘"，表示六里见方的土地上所上缴的赋税，它是用来作为官员的俸禄的。"五乘之奉"即用五乘之地的税收作为俸禄。

译 文

说一

孔子相卫，弟子子皋担任狱吏，施刖刑砍去了人家的脚，被砍脚的人负责看守城门，有人向卫君诬告孔子说："仲尼将要作乱。"卫君想捉拿孔子，孔子逃走了，弟子们也都逃亡，子皋引导他逃入城门边的屋子中，所以官吏没有追捕到。半夜，子皋问受过刑的守门人说："我不能破坏君主的法令而亲自砍掉你的脚，现在正是你报仇的时候，你为何还肯帮助我逃跑呢？我凭什么得到你的帮助呢？"受过刑的守门人说："我受刖刑砍掉脚，是我罪有应得，是无可奈何的事情。然而您按刑罚给我定罪的时候，反复推敲法令，先后为我说话，希望让我免除酷刑，这些我都知道。等到判罪定刑之事，您心中十分不快，表现在神色中，这些我也知道。您并非徇私照顾我才这样，而是仁爱之性天生如此，这就是我心悦诚服并想报答您的原因。"

孔子说："善于为官者树立恩德，不善于为官者树立仇怨。概这种器具，是用来公平地量衡的；官这种人物，是用来公平地执法的。治国者，不可以有违公平。"

田子方从齐国前往魏国，望见翟黄乘着尊贵的轩车出行，田子方以为是魏文侯，便将车子移到路旁回避，结果却只是翟黄。田子方便问："你怎么能乘坐这样的车子呢？"翟黄回答："君上谋划攻打中山，我举荐翟角而使他的计谋成功；将要攻打中山，我举荐乐羊而攻下了中山；得到中山以后，他忧虑如何治理，我举荐了李克而使中山得以治理。因此，君上将这辆车赐给我。"田子方说："翟黄获得的宠爱和其功劳相比还不够呢。"

秦国、韩国攻打魏国，昭卯到西面游说而使它们罢兵。齐国、楚国攻打魏国，昭卯到东面游说而使它们罢兵。魏襄王赏赐五乘的俸禄来奉养他，昭卯说："伯夷以将军之礼埋葬在首阳山下，天下之人都说：'以伯夷的贤能和仁名，只用将军的礼仪下葬，这就如同埋葬人连手脚都没埋好一样。'如今我说退了四个国家的军队，而大王就赐给臣五乘的俸禄，以这样的赏赐来对应我的功绩，就如赚了很多钱的人还穿着草鞋一样。"

少室周是古代贞正廉洁的人，担任赵襄子的护卫，他和中牟的徐子比力气，他不如徐子，于是入见赵襄子请求让徐子代替自己。赵襄子问："你的职位，是人们都希望得到的，你为何要提出让徐子代替自己呢？"少室周回答："我以力气侍奉您，如今徐子的力气胜过我，我若不让他取代自己，恐怕此事被他人提出来而受到您的怪罪。"

另一种说法：少室周担任赵襄子的参乘，到了晋阳，有个叫牛子耕力士与其比力气，少室周未能取胜，于是他对赵襄子说："您之所以让我担任参乘，是因为我力气大，如今有个比我力气更大的人，我希望将他推荐给您。"

经典解读

本节主要讲有关按罪诛罚，依功赏誉的事。君主行赏授爵根据功绩，那么受奖赏的人，心中喜悦，不受奖赏的人也不会心怀不满，所有人都得到激励，愿意为君主建功立业的人就多了。执法者依法施刑，那么受刑的人就不会生出私怨，法令的威严也得以彰显，作奸犯科的人就少了。赏罚严明，那么在任者就会恪尽职守，臣下就不敢隐匿贤才，人们争着为君主效力，国家想不安定强大也不可能。

总之，赏罚、执法，最重要的就是一个"公"字，公事公办、公正施法，是君臣上下都应恪守的原则。

原文 3

说二

齐桓公将立管仲①，令群臣曰："寡人将立管仲为仲父，善②者入门而左，不善者入门而右。"东郭牙中门而立，公曰："寡人立管仲为仲父，令曰：'善者左，不善者右。'今子何为中门而立？"牙曰："以管仲之智，为能谋天下乎？"公曰："能"。"以断，为敢行大事乎？"公曰："敢"。牙曰："君知能谋天下，断敢行大事，君因专属之国柄焉。以管仲之能，乘公之势以治齐国，得无危乎？"公曰："善"。乃令隰朋治内，管仲治外以相参。

晋文公出亡，箕郑挈壶餐而从，迷而失道，与公相失，饥而道泣，寝饿而不敢食。及文公反国，举兵攻原，克而拔之，文公曰："夫轻忍饥馁之患而必全壶餐，是将不以原叛"。乃举以为原令。大夫浑轩闻而非之，曰："以不动壶餐之故，恃其不以原叛也，不亦无术乎！"故明主者，不恃其不我叛也，恃吾不可叛也；不恃其不我欺也，恃吾不可欺也。

阳虎议曰："主贤明，则悉心以事之；不肖，则饰奸而试之。"逐于鲁，疑于齐，走而之赵，赵简主迎而相之，左右曰："虎善窃人国政，何故相也？"简主曰："阳虎务取之，我务守之。"遂执术而御之，阳虎不敢为非，以善事简主，兴主之强，几至于霸也。

鲁哀公问于孔子曰："吾闻古者有夔一足，其果信有一足乎？"孔子对曰："不也，夔非一足也。夔者忿戾恶心，人多不说喜也。虽然，其所以得免于人害者，以其信也。人皆曰独此一足矣，夔非一足也，一而足也。"哀公曰："审而是，固足矣。"

一曰：哀公问于孔子曰："吾闻夔一足，信乎？"曰："夔，人也，何故一足？彼其无他异，而独通于声，尧曰：'夔一而足矣。'使为乐正。故君子曰：'夔有一，足。'非一足也。"

注 释

①立管仲：指确立管仲的地位。

②善：支持。

译 文

说二

齐桓公将要确立管仲的尊贵地位，下令群臣说："我将要立管仲为仲父，赞成的入门后站在左边，不赞成的入门后站在右边。"东郭牙站在了门中间，桓公问："我将要立管仲为仲父，命令赞成的站在左边，不赞成的站在右边，如今你为何要站在门中间呢？"东郭牙问："凭借管仲的才智，能够谋取天下吗？"桓公回答："能。"东郭牙问："凭借管仲的果断，敢于去做天下的大事吗？"桓公回答："敢。"东郭牙说："您知道凭借他的才智能够谋取天下，凭借他的果断敢于做天下大事，于是您将国家的权柄全部交给他。以管仲的才能，凭借您的威势来治理齐国，您难道没有危险吗？"桓公说："说得对。"于是就令隰朋治理朝廷内部事务，令管仲治理朝廷外部事务，使他们相互制约。

晋文公外出流亡时，箕郑提着食物跟随，迷失道路与文公走失了，饿得在路上哭泣，即便越来越饿，他也不敢吃掉食物。后来文公返回晋国，起兵攻打原城，攻克之后占领了它，文公说："宁可忍受饥饿的痛苦也坚决保全食物，这样的人肯定不会依据原城叛变。"于是便提拔他做了原城的守令。大夫浑轩听到这件事，说："因为不动食物的缘故，就认为他不会依据原城反叛，不是很不懂得用人之道吗？"所以作为明君，不依赖别人不背叛我，而倚仗我不可背叛；不依赖别人不欺骗我，而倚仗我不可欺骗。

阳虎曾说："君主贤明就尽心侍奉他，君主不贤就掩饰奸邪去试探他。"结果他在鲁国被驱逐，在齐国遭受猜忌，最后逃奔晋国投靠了赵氏。赵简子迎接他，并任用他为相室，左右亲信问："阳虎善于窃取别人的国家政权，为何要任命他做相室呢？"赵简子说："阳虎致力于窃取，我致力于守护。"于是运用权术去驾驭阳虎，阳虎不敢为非作歹，尽心侍奉赵简子，使赵简子强盛起来，几乎成了霸主。

鲁哀公请教孔子说："我听说古代有夔一足的说法，夔果然只有一只脚吗？"孔子回答："不是这样的，夔不是有一只脚。夔这个东西凶狠残暴，人们大多不喜欢它。虽然这样，它之所以能避免被人们伤害，是因为他诚实守信，人们都说单凭这点就足够了。夔一足，并非是说夔只有一只脚，而是说它只有诚信这一个优点就足够了。"哀公说："确实能够如此，自然足够了。"

另一种说法。哀公请教孔子说："我听说夔只有一只脚，可信吗？"孔子回答："夔，是一个人，怎么能只有一只脚呢？他和别人并没有什么不同，只是独能通晓音乐，尧帝说：'夔这样的人有一个就足够了。'任命他担任乐正。所以君子说：'夔有一个就足够了。'并不是说夔这个人只有一只脚。"

经典解读

君主对于臣子，不应该因为他忠诚、可信就授予他足够威胁自己的权势；不因为他一时的忠信，就相信他永远不会背叛。忠诚、可信这些固然是美好的品德，但将自己的成败寄托在别人的品德之上，这是不明智的。必须依靠手中的权势，来构造他人不敢背叛自己的、不能背叛自己的形势。历史上有很多君主，将国家托付给自己最信任的大臣，然而在巨大的利益诱惑面前，大臣却背叛他，或是背叛他的后代。如魏明帝托孤于曹爽、司马懿；后周世宗信任赵匡胤；顺治帝任命鳌拜为顾命大臣，等等。这些臣子臣子并非原来就不忠诚、不可信，而是巨大的权势诱惑使他们改变了当初的忠信。所以，君主一定要牢记"不恃其不我叛也，恃吾不可叛也；不恃其不我欺也，恃吾不可欺也"这句名言。

若用人非得要求其忠贞，那天下能够得到重用的人就太少了，所能取得的功业也必然有限；反之，若树立别人不敢背叛的形势，则即便像阳虎那样善于窃国的人也能任用。什么样的人都能发挥他的才智，如此才能建立伟大的功业。历史上那些有为之君，之所以能够建立伟业，就是因为他们善于用权谋驾驭下属，使各种人才都为我所用。

原文 4

说三

文王伐崇，至凤黄虚，袜系解，因自结，太公望曰："何为也？"王曰："上，君与处皆其师；中，皆其友；下，尽其使也。今皆先君之臣，故无可使也。"

一曰：晋文公与楚战，至黄凤之陵，履系解，因自结之，左右曰："不可以使人乎？"公曰："吾闻：上，君所与居，皆其所畏也；中，君之所与居，皆其所爱也；下，君之所与居，皆其所侮也。寡人虽不肖，先君之人皆在，是以难之也。"

季孙好士，终身庄①，居处衣服常如朝廷。而季孙适懈，有过失，而不能长为也。故客以为厌易己，相与怨之，遂杀季孙。故君子去泰去甚。

一曰：南宫敬子问颜涿聚曰："季孙养孔子之徒，所朝服与坐者以十数而遇贼，何也？"曰："昔周成王近优侏儒以逞其意，而与君子断事，是能成其欲于天下。今季孙养孔子之徒，所朝服而与坐者以十数，而与优侏儒断事，是以遇贼。故曰：不在所与居，在所与谋也。"

孔子御坐于鲁哀公，哀公赐之桃与黍。哀公曰："请用。"仲尼先饭黍而后啖桃，左右皆掩口而笑。哀公曰："黍者，非饭之也，以雪②桃也。"仲尼对曰："丘知之矣。夫黍者，五谷之长也，祭先王为上盛。果蓏有六，而桃为下，祭先王不得入庙。丘之闻也，君子以贱雪贵，不闻以贵雪贱。今以五谷之长雪果蓏之下，是从上雪下也。丘以为妨义，故不敢以先于宗庙之盛也。"

简主谓左右："车席泰美。夫冠虽贱，头必戴之；屦虽贵，足必履之。今车席如此，太美，吾将何屦以履之？夫美下而耗上，妨义之本也。"

费仲说纣曰："西伯昌贤，百姓悦之，诸侯附焉，不可不诛；不诛，必为殷患。"纣曰："子言，义主，何可诛？"费仲曰："冠虽穿弊，必戴于头；履虽五采，必践之于地。今西伯昌，人臣也，修义而人向之，卒为天下患，其必昌乎！人臣不以其贤为其主，非可不诛也。且主而诛臣，焉有过？"纣曰："夫仁义者，上所以劝下也。今昌好仁义，诛之不可。"三说不用，故亡。

　　齐宣王问匡倩曰："儒者博③乎?"曰："不也。"王曰："何也?"匡倩对曰："博贵枭,胜者必杀枭。杀枭者,是杀所贵也。儒者以为害义,故不博也。"又问曰："儒者弋乎?"曰："不也。弋者从下害于上者也,是从下伤君也,儒者以为害义,故不弋。"又问："儒者鼓瑟乎?"曰："不也。夫瑟以小弦为大声,以大弦为小声,是大小易序,贵贱易位。儒者以为害义,故不鼓也。"宣王曰："善。"仲尼曰："与其使民谄下也,宁使民谄上。"

注　释

①庄：居处庄重。

②雪：拭擦。

③博：博棋。

译　文

说三

　　周文王攻打崇国,行军至凤黄墟,袜带散了,便自己系好。太公吕望问："何苦自己系袜带呢?"文王说："上等的人,国君与其相处,都将其视为师长;中等的人都视为朋友,下等的人都视为可以役使的人。如今周围都是先君的旧臣,所以没有可以使唤的。"

　　另一种说法：晋文公和楚国作战,行军至黄凤陵,鞋带开了,于是自己系上,左右大臣问："不能指派别人来系吗?"文公说："我听说,上等的人,和君主在一起的时候,都是君主所敬畏的;中等的人,和君主在一起的时候,都是君主所亲爱的;下等的人,和君主在一起的时候,都是君主所使唤的。我虽然不贤能,但如今周围都是服侍先君的旧臣,所以不敢使唤他们。"

　　季孙喜欢士人,终身言行庄重,平时居处常如在朝廷中一样。以此季孙偶尔懈怠,有了过失,未能始终保持庄重。所以,门客便认为季孙厌恶、轻视自己,大家相互怨恨起来,于是杀死了季孙。所以,君子行事不要太过分、太极端。

　　另一种说法：南宫敬子问颜涿聚："季孙蓄养孔子的门徒,穿着朝服同坐的贤者数十人,却最终遭到刺杀,这是为何呢?"颜涿聚回答："从前周成王接近优伶侏儒来放松身心,而与君子一起决断政事,所以能够实现治理天下的欲望。如今季孙蓄养孔子的门徒，穿着朝服同坐的贤人有数十个，却和优伶侏儒一起决断政事，因此遭到刺杀。"所以说：君主的成就不在于平时和什么人相处，而在于和什么人一起决断政事。

孔子侍坐鲁哀公，哀公赏给他桃和黍子，哀公说："请吃吧。"孔子先吃黍子而后才吃桃子，左右之人都掩口偷笑，哀公说："黍子不是用来吃的，是用来擦桃的。"孔子回答："我知道这个。黍子，是五谷之首，祭祀先王时属于上等祭品。果实有六种，而桃子属于下品，祭祀先王时不能放入宗庙。我听说，君子用微贱的来擦拭高贵的，没听说过用高贵的来擦拭微贱的。如今用五谷之首来擦拭果实中的下品，是用上等的去擦拭下等的，我认为这有害礼仪，所以不敢将桃子放到宗庙祭品的前面来食用。"

赵简子对左右侍从说："车上的席子过于华美了。帽子虽然贱，一定要戴在头上；鞋子虽然贵，一定是踩在脚下。如今车上的席子这样过于华美，我该穿什么鞋子踩在上面呢？美化了下面就会损耗上面，这就妨害了义的根本。"

费仲对纣王说："西伯姬昌贤能，百姓都爱戴，诸侯都亲附，不可不诛杀，不诛杀定会称为殷商的后患。"纣王问："按你的说法，他是仁义的君主，怎么能诛杀呢？"费仲说："帽子虽然破旧，一定要戴在头上；鞋子虽然华美，一定要踩到地上。如今西伯作为臣子，修行仁义而民众归附，最终成为天下祸患的一定是他姬昌！臣子不用其贤能为君主效力，则不可不诛杀。且君主诛杀臣子，哪会有什么过错呢？"纣王说："仁义是君主来劝勉臣民的，如今姬昌好行仁义，不可以诛杀。"费仲多次劝谏，纣王不听，所以商朝最终灭亡了。

齐宣王问匡倩："儒者玩博棋吗？"回答："不玩。"宣王问："为什么呢？"匡倩回答："玩博棋的人看重枭这颗棋子，取胜的一方一定要杀掉枭。杀枭，就是杀掉尊贵的东西。儒者认为这有害于礼义，所以不玩博棋。"宣王又问："儒者射鸟吗？"匡倩回答："不射。射鸟，是从下面向上面射去，正如臣下伤害君主，儒者认为这种有害礼义，所以不射。"宣王又问："儒者鼓瑟吗？"匡倩回答："不鼓。瑟是弹小弦发出大声，弹大弦发出小胜，这是大小颠倒、贵贱易位，儒者认为这有害礼义，所以不鼓瑟。"齐宣王说："说得好。"孔子说："与其使民众讨好下级，不如使他们奉承上级。"

经典解读

文王之所以需要自己系袜带，是因为他觉得身边的人都是自己父亲的旧臣，自己应该将他们视为老师；既然将他们视为老师，就不能役使他们做下人的事情。因此，虽然贵为君主，却只能自己俯身系鞋带。其实，这是韩非子对儒家用礼义、人情来明确上下彼此名分的批评。韩非子也很重视确立君臣之间的名分，但他的主张是用法律、制度来规范上下级关系，而不是根据人情、道德。若依据法律制度来处理上下级关系，那就不会出现贵为君主却无人可使的情况了；若根据法律制度来明确名分，就不会再有那么多臣子掌权而侵凌君主的情况了。后面孔子吃黍子、赵简子换席子等例子，都是在说明确上下名分的重要性。而季孙被刺杀，也是因为名分关系混乱——朝服是面见君主、朝臣时穿戴的，他却平常对门客也行朝廷上的礼义，这就不合名分了。

所以，本节所举的这些事理，都是为了说明君主应该用法律制度来明确君臣上下级的名分，使臣子不会凌驾于自己之上，使自己不会受到下属的侵犯。

原文 5

说四

钜者，齐之居士①；屏者，魏之居士。齐、魏之君不明，不能亲照境内，而听左右之言，故二子费金璧而求入仕也。

西门豹为邺令，清克洁悫，秋毫之端无私利也，而甚简②左右，左右因相与比周而恶之。居期年，上计，君收其玺，豹自请曰："臣昔者不知所以治邺，今臣得矣，愿请玺，复以治邺，不当，请伏斧质之罪。"文侯不忍而复与之，豹因重敛百姓，急事左右，期年，上计，文侯迎而拜之，豹对曰："往年臣为君治邺，而君夺臣玺，今臣为左右治邺，而君拜臣，臣不能治矣。"遂纳玺而去，文侯不受，曰："寡人曩不知子，今知矣，愿子勉为寡人治之。"遂不受。

齐有狗盗③之子与刖危子戏而相夸。盗子曰："吾父之裘独有尾。"危子曰："吾父独冬不失裤。"

子绰曰："人莫能左画方而右画圆也。以肉去蚁，蚁愈多；以鱼驱蝇，蝇愈至。"

桓公谓管仲曰："官少而索者众，寡人忧之。"管仲曰："君无听左右之谓请，因能而受禄，录功而与官，则莫敢索官，君何患焉？"

韩宣子曰："吾马菽粟多矣，甚臞，何也？寡人患之。"周市对曰："使驺④尽粟以食，虽无肥，不可得也。名为多与之，其实少，虽无臞，亦不可得也。主不审其情实，坐而患之，马犹不肥也。"

桓公问置吏于管仲，管仲曰："辩察于辞，清洁于货，习人情，夷吾不如弦商，请立以为大理。登降肃让，以明礼待宾，臣不如隰朋，请立以为大行。垦草仞邑，辟地生粟，臣不如宁武，请以为大田。三军既成陈，使士视死如归，臣不如公子成父，请以为大司马。犯颜极谏，臣不如东郭牙，请立以为谏臣。治齐，此五子足矣，将欲霸王，夷吾在此。"

注 释

①居士：有才德而未做官的隐士。
②简：慢待，不阿附。
③狗盗：扮狗偷盗者。
④驺：养马的人。

译 文

说四

钜，是齐国的居士；屏，是魏国的居士。齐国、魏国的君主不明察，不能亲自洞悉国内情况，而听信左右亲信的话，所以钜和屏二人便用金钱玉璧贿赂君主亲信而求得做官。

西门豹担任邺城守令，清廉正直，不谋取秋毫私利，对待君主左右亲信也很简慢，君主的亲信们于是相互勾结而中伤他。过了一年，前往向君主汇报政情，君主收缴了他的印绶，西门豹为自己请求说："我从前不知道应该如何治理邺城，如今知道了，希望您将印绶赐给我，再让我去治理邺，若治理得不好，请求接受刑戮。"魏文侯不忍拒绝，又将印绶还给了他，西门豹于是向百姓征收重税，努力讨好君主左右亲信，一年以后，前去汇报政情，文侯亲自迎接，并加以礼拜。西门豹说："往年我为您治理邺城，而您褫夺了我的印绶；如今我为您的左右亲信治理邺城，您却出来对我礼拜。我无法再治理邺了。"于是要交还印绶离去，魏文侯不接受，说："从前我不了解您，如今了解了，希望您尽力为我治理邺城。"最终没有接受西门豹的印绶。

齐国有个披狗皮盗窃者的儿子和遭过刖刑断脚者的儿子在一起相互夸耀，盗窃者的儿子说："唯独我父亲的皮裘上有尾巴。"断脚者的儿子说："唯独我父亲在冬天不耗损裤子。"

子绰说："人不能同时用左手画方而右手画圆。用肉去驱赶蚂蚁，蚂蚁会越来越多；用鱼去驱赶苍蝇，苍蝇会越来越多。"

齐桓公对管仲说："官位少而求官的人很多，我感到忧虑。"管仲说："您不要听从左右亲信的请求，根据才能而授予爵禄，根据功劳而授予官位，那么就没有人再敢求官了，您还有什么担忧的呢？"

韩宣子说："我的马，豆谷饲料很多，却很瘦，这是为何呢？我为此担忧。"周市回答："让养马的人用充足的饲料去喂马，即便不相让马肥，也是不可能的。嘴上说多给饲料，其实给的却很少，即便不想让它们瘦，也是不可能的。您不去考察实情，而坐在这里担忧，马还是不会肥的。"

齐桓公就设置官吏之事请教管仲，管仲说："辨清诉讼双方的言辞，廉洁不贪财货，熟悉人情世故，我比不上弦商，请您任命他为主管刑狱的大理。登堂降阶、肃立谦让，以彰明礼仪、款待宾客，我比不上隰朋，请您任命他为主管礼宾的大行。开垦荒地，充实城邑；开辟土地，种植粮食，我比不上宁武，请您任命他为主管农事的大田。三军摆好阵势，使军士视死如归，我赶不上公子成父，请您任命他为主管军事的大司马。犯颜直谏，我赶不上东郭牙，请您立他为谏臣。治理好齐国，这五位就足够了，要成就霸王之业，则有我管夷吾在此。"

经典解读

　　君主能够明察群臣，那所有臣子都会遵纪守法，以才能、功绩来取得任用；若君主不能明察，而是听信左右亲近的话，那臣子想要凭才能进取也不可能了，就只能去贿赂、巴结君主的左右亲信。贪污受贿，巴结君主亲信的人，得到奖赏；清廉、正直的人则遭到罢黜；那朝廷之中就会充满阿谀奉承、贪赃枉法之辈，真正的贤士反而报国无门，国家也就混乱、衰亡了。所以说，国家混乱，臣子贪赃枉法、拉帮结派，归根到底都是因为君主不能明察。

原文 6

说五

　　孟献伯①相鲁，堂下生藿藜，门外长荆棘，食不二味，坐不重席，无衣帛之妾，居不粟马，出不从车②。叔向闻之，以告苗贲皇，贲皇非之曰："是出主之爵禄以附下也。"

　　一曰：孟献伯拜上卿，叔向往贺，门有御，马不食禾，向曰："子无二马二舆，何也？"献伯曰："吾观国人尚有饥色，是以不秣马；班白者多以徒行，故不二舆。"向曰："吾始贺子之拜卿，今贺子之俭也。"向出，语苗贲皇曰："助吾贺献伯之俭也。"苗子曰："何贺焉？夫爵禄旗章，所以异功伐别贤不肖也。故晋国之法，上大夫二舆二乘，中大夫二舆一乘，下大夫专乘，此明等级也。且夫卿必有军事，是故修车马，比卒乘，以备戎事。有难则以备不虞，平夷则以给朝事。今乱晋国之政，乏不虞之备，以成节，以絜私名，献伯之俭也可与？又何贺？"

　　管仲相齐，曰："臣贵矣，然而臣贫。"桓公曰："使子有三归之家。"曰："臣富矣，然而臣卑。"桓公使立于高、国之上。曰："臣尊矣，然而臣疏。"乃立为仲父。孔子闻而非之曰："泰侈逼上。"

　　一曰：管仲父出，朱盖青衣，置鼓而归，庭有陈鼎，家有三归，孔子曰："良大夫也，其侈逼上。"

　　孙叔敖相楚，栈车牝马，粝饼菜羹，枯鱼之膳，冬羔裘，夏葛衣，面有饥色，则良大夫也，其俭逼下。

阳虎去齐走赵，简主问曰："吾闻子善树人。"虎曰："臣居鲁，树三人，皆为令尹，及虎抵罪于鲁，皆搜索于虎也。臣居齐，荐三人，一人得近王，一人为县令，一人为候吏，及臣得罪，近王者不见臣，县令者迎臣执缚，候吏者追臣至境上，不及而止。虎不善树人。"主俯而笑曰："夫树橘柚者，食之则甘，嗅之则香；树枳棘者，成而刺人。故君子慎所树。"

中牟无令。晋平公问赵武曰："中牟，三国之股肱，邯郸之肩髀，寡人欲得其良令也，谁使而可？"武曰："邢伯子可。"公曰："非子之仇也？"曰："私仇不入公门。"公又问曰："中府之令，谁使而可？"曰："臣子可。"故曰："外举不避仇，内举不避子。"赵武所荐四十六人，及武死，各就宾位，其无私德若此也。

平公问叔向曰："群臣孰贤？"曰："赵武。"公曰："子党于师人③。"向曰："武立如不胜衣，言如不出口，然所举士也数十人，皆得其意，而公家甚赖之，及武子之生也不利于家，死不托于孤，臣敢以为贤也。"

解狐荐其仇于简主以为相，其仇以为且幸释己也，乃因往拜谢。狐乃引弓迎而射之，曰："夫荐汝，公也，以汝能当之也。夫仇汝，吾私怨也，不以私怨汝之故拥汝于吾君。"故私怨不入公门。

一曰：解狐举邢伯柳为上党守，柳往谢之，曰："子释罪，敢不再拜？"曰："举子，公也；怨子，私也。子往矣，怨子如初也。"

郑县人卖豚，人问其价，曰："道远日暮，安暇语汝。"

注 释

①孟献伯：春秋时晋国的卿，以孟为封邑。

②不从车：没有副车跟随。

③师人：上司。叔向曾为赵武属下。

译 文

说五

孟献伯相鲁，院子中生出野草，门外长满荆棘，吃饭没有两样菜，坐息不铺双层席子，妻妾不穿丝制的衣服，居家不用谷子喂马，外出没有副车追随。叔向听闻以后，将这种情况告诉了苗贲皇，苗贲皇指责说："这是弃置君主的爵禄而讨好下人。"

另一种说法：盂献伯官拜上卿，叔向前往祝贺，看到盂献伯的车子停在门外，马不吃谷子。叔向问："您没有使用两套车马，这是为何呢？"盂献伯说："我看国人尚且有饥色，所以不敢用谷子喂马。我看头发斑白的老者还徒步行走，所以不敢用两套车马。"叔向说："我本来是祝贺您官拜上卿的，如今则祝贺您的节俭了。"叔向回去，将这些对苗贲皇讲了，说："和我一起祝贺献伯的节俭把！"苗贲皇说："有什么值得祝贺的！爵禄旗帜是用来区别功劳大小、贤能不肖的。所以晋国的法律规定，上大夫使用两辆车子两套马，中大夫使用两辆车子一套马，下大夫使用一套马车，以此来表示等级。且卿一定要执管君主，所以要修整车马，训练步卒、战车，以防战事发生。国家有难则用来防备不测，天下太平则可以供朝事使用。如今献伯扰乱晋国政事，缺乏防备不虞的准备，来成就自己的节操，获得私人的美名，献伯的这种节俭可以推崇吗？又有什么值得祝贺的呢？"

管仲相齐，说："我已经尊贵了，但我贫穷。"桓公说："让您拥有丰厚的家财。"管仲又说："我已经富贵了，但我地位低下。"桓公将管仲的地位提升到高、国两家世卿之上。管仲说："我尊贵了，但我和您关系疏远。"于是桓公便尊管仲为仲父。孔子听闻后指责管仲说："奢靡太过，威胁君主！"

另一种说法：管仲出门，乘坐红色车盖、青色车身的马车，归来时用鼓乐引路，庭院中陈列着大鼎，家中有丰厚的财物，孔子称他："是个优秀的大夫，但其奢靡威逼君主。"

孙叔敖相楚，坐着母马拉的破车，吃着粗饭、菜羹、干鱼做的饭食，冬天披羊羔皮，夏天穿粗布衣，面上露出饥饿的颜色。他的确是一个优秀的大夫，但过于节俭，而妨害到了下级的官吏。

阳虎逃离齐国，投奔晋国赵氏，赵简子问："我听说你善于栽培人。"阳虎说："我在鲁国时，栽培了三个人，都身为令尹，等我在鲁国获罪时，他们都来搜捕我。我在齐国时，推荐了三个人，一人担任君王近臣，一人担任县令，一人担任边防官，等我在齐国获罪时，齐王的近臣不会见我，县令前来捉拿捆绑我，边防官追捕我，一直追到边境上，没有赶上才停止。我不善于栽培人啊!"赵简子俯身笑着说:"栽培橘柚的,吃起来甘甜,闻起来清香;栽种枳棘的,长大以后就会刺手。所以君子一定要慎重所栽培的东西。"

中牟没有守令,晋平公问赵武:"中牟是晋、燕、齐三国交界的要冲,邯郸的庇护,我希望选用一个好的守令,谁可以担任呢?"赵武说:"邢伯子可以。"平公问:"他不是你的仇家吗?"赵武回答:"私仇不碍公事。"平公又问:"中府令可以让谁担任呢?"赵武回答:"臣的儿子可以。"所以说:对外举荐不避开仇人,对内举荐不避开儿子。赵武举荐了四十六个人,等到他去世的时候,这些人前来吊唁都坐在宾位之上,他行公事不施私恩就是这样。

晋平公问叔向:"群臣之中谁贤能?"叔向回答:"赵武。"平公问:"你和上级结成私党了。"叔向说:"赵武站立时好像连衣服都撑不起来,说话时好像说不出口,然而其所举荐的贤士有数十人,个个都能发挥了才干,而公家十分依赖他们。赵武活着的时候不为私家谋利,死了以后不向权臣托孤,所以我敢认为他贤能。"

解狐将其仇人推荐给赵简子为管家,他的仇人认为解狐已经消除了对自己的怨恨,于是前往拜谢,解狐拉开弓箭迎面射去,说:"推荐你是公事,认为你能称职。和你有仇,是我的私怨,不因为和你有私怨的缘故使你不被君主了解。"所以,私怨不能妨碍公事。

另一种说法:解狐举荐邢伯柳担任上党守,邢伯柳前往致谢,说:"您放弃了对我的怨恨,我怎敢不拜了再拜。"解狐回答:"举荐你是因为国家公事,怨恨你是个人私事,你走吧,我还是和当初一样怨恨你。"

有个郑县人卖猪,别人询问他价钱,他回答:"回家路远,天色已晚,我哪有时间和你说话。"

经典解读

臣子所获的爵禄是君主对其功劳的肯定,授予其爵禄不仅是对他个人的鼓励,也是对其他人的激励。臣子生活过于节俭,就无法彰显获得爵禄的荣宠,就无法劝勉众人。同时,自身标榜节俭,未免有"盗名"之嫌,会给同僚、下属带来压力,会让君主、上司感到威胁、难堪,这都是臣子应该避免的。君主应该对有功的臣子加以赏赐,但一定要有所限度,不能让臣子的势力威胁到自己。臣子也应该主动避免这种情况发生，否则就会给自身带来灾祸。既要节俭、又不能过于节俭；既要享受爵禄，又不能追求过分的赏赐。所以，最好的做法就是严格遵守法度，自己的级别该享受什么样的俸禄就取什么样的俸禄，该以什么规格的礼仪行事，就以什么规格的礼仪行事。

而后面的例子，还是在讲一个"公"字。阳虎的话是为了说明自己树人没有私心，所以那些人在自己犯法时都不徇私情；而赵简子的话却告诉他树人要选择"知恩图报"的，所以经文中说"简主之应人臣也失主术"。赵武举贤内不避亲，外不避仇；叔向论贤不必忌讳；解狐举贤不避仇怨，这些都是在赞扬君子行事能怀着大公之心。

原文 7

说六

范文子①喜直言，武子击之以杖："夫直议者不为人所容，无所容则危身。非徒危身，又将危父。"

子产者，子国之子也。子产忠于郑君，子国②谯怒之曰："夫介异于人臣，而独忠于主，主贤明，能听汝；不明，将不汝听。听与不听，未可必知，而汝已离于群臣，离于群臣则必危汝身矣，非徒危己也，又且危父矣。"

梁车新为邺令，其姊往看之，暮而后，门闭，因逾郭而入。车遂刖其足。赵成侯以为不慈，夺之玺而免之令。

管仲束缚，自鲁之齐，道而饥渴，过绮乌封人而乞食，乌封人跪而食之，甚敬，封人因窃谓仲曰："适幸，及齐不死而用齐，将何报我？"曰："如子之言，我且贤之用，能之使，劳之论，我何以报子？"封人怨之。

注　释

①范文子：晋国大夫士燮，为范武子士会之子。
②子国：郑国大夫，子产的父亲。

译　文

范文子喜欢直率地说话，他父亲范武子用手杖打他，说："说话直率的人不被他人所宽容，不被宽容就会危及自身，不止于危及自身，还将危及父亲。"

子产是子国的儿子。子产忠于郑君，子国怒斥他说："孤介地超脱于众臣之外，而独独忠于君主，若是君主贤明，尚且能听从你；若君主不贤明，听从还是不听从就不确定了，还不确定君主是否听从你，你就已经脱离于群臣之外了，脱离了群臣，一定会危害到你自身，不仅仅危害自身，还将危害到父亲。"

梁车新被任命为邺城守令，他的姐姐前往看望他，天晚了才赶到，城门已经关闭，于是她越过城墙，进入城中。梁车于是依法砍掉了她的脚。赵成侯因此认为梁车不仁慈，夺取他的印绶、免去他的官职。

管仲被拘捕起来，从鲁国押往齐国，路上又饥又渴，经过绮乌边防时，就向边防官讨食，边防官跪着给他食物，十分恭敬。于是私下对管仲说："您到齐国若侥幸不死，并在齐国被重用，将如何报答我呢？"管仲说："果真像您说的那样，我将任用贤人，使用能人，论功行赏，我能有什么可以报答您的呢？"边防官听后怨恨管仲。

经典解读

范文子喜欢直言，受到父亲的责备；子产忠于国君，受到父亲的斥责。范武子、子国为何不希望自己的儿子正直忠心呢？因为他们知道正直忠心的臣子，容易得罪人，容易遭到其他大臣的厌恶、排挤、陷害，从而危害到自身、家族。梁车严格执法，却被剥夺了印绶；管仲不徇私恩，因此遭到别人的怨恨，这就是例子。若严格执法，得到的却是惩罚，谁还愿意严格执法？若忠于君主，却会遭到打击、怨恨，谁还愿意忠于君主呢？

作为君主，一定要明白这些道理。一定要确保臣子公正直言不受伤害，一定要让那些忠于自己的臣子没有后顾之忧。这样臣子才敢于直言，做到真正地忠君。

五　蠹

原文1

　　上古之世，人民少而禽兽众，人民不胜禽兽虫蛇。有圣人作①，构木为巢以避群害，而民悦之，使王天下，号曰有巢氏。民食果蓏蚌蛤，腥臊恶臭而伤害腹胃，民多疾病。有圣人作，钻燧取火以化腥臊，而民说之，使王天下，号之曰燧人氏。中古之世，天下大水，而鲧、禹决渎。近古之世，桀、纣暴乱，而汤、武征伐。今有构木钻燧于夏后氏之世者，必为鲧、禹笑矣。有决渎于殷、周之世者，必为汤、武笑矣。然则今有美尧、舜、汤、武、禹之道于当今之世者，必为新圣笑矣。是以圣人不期修古，不法常可②，论世之事，因为之备。宋人有耕田者，田中有株，兔走触株，折颈而死，因释其耒而守株，冀复得兔，兔不可复得，而身为宋国笑。今欲以先王之政，治当世之民，皆守株之类也。

　　古者丈夫不耕，草木之实足食也；妇人不织，禽兽之皮足衣也。不事力而养足，人民少而财有余，故民不争。是以厚赏不行，重罚不用而民自治。今人有五子不为多，子又有五子，大父③未死而有二十五孙。是以人民众而货财寡，事力劳而供养薄，故民争，虽倍赏累罚而不免于乱。

　　尧之王天下也，茅茨不翦，采椽不斫；粝粢之食，藜藿之羹，冬日麑裘，夏日葛衣，虽监门之服养，不亏于此矣。禹之王天下也，身执耒臿以为民先，股无胈④，胫不生毛，虽臣虏之劳，不苦于此矣。以是言之，夫古之让天子者，是去监门之养，而离臣虏之劳也，古传天下而不足多也。今之县令，一日身死，子孙累世絜驾⑤，故人重之。是以人之于让也，轻辞古之天子，难去今之县令者，薄厚之实异也。夫山居而谷汲者，膢⑥腊而相遗以水；泽居苦水者，买庸⑦而决窦。故饥岁之春，幼弟不饷⑧；穰岁之秋，疏客必食；非疏骨肉爱过客也，多少之实异也。是以古之易财，非仁也，财多也；今之争夺，非鄙也，财寡也；轻辞天子，非高也，势薄也；争土橐⑨，非下也，权重也。故圣人议多少、论薄厚为之政，故罚薄不为慈，诛严不为戾，称俗而行也。故事因于世，而备适于事。

注 释

①作：出现、兴起。

②常可：成规、旧例。

③大父：祖父。

④胈：人腿上的毛。

⑤絜驾：指乘车不徒行，形容富贵。

⑥膢：古代祭祀名。

⑦买庸：雇佣人。

⑧饷：招待、管饭。

⑨土橐：当为"士讬"，指官位。

译 文

上古时代，民众稀少而禽兽众多，人民不堪忍受禽兽虫蛇的侵害。于是有圣人出现，教人们搭木造屋来躲避各种虫兽的伤害，民众因此爱戴他，推举他治理天下，称之为有巢氏。人们以果实、草籽、蚌蛤为食，这些东西味道腥臊恶臭而伤害肠胃，很多人因此而生病。于是有圣人出现，教人们钻木取火烧烤食物来除掉腥臊之气，民众因此爱戴他，推举他治理天下，称之为燧人氏。中古时代，天下洪水泛滥，而有鲧、禹疏通河道。近古时代，夏桀、殷纣凶残暴虐，而有汤、武王讨伐他们。如果到了夏代，还有搭木造屋，钻木取火的人，一定要被鲧、禹所嘲笑；如果到了殷周之时，还有人费力去挖通河道的话，一定会被汤、武王所嘲笑。那么当今若还有人推崇尧、舜、汤、武王、禹之道的，也必定要被新出现的圣人所嘲笑了。所以说，圣人不期望照搬古法，不死守陈规旧俗，他们根据当世的要务，进而制定相应的措施。宋国有个耕田的人，田中有一个木桩，一只兔子奔跑，撞到树桩上折断脖子死掉了，耕田的人于是放下农具守在木桩旁边，希望再次捡到兔子，兔子不可再次得到，而他自身却被全宋国人所嘲笑。如今还想用先王的整治措施，来治理当世民众的人，则都是守株待兔一类的人。

古代，男人不用耕作，草木果实就足够吃；妇人不用纺织，禽兽毛皮就足够穿。不用费力劳作供养就充足，民众稀少而财用有余，所以人们之间不存在争夺。因此，不实行厚赏，不处以重罚，民众就自然治理。当今之人，有五个儿子算不上多，每个儿子又有五个儿子，祖父没有死就会有二十五个孙子，所以人口众多而财用不足，努力劳作供养犹且不足，因此民众相互争夺，即便加倍赏赐、惩罚也不能消除混乱。

尧治理天下的时候，住在没有修建的草房中，连椽子都没有砍修整齐，吃的是粗疏的食物，喝的是野菜汤，冬天披小鹿裘，夏天穿麻布衣，就是今日看门小吏的生活，也不比这差。禹治理天下的时候，亲自拿着锄锹带领民众劳作，劳累得腿上的毛都磨掉不生了，就是奴隶的劳役也不比这更苦。以此来说，古代推让天子之位，不过是逃避门吏的供养而摆脱奴隶的劳苦罢了，古代禅让天下也没什么可称道的。而当今的县令，一旦死了，子孙数代都能乘坐高车大马，所以人们很是看重。因此对于谦让这种事，人们之所以能够轻易地推辞古代的天子之位，而难以舍弃今天的县令之职的原因就在于，这些职位所牵涉利益的薄厚古今相差悬殊。居住在山中而要到谷底汲水的人，逢年过节就用水作为礼物相互馈赠；居住在泽中饱受水涝危害的人，则要雇人掘渠排水。所以在饥荒之年，弟弟来了也不管饭；而丰收之年，疏远的过客也拿食物招待。这并非是疏远骨肉兄弟而亲爱过客，不同年份食物多少不一罢了。所以说，古人轻视财物，并非就是仁爱，而是因为财用丰富；今人相互争夺，并非就是鄙陋，财用不足而已；古人轻易辞掉天子之位，并非道德高尚，而是因为天子的权势很小；今人争夺官位权势，并非品行卑劣，而是因为能得到的权势太重。所以圣人要衡量财物多少，权势轻重来制定政策。刑罚轻并不是仁慈，刑罚重并不是残暴，当适合社会现状而施行。因此，政事要根据时代而变化，措施要适合于社会事务。

经典解读

　　五蠹，就是指韩非子认为社会上存在的五种危害国家的蛀虫，即学者、言谈者、带剑者、患御者、工商之民。在本篇文章中，韩非子列举大量事实、通过层层论证，指出古今社会的巨大差异以及现实的真正需求，来说明这五种人于世无益，且蛊惑人心、扰乱世风的害处，对国家、社会危害甚大。

　　本节内容指出古今社会的巨大差异，反驳学者们复古、推崇先王之道、以仁义治天下等观点。儒墨诸家谈论治国之道，无不追述先王，推崇尧舜文武等古代明君，倡导学习他们的仁德、效法他们的治理手段，甚至恢复他们的制度，在韩非子看来，这些主张都是空谈、谬论，是行不通的。

　　没有可以千古不变的制度，前代的圣王制定政治措施，一定是以当时的社会现实为依据的，后人若不考察自己生活的社会现实，就盲目地去恢复古代的制度，就是用自己的脚去穿别人的鞋子，可谓愚蠢至极。韩非子"称俗而行""事因于世""备适于事"，等观点都是极具进步意义的，很值得为政者深思。

原文 2

　　古者文王处丰、镐之间，地方百里，行仁义而怀西戎，遂王天下。徐偃王处汉东，地方五百里，行仁义，割地而朝者三十有六国，荆文王恐其害己也，举兵伐徐，遂灭之。故文王行仁义而王天下，偃王行仁义而丧其国，是仁义用于古不用于今也。故曰：世异则事异。当舜之时，有苗不服，禹将伐之，舜曰："不可。上德不厚而行武，非道也。"乃修教三年，执干戚①舞，有苗乃服。共工之战，铁铦②短者及乎敌，铠甲不坚者伤乎体，是干戚用于古不用于今也。故曰：事异则备变。上古竞于道德，中世逐于智谋，当今争于气力。齐将攻鲁，鲁使子贡说之，齐人曰："子言非不辩也，吾所欲者土地也，非斯言所谓也。"遂举兵伐鲁，去门十里以为界。故偃王仁义而徐亡，子贡辩智而鲁削。以是言之，夫仁义辩智，非所以持国也。去偃王之仁，息子贡之智，循③徐、鲁之力使敌万乘，则齐、荆之欲不得行于二国矣。

夫古今异俗，新故异备。如欲以宽缓之政、治急世之民，犹无辔策而御駻马，此不知之患也。今儒、墨皆称先王兼爱天下，则视民如父母。何以明其然也？曰："司寇行刑，君为之不举乐；闻死刑之报，君为流涕。"此所举④先王也。夫以君臣为如父子则必治，推是言之，是无乱父子也。人之情性莫先于父母，皆见爱而未必治也，虽厚爱矣，奚遽不乱？今先王之爱民，不过父母之爱子，子未必不乱也，则民奚遽治哉！且夫以法行刑而君为之流涕，此以效仁，非以为治也。夫垂泣不欲刑者，仁也；然而不可不刑者，法也。先王胜其法，不听其泣，则仁之不可以为治亦明矣。

且民者固服于势，寡能怀于义。仲尼，天下圣人也，修行明道以游海内，海内说其仁，美其义，而为服役者七十人。盖贵仁者寡，能义者难也。故以天下之大，而为服役者七十人，而仁义者一人。鲁哀公，下主也，南面君国，境内之民莫敢不臣。民者固服于势，诚易以服人，故仲尼反为臣，而哀公顾为君。仲尼非怀其义，服其势也。故以义则仲尼不服于哀公，乘势则哀公臣仲尼。今学者之说人主也，不乘必胜之势，而务行仁义则可以王，是求人主之必及仲尼，而以世之凡民皆如列徒，此必不得之数也。

今有不才之子，父母怒之弗为改，乡人谯之弗为动，师长教之弗为变。夫以父母之爱、乡人之行、师长之智，三美加焉，而终不动其胫毛，不改。州部之吏，操官兵⑤，推公法而求索奸人，然后恐惧，变其节，易其行矣。故父母之爱不足以教子，必待州部之严刑者，民固骄于爱、听于威矣。故十仞之城，楼季⑥弗能踰者，峭也；千仞之山，跛牂易牧者，夷也。故明王峭其法、而严其刑也。布帛寻常，庸人不释；铄金⑦百溢，盗跖不掇⑧。不必害则不释寻常，必害手则不掇百溢，故明主必其诛也。是以赏莫如厚而信，使民利之；罚莫如重而必，使民畏之；法莫如一而固，使民知之。故主施赏不迁，行诛无赦。誉辅其赏，毁随其罚，则贤不肖俱尽其力矣。

注　释

①干，盾牌；戚，大斧。

②铁铦：指武器。

③循：依靠。

④举：称赞。

⑤官兵：官府的执法器械。

⑥楼季：战国时魏国善于腾跃的勇士。

⑦铄金：融化的金属。

⑧掇：拿取。

译　文

古代文王地处丰、镐之间，方圆仅有百里，施行仁义而怀柔西戎，最终称王于天下。徐偃王地处汉水之东，方圆五百里施行仁义，向他割地朝贡的国家有三十六个，楚文王担心他危害自己，起兵攻打徐国，于是将其灭亡。则文王施行仁义而称王天下，徐偃王施行仁义而导致亡国，所以说，仁义只适用于古代而不适用于今时。所以说：时代变了，事情也会随之变化。舜的时候，有苗不服从，禹准备攻打他们，舜说："不可以。我们德行不够而运用武力，不符合道义。"于是推行德教三年，之后拿着盾牌、兵器跳舞，有苗就归服了。到了共工氏作战的时候，武器短的就被敌人击中，铠甲不坚固的身体就要受伤，所以说，推行德教而用盾牌、兵器跳舞来感化敌人的方法只适用于古代而不适用于今时。所以说：事情改变了，所要采取的措施也应随之变化。上古之时，人们在道德上竞争高下；中古之时，人们在智谋上角逐高下；当今之时，人们则都以力量较量高下了。齐国将要攻打鲁国，鲁国派遣子贡前往游说，齐人对他说："你的话说得不是没有道理，然而我们所想要的是土地，并非你所说的那些。"于是举兵攻鲁，将国界推进到距离鲁国都城只有十里的地方。则徐偃王施行仁义，而徐国灭亡；子贡机智善辩，而鲁国削弱。由此来说，仁义、智辩，并不能用来保有国家。丢掉徐偃王的仁义，停用子贡的智辩，而是依靠徐、鲁两国的实力，去抵御大国的入侵，则齐国、楚国的野心也就不能在两国得逞了。

古今社会风俗不同，新旧的措施也相异，若想用古代宽缓的政治治理当今剧变时代的民众，就如没有缰绳、鞭子而想去驾驭烈马一样，这就是不明智的忧患。如今儒者、墨者都称先王兼爱天下，他们对待民众就如父母对待子女一样慈爱。怎么能证明先王确实这样呢？他们说："司寇执行刑法之事，君主为此停止奏乐；听到犯人被处以死刑的汇报后，君主为之悲伤流涕。"这就是他们赞美先王的话。若是认为君臣关系就如父子关系一样，那天下就能治理好，由此推论开去，那天下就应该没有父子悖乱之事了。人类的情感，没有什么能超过父母疼爱子女的，所有的父母的爱子女而子女未必都教育得很好，那么君主即便深爱臣民，何以见得天下就不发生混乱了呢？先王深爱百姓，不超过父母深爱子女，子女未必不行为悖乱，民众怎么就一定能治理呢？况且按照法令施行刑罚，先王为之悲伤流涕，只不过是为了表现仁慈罢了，并非是用来治理国家的方法。悲伤流涕而不想用刑，这是仁爱，然而不可不施行刑罚，这是法律。先王首先要维护法令，而不以悲泣之情用事，则仁爱不可以用来治理天下的道理也就明白无疑了。

况且民众本就容易屈服于威势，而少有能被仁义感化的。孔子，是天下的圣人，他修习圣明之道来周游天下，而天下赞赏他恶仁德、称颂他的道义，肯追随事奉他的不过七十人，可见天下看重仁义、能够践行道义的人是难得的。所以，以天下之大，能够追随侍奉孔子的只有七十人，殚精竭虑倡导仁义的也不过他一人罢了。鲁哀公是个水平低下的君主，他坐在朝堂上，统治着鲁国，境内之民没有敢不臣服的。则命中本就服从于权势，权势也确实容易让人服从；所以孔子作为臣子，鲁哀公却成为了君主。孔子并非服从于鲁哀公的仁义，而是服从于鲁哀公的权势。所以，要论仁义，则孔子就不会服从于鲁哀公，若论权势则哀公就可以令孔子俯首称臣。如今的学者游说君主，不去主张让君主依靠必胜的势力，而致力于宣扬仁义可以称王于天下，这是要求君主一定要达到孔子那样圣明，而认为世间的民众都和孔子的弟子们那样贤能，这是一定不能够做到的。

假若现在有个不成器的儿子，父母对他发怒，他并不会改悔；乡邻加以责备，他也无动于衷；师长进行教导，他还是不会改变。以父母的深爱、乡人的善意、师长的智慧，这三种美好的因素同时加在他身上，而他却纹丝不动，不知悔改。若遇到州郡官吏，拿着官府器械、依法执行公务而搜索坏人，然后他才知道恐惧，改变旧习，变易行为。所以父母的深爱不足以教训子女，必须要依靠官府执行严厉的刑法，民众本来就是骄慢于亲爱，而顺从于威严的。所以说：十仞高的城墙，善于攀高的楼季也不能越过，这是因为太陡峭；千仞高的大山，瘸腿的母羊也能赶上去放牧，这是因为坡度平缓。所以，明君使自己的法令严峻、刑罚严厉。布帛十几尺，普通人看到了也舍不得放手；融化的黄金上百镒，窃贼也不会伸手去抓；不是一定会受到危害时，十几尺的布帛不肯放手丢掉；一定会受到危害时，上百镒的黄金也不敢去拿，所以明君一定要严格执行刑罚。所以，赏赐莫如厚重而信实，使民众能从中获利；刑罚莫如严厉而坚决，使民众懂得畏惧；法令莫如一贯且固定，使民众都能熟知。所以，君主施行奖赏不随意改变，施行诛罚不随意宽赦；对受赏的人同时给予荣誉，对受罚的人同时进行谴责，那么无论是贤者还是不肖者，就都会尽力效劳了。

经典解读

文王施行仁义而王天下，徐偃王施行仁义而亡国家，仁义不足以用来保有国家；子贡善于言辩，却不能使齐国停止攻打鲁国，智辩不足以保全国家；父母慈爱子女，子女犹有作奸犯科的，而君主慈爱民众比不过父母慈爱子女，慈爱不足以治理人民；孔子倡导仁义，推崇道德，而全天下追随他的不过七十多人，仁义道德不足以用来引导天下……那么统治者应该用什么来治理国家呢？韩非子进而点明"民者固服于势，寡能怀于义"，只有运用权势，依靠刑赏、法治才能纠正民众的奸邪，使民众顺从自己的指导，从而治理好国家。韩非子文章说理精密、文风犀利、议论透辟、推论事理切中要害等特点在本节文字中体现得淋漓尽致，令人不得不膺服。

原文 3

　　今则不然。以其有功也爵之，而卑①其士官也；以其耕作也赏之，而少其家业②也；以其不收也外之，而高其轻世也；以其犯禁也罪之，而多其有勇也。毁誉、赏罚之所加者，相与悖缪也，故法禁坏而民愈乱。今兄弟被侵，必攻者，廉也；知友被辱，随仇者，贞也，廉贞之行成，而君上之法犯矣。人主尊贞廉之行，而忘犯禁之罪，故民程③于勇，而吏不能胜也。不事力而衣食，则谓之能；不战功而尊，则谓之贤，贤能之行，成而兵弱而地荒矣。人主说贤能之行，而忘兵弱地荒之祸，则私行立而公利灭矣。

儒以文乱法，侠以武犯禁，而人主兼礼之，此所以乱也。夫离法者罪，而诸先生以文学取④；犯禁者诛，而群侠以私剑养。故法之所非，君之所取；吏之所诛，上之所养也。法、趣、上、下，四相反也，而无所定，虽有十黄帝不能治也。故行仁义者非所誉，誉之则害功；文学者非所用，用之则乱法。楚之有直躬，其父窃羊，而谒之吏，令尹曰："杀之！"以为直于君而曲于父，报而罪之。以是观之，夫君之直臣，父之暴子也。鲁人从君战，三战三北。仲尼问其故，对曰："吾有老父，身死莫之养也。"仲尼以为孝，举而上之。以是观之，夫父之孝子，君之背臣也。故令尹诛而楚奸不上闻，仲尼赏而鲁民易降北。上下之利，若是其异也，而人主兼举匹夫之行，而求致社稷之福，必不几矣。

古者苍颉之作书也，自环者谓之私，背私谓之公，公私之相背也，乃苍颉固以知之矣。今以为同利者，不察之患也。然则为匹夫计者，莫如修行义而习文学。行义修则见信，见信则受事；文学习则为明师，为明师则显荣；此匹夫之美也。然则无功而受事，无爵而显荣，为有政如此，则国必乱，主必危矣。故不兼容之事，不两立也。斩敌者受赏，而高慈惠之行；拔城者受爵禄，而信廉爱之说；坚甲厉兵以备难，而美荐绅之饰⑤；富国以农，距敌恃卒，而贵文学之士；废敬上畏法之民，而养游侠私剑之属。举行如此，治强不可得也。国平养儒侠，难至用介士，所利非所用，所用非所利。是故服事者简其业，而游学者日众，是世之所以乱也。

且世之所谓贤者，贞信之行也；所谓智者，微妙之言也。微妙之言，上智之所难知也。今为众人法，而以上智之所难知，则民无从识之矣。故糟糠不饱者不务粱肉，短褐不完者不待文绣。夫治世之事，急者不得，则缓者非所务也。今所治之政，民间之事，夫妇所明知者不用，而慕上知之论，则其于治反矣。故微妙之言，非民务也。若夫贤良贞信之行者，必将贵不欺之士；不欺之士者，亦无不欺之术也。布衣相与交，无富厚以相利，无威势以相惧也，故求不欺之士。今人主处制人之势，有一国之厚，重赏严诛，得操其柄，以修明术之所烛，虽有田常、子罕之臣，不敢欺也，奚待于不欺之士？今贞信之士不盈于十，而境内之官以百数，必任贞信之士，则人不足官。人不足官，则治者寡而乱者众矣。故明主之道，一法而不求智，固术而不慕信，故法不败，而群官无奸诈矣。

注　释

①卑：鄙视。

②家业：经营家业。

③程：量。

④取：受到任用，获得官职。

⑤荐绅之饰：宽袍大带的装饰。

译　文

如今则不是这样的。因为他有功而授予他爵位，却又鄙视他做官；因为他耕种而对他进行奖赏，却又看不起他经营家业；因为他不接受官爵而疏远他，却又称赞他不慕世俗名利；因为他犯禁而降罪于他，却又夸赞他勇敢。毁誉、赏罚所施加的对象相互矛盾，所以法令破坏而民众更加混乱。如今兄弟被亲爱，一定帮他反击的人被认为是正直；朋友被侮辱，跟随他去报仇的人被认为是忠贞；这种正直、忠贞的风气形成了，君主的法令也就被触犯了。君主推崇这些所谓正直、忠贞的行为，而忘掉了他们犯禁的罪过，所以民众敢于逞勇犯禁，而官吏不能禁止。不用力耕作就获得衣食，则称他有能力；不建立战功就获得尊位，则称他贤能。追求这种有能力、贤能的风气形成了，国家就兵力衰弱、土地荒芜了。君主喜欢贤能的行为，而忘记了军弱地荒的祸患，则标榜个人私德的风气树立而国家的利益就要落空了。

儒者凭借文献扰乱法纪，游侠使用武力触犯禁令，而君主却对他们都加以礼遇，这就是国家混乱的原因。触犯法律的都要治罪，而那些儒生却靠着胡乱解说文典获得任用；违背禁令的都要受刑，而那些游侠却靠着私下舞刀弄剑得到豢养。所以说，法令所反对的，君主却加以任用，官吏要诛罚的，君主却进行奉养。法令规定、君主取舍、下级处罚、上级敬奉，这四者之间相互矛盾，没有确定标准，即便有十个黄帝也不能治理好天下。所以，对宣传仁义的人不应有所赞誉，赞誉他们则有害国家功业；对研习文章的人不可任用，任用他们则扰乱国家法纪。楚国有个叫直躬的人，他的父亲偷了羊，他便到官府告发，令尹说："杀掉他。"认为他对君主虽然正直却不孝于父亲，所以反过来惩罚他。以此来看，君主的正直之臣反而成为了父亲的不孝之子。有个鲁国人跟随君主作战，三战三逃，孔子询问缘故，他回答说："我有老父亲，若战死就没人赡养他了。"孔子认为他孝顺，便推举他做官。以此来看，父亲的孝子恰恰是君主的悖逆之臣。所以说，令尹诛杀了直躬，楚国的坏人坏事就没有人再向上告发了；孔子赏赐逃兵，鲁国的民众在战争中就容易投降逃跑。君臣上下的利害关系是如此的不同，则君主若同时推崇匹夫沽名钓誉、谋求私利的行为，而求取国家社稷的利益，是肯定不能实现的。

古时，仓颉创造文字，环绕着自己绕圈子叫作"私"，与"私"相背的叫作"公"，公、私相互对立的道理，是仓颉在创造文字时就已经知道的。现在还有人认为公私利益一致，这就是不仔细考察的错误。若为个人计虑，没有比修行仁义而学习文典更好的了。修习好仁义就会得到信任，得到信任就能获得职位；学习好文典就能成为高明的老师，成为高明的老师，就能显荣，这就是对个人来说最好的事。然而无功就获得职位，无爵位就能显荣，形成这种政治局面，则国家必然混乱，君主必然危险。故互不相容之事，是不能两立的。斩杀敌人的人受赏，却又推崇慈惠的行为；攻下城池的人得道爵禄，却又相信兼爱的学说；以坚甲利兵来防备祸乱，而又提倡宽袍大带的装饰；凭借民众耕作而富裕国家，依靠士卒作战来抵御敌人，而又使文学之士尊贵；不用敬上畏法之士，而去豢养游侠剑客之类的人。行为如此，要想国家安定强盛是不可能的。国家太平时收养儒士、游侠，危难到来之时使用披坚执锐的士兵；则给予利益的并非是国家需要的人，国家需要的人又得不到任何利益。所以从事耕战的人就会荒废自己的事业，而游侠、儒者却与日俱增，这就是社会混乱的原因。

且世上所说的贤，是指具有忠贞信实的行为；所说的智，是指能说出深奥玄妙的言辞。真正深奥玄妙的言辞，具有上等智慧的人也难以理解。如今把那些上等智慧之人都难以理解的言辞，作为民众的行为规范，那么民众就无法理解了。所以，连糟糠都吃不饱的人不会追求精美的饭菜，连粗布短衣都穿不上的人不会追求华美的衣衫。治理天下事务，急迫的都还没做到，那可以从缓的就并非当务之急。如今治理国家政务，民间习以为常的事，普通民众所明智的道理不加采用，而趋慕那些上等智慧之人都不理解的道理，那么治理的结果只能适得其反。所以，深奥玄妙的言辞，并非治民的要务。若推崇忠贞信实的品行，则必定看重诚实不欺的人；而诚实不欺的人，也没有什么不行欺诈的方法。平民之间相互交往，没有巨富用来奖励对方，没有威势对人进行威胁，所以才需要苦苦寻求诚实不欺的人相交往。如今君主处在统治地位之上，有一国的财富，重赏严诛的权柄都在自己手中，若修习法术来洞察他人，即便有田常、子罕那样的臣子，也不敢欺骗自己，何必再去寻找不欺之士呢？如今天下称得上忠贞信实的贤士不满十人，而一国之内的官员就数以百计，若一定要任用忠贞信实之士为官，那他们的人数就不足需要，人数不足需要则治理的人少而混乱出现的就多了。所以，明君的治国之道，统一法治而不刻意寻求智者，牢牢掌握权术而不刻意追求忠信之人，这样法治就不会遭到破坏，官吏们也不敢为非作歹了。

经典解读

敢于作战者对国家有利，就应该赏赐敢于作战者；努力耕作者对国家有利，就应该推崇努力耕作者。只有这样，民众才会为了获得赏赐、荣誉而做对国家有利的事情。若国家需要的是勇于作战、努力耕作的人，君主却奖励、推崇那些空谈的游说者、不从事生产的学士，那民众都会去从事游说、学问之事，国家必然受到伤害。所以，君主一定要善于利用手中的权势，通过奖罚来引导人民，使他们从事对国家有利的事情。

世俗所推崇的那些道德标准，往往不利于国家公利。法令的设立，就是为了使民众维护公家的利益，而不去追求那些有违公利的私德。统治者一定要依法治国，树立法律的威严，这样才能禁止那些打着仁爱、义气的头衔，而伤害国家利益的行为。

"儒以文乱法，侠以武犯禁"，在韩非子眼中，学者总是依靠文献来扰乱法制，而侠客们总是用武力来触犯禁令，这些人都是社会的祸害，都是应该惩处、禁止的；在他看来，维护君主权威、维护法制、保持稳定的社会秩序高于一切；在他看来，那些为道义、原则献身的侠士，那些为实现仁义而奔走的儒者都是多余的……可见韩非子要打造的是一个法律制度至高无上、完全追求功绩的社会，他这种主张在当时的乱世中，的确有利于一个国家从诸侯中崛起，但未必能让生活在其中的人民感到幸福。以严格控制人民而获得

"强大"的国家，是否是真的强大呢？是否有必要存在呢？这些都是值得人们深思的问题。

原文 4

今人主之于言也，说其辩而不求其当焉，其用于行也，美其声而不责其功。是以天下之众，其谈言者务为辩而不周于用，故举先王言仁义者盈廷，而政不免于乱；行身者竞于为高而不合于功，故智士退处岩穴、归禄不受，而兵不免于弱，政不免于乱，此其故何也？民之所誉，上之所礼，乱国之术也。今境内之民皆言治，藏商、管①之法者家有之，而国愈贫，言耕者众，执耒者寡也；境内皆言兵，藏孙、吴②之书者家有之，而兵愈弱，言战者多，被甲者少也。

故明主用其力，不听其言；赏其功，必禁无用；故民尽死力以从其上。夫耕之用力也劳，而民为之者，曰：可得以富也。战之为事也危，而民为之者，曰：可得以贵也。今修文学、习言谈，则无耕之劳、而有富之实，无战之危、而有贵之尊，则人孰不为也？是以百人事智而一人用力，事智者众则法败，用力者寡则国贫，此世之所以乱也。故明主之国，无书简之文，以法为教；无先王之语，以吏为师；无私剑之捍，以斩首为勇。是境内之民，其言谈者必轨于法，动作者归之于功，为勇者尽之于军。是故无事则国富，有事则兵强，此之谓王资。既畜王资而承敌国之釁③，超五帝，侔三王者，必此法也。

今则不然，士民纵恣于内，言谈者为势于外，外内称恶以待强敌，不亦殆乎！故群臣之言外事者，非有分于从衡之党，则有仇雠之忠，而借力于国也。从者，合众弱以攻一强也；而衡者，事一强以攻众弱也；皆非所以持国也。今人臣之言衡者，皆曰："不事大则遇敌受祸矣。"事大未必有实，则举图而委④，效玺而请兵矣。献图则地削，效玺则名卑，地削则国削，名卑则政乱矣。事大为衡，未见其利也，而亡地乱政矣。人臣之言从者，皆曰："不救小而伐大则失天下，失天下则国危，国危而主卑。"救小未必有实，则起兵而敌大矣。救小未必能存，而伐大未必不有疏，有疏则为强国制矣。出兵则军败，退守则城拔，救小为从未见其利，而亡地败军矣。是故事强则以外权士官于内，救小则以内重求利于外，国利未立，封土厚禄至矣；主上虽卑，人臣尊矣；国地虽削，私家富矣。事成则以权长重，事败则以富退处。人主之听说于其臣，事未成则爵禄已尊矣；事败而弗诛，则游说之士，孰不为用矰缴之说⑤而徼幸其后？故破国亡主以听言谈者之浮说，此其故何也？是人君不明乎公私之利，不察当否之言，而诛罚不必其后也。皆曰："外事，大可以王，小可以安。"夫王者，能攻人者也；而安，则不可攻也。强，则能攻人者也；治，则不可攻也。治强不可责于外，内政之有也。今不行法术于内，而事智于外，则不至于治强矣。

鄙谚曰："长袖善舞，多钱善贾。"此言多资之易为工也。故治强易为谋，弱乱难为计。故用于秦者，十变而谋希失，用于燕者，一变而计希得，非用于秦者必智，用于燕者必愚也，盖治乱之资异也。故周去秦为从，期年而举；卫离魏为衡，半岁而亡。是周灭于从，卫亡于衡也。使周、卫缓其从衡之计，而严其境内之治，明其法禁，必其赏罚，尽其地力以多其积，致其民死以坚其城守，天下得其地则其利少，攻其国则其伤大，万乘之国、莫敢自顿于坚城之下，而使强敌裁其弊也，此必不亡之术也。舍必不亡之术而道必灭之事，治国者之过也。智困于内而政乱于外，则亡不可振也。

注　释

①商、管：指商鞅、管仲。

②孙、吴：指孙武、吴起。

③釁：过错、弱点。

④委：交给、进献。

⑤矰缴，指用线连结，可以收回的箭。矰缴之说，即模棱两可、两端下注的说辞。

译　文

如今君主对于臣子的言论，喜欢它的巧辩而不核察是否恰当；对于相关的行为，推崇它的名声而不责求是否有功绩。所以天下众人，言谈都致力于追求巧辩而不切合实用，因此称颂先王、谈论仁义的人充满朝廷，而政事不免混乱；行事都竞相标榜清高而取不来功绩，因此智士都退隐山林、不受俸禄，而军力不免衰弱；政事不免混乱。这是什么缘故呢？民众所称誉的，君主所礼遇的，都是扰乱国家的做法。如今国内的民众都谈论如何治国，收藏商鞅、管仲法典的家家都有，而国家却愈来愈贫穷，就在于谈论耕种的人太多，而真正拿起农具种地的人太少；国内的民众都在谈论如何作战，收藏孙武、吴起兵书的家家都有，而军力越来越削弱，就是因为空谈战争的人太多，而真正披甲作战的人太少。所以明主使用民众的力量，而不听他们空谈；赏赐他们的功绩，而坚决禁止无用的言行；因此民众竭尽死力来追随君主。耕作花费力气且十分劳苦，而民众愿意去做，是因为他们认为：可以从中得到富贵。参加战争十分危险，而民众愿意去做，是因为他们认为：可以凭此获得显贵。若是只凭修习文典、善于言谈，而不用付出耕作的劳苦，不用承担战争的危险，就能获得富贵、尊显，那谁不乐意从事这些呢？所以会出现上百人从事游说、文学等智力活动，而只有一人致力于耕战等实事的情况；从事智力活动的人太多，法纪就会遭到破坏；尽力于实事的人太少，国家就会贫弱。这就是社会混乱的原因。所以，在明君的国家中，不用有关学术的文典，而以法令作为教本；不追述前代圣王的话语，而以官吏作为老师；没有游侠刺客的凶悍，而以战场杀敌作为勇敢。这样国内民众，其言谈必定会遵循法令，行动必定是为了建立功勋，一切勇力都将用在军事之上。所以，太平时期则国家富裕，战争时期则军力强盛，这才是称王天下的资本。已经拥有了称王天下的资本再善于利用敌国的弱点，超过五帝、媲美三王的功绩，一定是由这种方法建立的。

如今则不是这样的，儒士、游民在内肆意妄为，游说之士在外大造声势，内外形势皆尽恶化，以此来对付强敌，不是太危险了吗！所以那些谈论外交事务的臣子，若不是从属于合纵、连横之党，就是怀有报私仇的打算而想借力于国家。所谓合纵，就是联合众多弱国一起攻打强国；所谓连横，就是依附某一强国去攻打众多弱国；这都不是用以保全国家的方法。如今主张连横的臣子都说："不侍奉大国就会面对强敌，承受祸患。"侍奉大国还不一定有什么实际好处，就需要献上本国地图受人控制，呈上印玺来请求援兵。献上地图就要丢失土地，呈上印玺则声望降低，土地丢失则国家削弱，声望降低则政治混乱。侍奉大国实行连横，还没有看到什么利益，就已经土地丢失、政治混乱了。主张合纵的臣子都说："不救援小国去攻打大国就会失去天下信任，失去天下信任国家就危险了，国家危险君主的声望就降低了。"救援小国不一定能得道什么实惠，倒要起兵来面对强大的敌人。救援小国也未必能使其保存下来，而与大国交战也未必没有失误，有失误就会被大国所控制。出兵的话，军队就会遭到失败；退守的话，城池就要被攻取，救援小国实行合纵还没有受到利益，就已经丢失土地、军队受挫了。所以，侍奉大国只能让那些主张连横的人凭借外国势力在内窃取权势；救援小国只能让那些主张合纵的人凭借外国势力在内获得利益；国家的利益没有确立起来，而这些人倒获得了封地、厚禄；君主的地位虽然降低，臣子却更加尊贵；国家土地虽然丢失，臣子私家却更富有。事情成功了，他们就倚仗权势而长期受到重用；实情失败了，他们也能凭借富贵而隐退回家享福。君主对于臣下的游说，事情还没有成功就给了他们尊厚的爵禄，事情失败了也不加以诛罚，那么游说之士，谁不愿意用猎取名利的言辞而投机求利呢？所以，国破主亡的情况出现，都是因为听信游说之士的花言巧语造成的。这是什么缘故呢？就是因为君主分不清公利与私利，不考察言论是否恰当，实情失败以后也不坚决履行处罚。游说者都说："进行外交活动，功效大的可以称王天下，功效小的也可以安定国家。"称王天下，需要能攻打别国；国家安定，则不会被他国攻打。国力强大，则能攻打他国；政治清明，则不会被他国攻打。政治清明、国力强大并不能通过外交活动取得，需要搞好内政。如今不在内推行治国的法术，却一心在外交上动脑筋，则必然不能实现国力强大、政治清明的目的。

俗语说："长袖善舞，多钱善贾。"这是说资源越多越容易取得功效。所以，政治清明、国力强大，则谋事也就容易成功；政治混乱、国力贫弱，则计策也就难以实现。所以计谋用在秦国身上，即使形势改变十次也很少失败；计谋用在燕国身上，形势改变一次也很难成功。并非是在秦国用计谋的人一定智慧，而在燕国用计谋的人一定愚蠢，而是因为这两个国家治乱条件大不相同。所以，西周背弃秦国参加合纵，一年就被攻破了；卫国背叛魏国参加连横，半年就被灭亡了。因此，可以说周因为合纵而灭亡，卫因为连横而灭亡。假若周、卫两国不急着听从合纵连横的计谋，而努力搞好国内的政治，严明法禁，明确赏罚，竭尽地力以多积蓄物资，使其民众愿意拼死坚守城池，那么天下诸侯攻得其土地，所获的利益不多，攻打其国家，所受的损害很大，那么万乘大国也不敢屯兵于其坚城之下，从而促使强敌自己衡量器重的利弊，这才是保障国家不灭亡的办法。舍弃这种一定不灭亡的方法而去推行一定招致灭亡的事情，这就是治国者的过错了。外交努力陷入困境，内政建设陷入混乱，那么国家的灭亡就不可挽回了。

经典解读

　　一个国家能否在乱世之中保存下去，靠的是实力的强大，而非其他什么。强大的实力来源于农耕、作战，而非空谈阔论、纵横外交。从事农耕、作战的人多，国家才会富裕，才能在与敌国作战中取胜，才不会丢失土地、城池。而学者每天只会空谈阔论，说什么仁义道德，这些听起来美好，可在列国激烈竞争的乱世之中却毫无用处；游侠看重武力，但他们的武力却都用在私斗之上，不能为国家所用，且触犯法律、扰乱人心，也是社会的祸害；至于那些纵横之士，他们的危害就更大了，他们为了得到富贵、名声，用花言巧语和各种手段欺骗君主，唯利是逐，根本不会忠于国家。这些人在韩非子看来，都是国家的蠹虫，是君主应该远离、驱逐的。

原文 5

　　民之政计①，皆就安利如辟危穷。今为之攻战，进则死于敌，退则死于诛，则危矣。弃私家之事而必汗马之劳，家困而上弗论，则穷矣。穷危之所在也，民安得勿避。故事私门而完解舍，解舍完则远战，远战则安。行货赂而袭当涂者则求得，求得则私安，私安则利之所在，安得勿就？是以公民少而私人众矣。

　　夫明王治国之政，使其商工游食之民少而名卑，以寡趣本务而趋末作。今世近习之请行则官爵可买，官爵可买则商工不卑也矣。奸财货贾得用于市则商人不少矣。聚敛倍农而致尊过耕战之士，则耿介之士寡而商贾之民多矣。

是故乱国之俗：其学者则称先王之道，以籍仁义，盛容服而饰辩说，以疑当世之法而贰②人主之心。其言古者，为设诈称，借于外力，以成其私而遗社稷之利。其带剑者，聚徒属，立节操，以显其名而犯五官之禁。其患御者，积于私门，尽货赂而用重人之谒，退汗马之劳。其商工之民，修治苦窳之器，聚弗靡之财，蓄积待时，而侔农夫之利。此五者，邦之蠹也。人主不除此五蠹之民，不养耿介之士，则海内虽有破亡之国，削灭之朝，亦勿怪矣。

注　释

①民之政计：当为"民之自计"，即民众为自己思量考虑。

②贰：迷惑、扰乱。

译　文

民众的习惯想法，都是追求安逸、利益而避开危险、贫穷。如今让他们去打仗，前进则被敌人所杀，后退则遭受诛罚，那就处于危险之中了。他们放下私家之事，而承受作战的劳苦，家中贫困而君主不予过问，那就处于贫穷之中了。如此，为君主作战就是贫穷、危险之所在，民众怎么能不逃避呢？所以他们投靠权贵私门以求躲避兵役，躲避兵役则远离了战争，远离了战争则获得安全。所以他们贿赂当权者而实现欲望，欲望实现则自身安全，自身安全也就是利益之所在。投靠私门、贿赂权贵如此有利，民众怎么会不去做呢？这样，为公家出力的人就少了，而为权贵私家效力的人就多了。

明君治理国家政事，要使工商业者和无业游民尽量减少，且名位卑下，以免从事农战的人少而致力于工商的人多。如今向君主的近臣请托便可以买得官爵，可以买得官爵，那工商业者的名位也就不卑下了。投机取巧非法获利的事情能够在市场上行通，那么商人就不会减少。商人聚敛的财富几倍于农民，其所能获得的尊贵地位也远超过耕战之士，那么，耕战之士就会越来越少而经商之人则会越来越多。

所以，扰乱国家风气的行为：著书立说的人，凭借先王之道来宣扬仁义道德，讲究仪容服饰，文饰言辞辩说，来扰乱当世的法度而动摇君主的决心。纵横游说的人，弄虚作假，借助外国势力，以达成其私欲而危害国家的利益。

游侠刺客，聚集党徒，标榜气节，以扬显自己的名声而触犯官府的禁令。逃避兵役的人，投靠权贵私门，肆意行贿，以凭借重臣的请托，而逃避从军作战的劳苦。工商业者，制造粗劣的器具，积累大量钱财，囤积居奇，待时抛售而希图从农民身上牟取暴利。这五种人，都是国家的蛀虫。君主不除去这五种蛀虫一样的人，不养护耿介正直的耕战之士，那么，天下出现灭亡、削弱的国家，也就不足为怪了。

经典解读

民之本性，无不追求安逸、利益而逃避危险、贫穷，君主希望民众农耕来富裕国家，这对于民众来说是艰苦的事情，君主希望民众勇敢作战来抵御敌国，这对民众来说是危险的事情。要想让民众做这些危险、艰苦的事情，就必须让他们能在其中获得利益、名声。也就是说，只有用利益、名声引诱民众，他们才能顺从君主的意愿，而去牺牲自己的利益为国家出力。若君主使民众可以通过为学、经商、游说、投靠私门等行为同样得到荣誉、富贵，那他们谁还愿意去农耕、战斗呢？都是追求荣誉、富贵，谁不选择安全而容易的途径呢？

韩非子就是建议君主减少民众选择生活的机会，使他们要想得到富贵，就必须努力种地，要想得到尊贵，就必须去战场上拼杀。这种做法显然很不"人道"，有违圣人"己所不欲，勿施于人"的原则，但却有利于国家粮食的充足、军力的强大。这就是战国时，秦国得以崛起的最重要原因。然而秦国通过强大的军力灭亡六国，统一天下，却也失去了天下民心，结果二世而亡，宗族殄灭，其下场之惨烈，岂不可畏！

显 学

原文1

　　世之显学，儒、墨也。儒之所至，孔丘也。墨之所至，墨翟也。自孔子之死也，有子张之儒，有子思之儒，有颜氏之儒，有孟氏之儒，有漆雕氏之儒，有仲良氏之儒，有孙氏之儒，有乐正氏之儒。自墨子之死也，有相里氏之墨，有相夫氏之墨，有邓陵氏之墨。故孔、墨之后，儒分为八，墨离为三，取舍相反，而皆自谓真孔、墨，孔、墨不可复生，将谁使定世之学乎？孔子、墨子俱道尧、舜，而取舍不同，皆自谓真尧、舜，尧、舜不复生，将谁使定儒、墨之诚乎？殷、周七百余岁①，虞、夏二千余岁，而不能定儒、墨之真；今乃欲审尧、舜之道于三千岁之前，意者其不可必②乎！无参验而必之者，愚也；弗能必而据之者，诬③也。故明据先王，必定尧、舜者，非愚则诬也。愚诬之学，杂反之行，明主弗受也。

　　墨者之葬也，冬日冬服，夏日夏服，桐棺三寸，服丧三月，世主以为俭而礼之。儒者破家而葬，服丧三年，大毁扶杖，世主以为孝而礼之。夫是墨子之俭，将非孔子之侈也；是孔子之孝，将非墨子之戾④也。今孝戾、侈俭俱在儒、墨，而上兼礼之。漆雕之议，不色挠，不目逃，行曲则违于臧获，行直则怒于诸侯，世主以为廉而礼之。宋荣子之议，设⑤不斗争，取不随仇，不羞囹圄，见侮不辱，世主以为宽而礼之。夫是漆雕之廉，将非宋荣之恕也；是宋荣之宽，将非漆雕之暴也。今宽廉、恕暴俱在二子，人主兼而礼之。自愚诬之学、杂反之辞争，而人主俱听之，故海内之士，言无定术，行无常议。夫冰炭不同器而久，寒暑不兼时而至，杂反之学不两立而治，今兼听杂学缪行同异之辞，安得无乱乎？听行如此，其于治人又必然矣。

注　释

①殷、周七百余岁：指殷周之交距离作者著书之时七百余年。

②必：确认。

③诬：欺骗。

④戾：乖张、人情凉薄。

⑤设：应为"语"。

译　文

当世最显赫的学派，一是儒家，一是墨家。儒家造诣最高者为孔丘，墨家造诣最高者为墨翟。自从孔子去世以后，有子张儒学，有子思儒学，有颜氏儒学，有孟氏儒学，有漆雕氏儒学，有仲良氏儒学，有孙氏儒学，有乐正氏儒学。自从墨子去世以后，有相里氏墨学，有相夫氏墨学，有邓陵氏墨学。所以，孔子、墨子之后，儒家分为八派，墨家分为三派，他们取舍相反，而都自称为孔子、墨子真传，孔子、墨子不能复生，令谁来判定世上这些学说的真伪呢？孔子、墨子都称取道尧、舜，而取舍不同，都自称为尧舜之道的真传，尧、舜不能复生，令谁来判定儒、墨两家的真伪呢？儒家所称道的殷、周之际距今七百余年，墨家所推崇的虞、夏之际，距今两千余年，人们就已经不能判定儒家、墨家学说的真伪了；现在若要考察三千年前的尧舜之道，大概是无法确定的了吧！不能加以验证，就对其进行判定，那就是愚蠢；不能正确判定就引以为依据，那就是欺骗。所以，公开宣传依据先王之道，肯定尧舜之说的，若不是愚蠢，就是欺骗。愚蠢欺骗的学说，杂乱矛盾的行为，明君是不会接受的。

墨家的丧礼主张是，冬天去世就穿冬服，夏天去世就穿夏服，桐木棺材只需三寸厚，服丧三个月即可，当世君主认为这是节俭，所以尊崇他们。儒者主张倾家荡产地大办丧事，服丧三年，悲痛哀伤到扶杖而行的地步，当世君主认为这是孝顺而尊崇他们。赞成墨子的节俭，就干反对孔子的奢侈；赞成孔子的孝顺，就该反对墨子的凉薄。如今孝顺、凉薄，节俭、奢侈共同存在于儒墨两家观点之中，而君主却同时推崇它们。漆雕子主张，面色不屈服，眼神不逃避；自己行为没理，即便对奴仆也要退让；自己行为占理，即便对诸侯也要力争，当世君主认为这是耿直而尊崇他。宋荣子的主张，与人交谈不相争，不向仇人报复，身陷囹圄不感到羞愧，被人欺侮不感到耻辱，当世君主认为这是宽容能尊重他。若认可漆雕子的耿直，就该反对宋荣子的随和；若认可宋荣子的宽容，就将反对漆雕子的粗暴。如今宽容耿直、随和粗暴都在他们身上，而君主却同时推崇。正因为这种愚蠢蒙人的学说、杂乱相反的争论，都得到君主的听信，所以天下的士人，言辞没有一定的标准，处事没有固定的主张。寒冰、木炭，不能在同一个容器长存；严寒、酷暑不能在同一个时节到来，混杂、相反的学说也不能兼收并存而用来治理好国家，如今君主兼听混杂的学说、施行迥异主张，怎么能不造成混乱呢？君主听言、行事如此，那在治理民众方面也就必然如此了。

经典解读

　　显学，即在当时社会上影响最大、地位最为显赫的儒、墨两家学说。韩非子为了推崇自己的刑名法术之说，在此对儒、墨两家学说进行了严厉的批评，认为它们是"愚诬之学，杂反之行"。同时指出，正是因为君主推崇儒家、墨家的学说——"兼听杂学缪行同异之辞"，才造成了社会的混乱，使国家不能治理。

　　韩非子通过儒家、墨家分流来指他们说法混乱、无法验证；根据他们所推崇的先圣年代久远而指责他们的主张难辨真伪；又通过对儒家、墨家不同观点进行对比，来说明君主推崇这两家学说的矛盾。乍看上去，这的确很有道理，但若真正了解孔子、墨子的学说，就会发现韩非子的批判是很偏颇的。儒家、墨家推崇古代圣王，并非一定要照搬古代圣王之时的政治制度，而是将他们作为一个至高的目标，鼓励后人不断前进，其具体措施也是立足于社会当务之急的。且儒家本来就讲中庸之道，主张在宽容、严苛，节俭、奢侈，随和、粗暴等对立面中找到中和点，所以它们同时存在，但并不矛盾；不同的流派大体也是在具体问题的取舍上有小差别罢了，在追求仁义的目标上是一致的。所以说，韩非子所能反对的只是那些不懂孔子真道的腐儒；读者在读韩非这篇文章的时候，一定要真正了解儒家、墨家学说，不可听韩非的片面之词，就将孔子、墨子、子思等先贤一棒子打倒。

原文 2

今世之学士语治者，多曰："与贫穷地以实无资。"今夫与人相若也，无丰年旁入之利而独以完给①者，非力则俭也。与人相若也，无饥馑，疾疚，祸罪之殃独以贫穷者，非侈则堕也。侈而堕者贫，而力而俭者富。今上征敛于富人以布施于贫家，是夺力俭而与侈堕也，而欲索民之疾作而节用，不可得也。

今有人于此，义不入危城，不处军旅，不以天下大利易其胫一毛，世主必从而礼之，贵其智而高其行，以为轻物重生之士也。夫上所以陈良田大宅、设爵禄，所以易民死命也，今上尊贵轻物重生之士、而索民之出死而重殉上事，不可得也。藏书策、习谈论、聚徒役、服文学而议说，世主必从而礼之，曰："敬贤士，先王之道也。"夫吏之所税，耕者也；而上之所养，学士也。耕者则重税，学士则多赏，而索民之疾作而少言谈，不可得也。立节参明②，执操不侵，怨言过于耳必随之以剑，世主必从而礼之，以为自好之士③。夫斩首之劳不赏，而家斗之勇尊显，而索民之疾战距敌而无私斗，不可得也。国平则养儒侠，难至则用介士。所养者非所用，所用者非所养，此所以乱也。且夫人主于听学也，若是其言、宜布之官而用其身，若非其言、宜去其身而息其端。今以为是也而弗布于官，以为非也，而不息其端。是而不用，非而不息，乱亡之道也。

澹台子羽，君子之容也，仲尼几而取之，与处久而行不称其貌。宰予之辞，雅而文也，仲尼几而取之，与处久而智不充其辩。故孔子曰："以容取人乎，失④之子羽；以言取人乎，失之宰予。"故以仲尼之智而有失实之声。今之新辩滥乎宰予，而世主之听眩乎仲尼，为悦其言，因任其身，则焉得无失乎？是以魏任孟卯⑤之辩，而有华下之患⑥；赵任马服⑦之辩，而有长平之祸。此二者，任辩之失也。夫视锻锡而察青黄，区冶⑧不能以必剑；水击鹄雁，陆断驹马，则臧获不疑钝利。发齿吻形容，伯乐不能以必马；授车就驾，而观其末涂，则臧获不疑驽良。观容服，听辞言，仲尼不能以必士；试之官职，课其功伐，则庸人不疑于愚智。故明主之吏，宰相必起于州部，猛将必发于卒伍。夫有功者必赏，则爵禄厚而愈劝；迁官袭级，则官职大而愈治。夫爵禄大而官职治，王之道也。

注　释

①完给：自给自足。

②立节参明：树立节操，标榜高明。

③自好之士：珍惜自己名节的人。

④失：过错。

⑤孟卯：或记为"芒卯"，魏将，以诈术当上魏国将军，在华阳之战中被秦军打败。

⑥华下之患：即华阳之战，赵国、魏国攻打韩国，韩国求救于秦，秦军大败赵、魏联军。

⑦马服：即赵括。

⑧区冶：指铸剑大师欧冶子。

译　文

当今的学者谈论治理国家时，多说："给贫穷的人土地，以充实他们匮乏的资财。"如今人与人所占有的资源相差不多，没有独自碰上丰年，没有额外收入的增益，而有的人能独自做到自给自足，那么，他们不是因为勤劳就是因为节俭。人与人所占有的资源相差不多，没有独自受到饥荒、灾异，横祸、犯罪等殃祸而独自陷入贫穷，那么，他们不是因为奢侈就是因为懒惰。则奢侈懒惰的人贫穷，勤劳节俭的人富有。那么，君主向富人征敛财物而布施给贫困之人，就是掠夺勤劳节俭之人而送给奢侈懒惰之人。如此还想使民众努力耕作、省吃俭用，就难以做到了。

若有这样一个人，坚决不进入危险的城池，不参军打仗，不愿用天下的大利来换取自己小腿上的一根毫毛，当代的君主一定会追慕、礼遇他，看重他的见识，称赞他的行为，认为他是轻视外物、珍爱生命的人。君主之所以将良田大宅拿出来作为赏赐、设置官职俸禄，就是要换取民众去效死拼命，如今君主尊崇轻视外物、珍爱生命的人，那再去要求民众出生入死，为国殉职，就难以做到了。收藏书册、研究辩说、聚徒讲学、从事文章学术事业而到处游学、游说，这样的人当世君主一定追慕、礼遇他们，说："尊敬贤士是先王之道。"官吏们征税的对象是耕田的人，而君主所奉养的是从事学术的人。耕田的人承受重税，而搞学问的人获得重赏，这样，再想督责民众努力劳作而少些空谈阔论，是不可能做到的。树立气节、标榜高明，坚持节操、不容侵犯，听到怨言一定起身持剑相争，这样的人当世君主一定追慕、礼遇他们，认为这是珍惜自己名节的勇士。战争中克敌斩首的功劳不奖赏，而使那些逞勇报私仇的人尊显，这样，再想要求民众奋勇杀敌而不进行私斗，是不可能做到的。国家太平则供养儒生、游侠，危难到来则任用战士打仗。所供养的不是所要任用的，所要任用的没有得道供养，这就是祸乱产生的原因。且君主在听取一种学说之时，若认可其主张，就该正式向官府公布并任用倡导的人；若不认可其主张，就应该驱逐他们，并禁止他们的言论。如今认为正确的，却不在官府予以公布，认为错误的，又不对其加以禁止；推崇而不用，反对而不禁。这就是导致国家混乱、灭亡的做法啊！

澹台子羽，具有君子的仪容，孔子认为他品行不错而收他为弟子，与其长久相处之后，却发现其品行与相貌不相称。宰予的言谈，文雅而得体，孔子认为他不错而收他为弟子，与其相处后却发现其智慧配不上其口才。所以孔子说："以貌取人，在子羽身上犯了错误；以言取人，在宰予身上犯了错误。"看来，即便有孔子那样的智慧，也会犯看人不准的过错。如今世上流行的巧辩超过了宰予，而当世君主听言取人的智慧赶不上孔子，因为喜欢他的言论，就任用这个人，怎么能没有过失呢？因此，魏国因为孟卯的善辩而任用了孟卯，所以遭受花下之战的惨败；赵国因为任用了赵括纸上谈兵，所以有长平之战的大祸。这两件事，都是任用善于巧辩之人的过失。若锻炼时只是观察掺锡的品数、颜色的青黄，铸剑大师欧冶子也不能断定剑的好坏；若用剑到水上砍击鹄雁，在陆上砍杀驹马，那么平庸的奴仆也不会将剑的利钝弄错。若只是打开马口观看牙齿，以及观察外行，伯乐也不能断定马的优劣；若将马套在车上，看它究竟能跑多远，就是平庸的奴仆也不会将骏马、驽马认错。若只是观察仪容服饰，听其言谈，孔子也不能断定一个人的水平；若用官职试验他，考察他的办事成效，就是平庸之人也不会怀疑他是愚蠢还是聪明。所以，明君的官吏，宰相一定是从地方官员中选拔出来的，猛将一定是从士兵队伍中挑选出来的。有功劳的人一定进行奖赏，则爵禄越是优厚就越能使众人受到鼓励；政绩好的升官加爵，那官职越大他们治理水平就越高。使官员爵禄越高就越善于治理，这就是君主称王天下之道。

经典解读

儒家一向提倡"损有余而补不足"，认为天下存在贫穷的民众，一定是统治者施政不到位，如孟子在会见齐宣王、梁惠王之时，谈论的富国主张都是在要求君主如何去做，怎样确保民众能衣帛食肉。而在韩非子看来，之所以有贫富之分，就是因为有人勤劳节俭，而有人懒惰奢侈，他反对用公家钱财救济穷者，认为这样做对那些勤劳节俭之人不公平。也就是说，他认为人性中的懒惰、奢侈才是造成民众贫穷的原因，单单靠救济是不能从跟不上改变他们贫穷的现状的，必须设立法度强迫他们变得勤劳，使他们不敢奢侈。虽然没有儒家那么仁爱，但不得不说韩非子的做法更有效率，更能迅速地促使民众创造财富。

而督促民众努力劳作，就必须奖励、尊崇农耕之事，禁止游学、游侠、游说等行为，使人们不能从游学、游说、游侠等行为中获得荣誉、富贵。这样他们就只能努力耕作、只能去战场上勇敢作战，国家富裕、军力强大的目的便达到了。

原文 3

磐石千里，不可谓富；象人①百万，不可谓强。石非不大，数非不众也，而不可谓富强者，磐不生粟，象人不可使距敌也。今商官技艺之士亦不垦而食，是地不垦与磐石一贯②也。儒侠毋军劳、显而荣者则民不使，与象人同事也。夫知祸磐石象人，而不知祸商官儒侠为不垦之地、不使之民，不知事类者也。

故敌国之君王虽说吾义，吾弗入贡而臣；关内之侯虽非吾行，吾必使执禽而朝。是故力多则人朝，力寡则朝于人，故明君务力。夫严家无悍虏③，而慈母有败子。吾以此知威势之可以禁暴，而德厚之不足以止乱也。

　　夫圣人之治国，不恃人之为吾善也，而用其不得为非也。恃人之为吾善也，境内不什数；用人不得为非，一国可使齐。为治者用众而舍寡，故不务德而务法。夫必恃自直之箭，百世无矢；恃自圜之木，千世无轮矣。自直之箭、自圜之木，百世无有一，然而世皆乘车射禽者何也？隐栝①之道用也。虽有不恃隐栝而有自直之箭、自圜之木，良工弗贵也，何则？乘者非一人，射者非一发也。不恃赏罚而恃自善之民，明主弗贵也，何则？国法不可失，而所治非一人也。故有术之君，不随适然之善，而行必然之道。

　　今或谓人曰："使子必智而寿。"则世必以为狂。夫智，性也；寿，命也。性命者，非所学于人也，而以人之所不能为说人，此世之所以谓之为狂也。谓之不能然，则是谕⑤也，夫谕，性也。以仁义教人，是以智与寿说也，有度之主弗受也。故善毛嫱、西施之美，无益吾面，用脂泽粉黛，则倍其初。言先王之仁义，无益于治；明吾法度，必吾赏罚者，亦国之脂泽粉黛也。故明主急其助而缓其颂，故不道仁义。

　　今巫祝之祝人曰："使若千秋万岁。"千秋万岁之声聒耳，而一日之寿无征于人，此人所以简巫祝也。今世儒者之说人主，不善今之所以为治，而语已治之功；不审官法之事，不察奸邪之情，而皆道上古之传誉，先王之成功。儒者饰辞曰："听吾言，则可以霸王。"此说者之巫祝，有度之主不受也。故明主举实事，去无用，不道仁义者故，不听学者之言。

　　今不知治者必曰："得民之心。"欲得民之心而可以为治，则是伊尹、管仲无所用也，将听民而已矣。民智之不可用，犹婴儿之心也。夫婴儿不剔首则腹痛，不揊痤⑥则寖益⑦，剔首、揊痤，必一人抱之，慈母治之，然犹啼呼不止，婴儿子不知犯其所小苦致其所大利也。今上急耕田垦草以厚民产也，而以上为酷；修刑重罚以为禁邪也，而以上为严；征赋钱粟以实仓库，且以救饥馑备军旅也，而以上为贪；境内必知介，而无私解，并力疾斗所以禽虏也，而以上为暴。此四者所以治安也，而民不知悦也。夫求圣通之士者，为民知之不足师用。昔禹决江濬河，而民聚瓦石；子产开亩树桑；郑人谤訾。禹利天下，子产存郑，皆以受谤，夫民智之不足用亦明矣。故举士而求贤智，为政而期适民，皆乱之端，未可与为治也。

注　释

①象人：俑人。

②一贯：同样。

③悍虏：凶悍、无规矩的奴仆。

④隐栝：修整、矫正。

⑤谕：赋予，指上天赋予的。

⑥刜痤：即剖开疖子。

⑦寖益：是逐渐加重。

译　文

磐石，就算拥有千里也算不上富有；俑人，即便拥有百万也称不上强大。石头不是不大，俑人不是不多，之所以算不上富强是因为磐石不能生产粮食，俑人不能御敌作战。如今经商、谋官、凭借技艺牟利的人也都不靠种田吃饭，这样，土地得不到耕种就如磐石别无二致；儒者、游侠没有军功，却得到显贵尊荣，那么，民众就不能役使和俑人毫无差别。只知道将磐石、俑人当作祸患，而不知道谋官经商这样的行为、儒士游侠这样的人都会导致有地不得耕种、有民不能役使的祸患，那就是不懂得据事类推的人了。

所以，实力相互抗衡之国的君主，虽然喜欢我们的仁义，我们也不能使他入贡称臣；关内侯虽然反对我们的行为，我们却一定能让他拿着礼物前来朝拜。可见实力强大，就能让人前来朝见；实力弱小就不得不朝见别人，所以明君致力于发展国家的实力。管教严厉的家庭中没有凶悍的奴仆，娇生惯养子女的母亲常会教育出败家的孩子，我由此就可知道威严和权势能够禁止暴乱，而德行淳厚并不能杜绝混乱。

圣人治理国家，不是凭恃人们自觉为善，而是使人们不敢为非作恶。若凭恃人们自觉为善，那全国之内也找不出几十个这样的人；若令人们不敢为非作恶，就可以使全国整齐一致。治理国家的人要采用多数人都能达到的标准，而放弃只有少数人可以做到的政策，所以不费力推行德治而着力实行法治。若一定要取用自然挺直的箭杆，那数百世也造不出箭来；若一定要取用自然长圆的木头，那几千世也造不出车轮。自然挺直的箭杆、自然长圆的木头，百世不出来一个，然而世代人们都乘车射猎，这是为什么呢？因为人们能够对材料进行加工、矫正。即便有无须加工、矫正就自然挺直的箭杆、自然长圆的木头，好的工匠也不会珍惜，为何呢？因为，乘车的不是一个人，射箭的也不是只射一次。不依靠赏罚而自觉为善的人，明君也不会看重。这是为什么呢？因为国法不可丧失，君主所要治理的不是一个人。所以，懂得治国之术的君主，不追求偶然的天生善行，而推行必然的治国措施。

若对某人说："我让你一定又聪明又长寿。"那么大家必然认为说话的人在胡言乱语。聪明，属于天性；长寿，属于命运。天性、命运，都不是可以从别人那里学来的，用别人所不能做到的事去讨好别人，这就是世人称其为胡言乱语的原因。之所以说不能，是因为这些都是上天赋予的，上天赋予的东西，便称之为天性。用仁义来教人，就如用聪明、长寿来取悦于人，有见识的君主是不会接受的。所以说，称赞毛嫱、西施的美丽，不能使自己变得好看；若用脂泽粉黛化妆一下，则能比原来漂亮数倍；述说先王的仁义，不能将国家治理更好，严明自己的法度，确立自己的赏罚，也就如同能够使国家治理的脂泽粉黛。所以，明君急切地采取有利于治理的手段，而不理睬无用的称颂，因此不去讲什么仁义道德。

如今巫祝为人祈祷时说："愿你千秋万岁。"千秋万岁的声音在耳边喋喋不休，而使人多活一天的应验也没有，这就是人们轻视巫祝的原因。如今儒者游说君主，不谈现在如何能治理好国家，却去说已经治理好的功效；不考察官府、法令等事情，不审察奸诈、邪恶的情况，而都去谈论上古的事情，赞誉先王的功绩。儒者巧饰言辞，说什么："听从我的主张就可以成就霸业、王业。"这种说法就和巫祝为人祈祷一样，有见识的君主是不会接受的。所以明君办实事，摒弃无用的说辞，不空谈仁义道德，不听信儒者的花言巧语。

如今不懂得治理国家的人一定要说："要得到民心。"若得到民心便可治理好国家，那伊尹、管仲就没有什么用处了，只需一切听任民众就可以了。民众的智识就如婴儿的心智一样，是不能够信从的。婴儿头疾不治，就会更痛；有疮不剖，就会加重。治头疾、剖痛疮，必须由一个人抱着，由慈母给他治理，婴儿犹然号哭不止，这是因为婴儿不知道给他吃点儿小苦头，会带来巨大的利益。如今君主敦促民众赶忙开荒耕田来增加收入，他们便认为君主严苛；君主修治刑罚来禁止奸邪，他们便认为君主残酷；君主征收税赋来充实府库，以作为拯救饥荒、应对战争的储备，他们就认为君主贪婪；君主使国内民众必须知道披甲上阵，而不准私自逃避兵役，让他们奋力战斗来擒获敌人，他们就认为君主残暴。这四种措施都是为了治理、安定国家，而民众不知道高兴。君主之所以要寻求圣明通达之士（来修订法度），就是因为民众的智识不足以开导、任用。从前禹疏导江河，而有民众却用瓦石去填塞；子产开荒种桑，而郑国人毁谤责骂他。禹造福天下，子产保全郑国，却都受到民众的毁谤，则民众的智识不足以任用也就很明显了。所以，选拔人才时费力求访贤者、智者，施政治国时期望顺应民心，都是造成混乱的根源，是不能用来治理好国家的。

经典解读

韩非子认为当时天下诸侯相争，决定胜负的是国力强大与否，而不是仁义道德。而国力来源于农耕的人有多少，作战的人有多少，农耕的人生产的粮食越多，在战场上作战杀敌的人越多，国家就越强大。那些既不好好种地，也不到战场上杀敌的儒士、游侠，他们即便再有才智，也不能为国家所用，这和没有才智一样，这样的人处于国家之中就如俑人一样无用。

人人都自觉为善，那自然是最好的，但这种情况只存在于理想之中；现实中民众的道德水平是有限的，君主要想治理好国家，必须用严格的法律来约束他们，使他们不敢为恶——而非依赖人们不愿为恶。所以，空谈仁义道德只是误国误民，只有法治才是国家治理的根本手段。